Animer la classe d'anglais au collège

GUIDE BELIN
de l'enseignement

Animer la classe d'anglais au collège

Claudine Martina
Professeur agrégé, collège François-Rabelais, Angers.
Formatrice I.U.F.M. Pays-de-Loire, centre d'Angers.

Illustrations
Bruno Rabourdin

BELIN
8, rue Férou 75006 Paris

 ISSN 1147-5196 ISBN 978-2-7011-**2118**-5

TABLE DES MATIÈRES

DEUXIÈME PARTIE

RENDRE L'ÉLÈVE ACTIF ET MOTIVÉ

TROISIÈME PARTIE

FIXER ET REBRASSER LES ACQUIS

AVANT-PROPOS

Enseigner c'est être confronté simultanément à un grand nombre de questions dans des domaines aussi divers que le comportement, le savoir ou les méthodes, en sachant que les réponses apportées auront des incidences à court terme sur les réactions des élèves en classe et à long terme sur la solidité de leurs acquis.

Or, ces réponses relèvent souvent de l'intuition et reposent parfois sur la coutume, l'imitation d'un modèle ancien qu'on ne songe pas à remettre en cause. Sans vouloir dire que l'intuition soit mauvaise conseillère ou qu'un modèle du passé ait par nature à être contesté, il semble important de soumettre à analyse des pratiques courantes afin d'y adhérer en connaissance de cause ou de les remettre en question le cas échéant. C'est un des objectifs que se donne cet ouvrage.

En matière de comportement, il s'agit de s'interroger sur des attitudes parfois inconscientes, pour aboutir à la mise en place de stratégies comportementales réfléchies, raisonnées. Quelle attitude avoir en face des élèves, que tolérer ou interdire et pourquoi, quel sens donner au mot autorité, à quelles habitudes se plier soi-même en matière de voix, de gestes, de regards, de déplacements ? Les futurs ou jeunes enseignants sentent bien que répondre à ces questions permet d'éviter l'expérience déstabilisante de l'indiscipline.

Si s'imposer à la classe de manière ferme et stable relève de techniques somme toute simples à appliquer, comme on le verra dans la première partie de cet ouvrage, motiver les élèves est un processus plus complexe. L'absence de motivation avec ses corollaires que sont la passivité en classe et le peu de goût pour le travail et l'effort, voilà une des difficultés actuelles à laquelle sont confrontés bien des professeurs chevronnés, constat qui est pour eux source d'amertume et de découragement.

Doit-on accepter les comportements négatifs des élèves comme faisant partie des aléas du métier, doit-on s'en accommoder en attendant des jours meilleurs où des classes plus dociles, des élèves plus motivés nous seront attribués, ou bien peut-on envisager de changer les choses ? Y apporter remède implique d'étudier et de comprendre le comportement de l'élève. Comprendre ne signifie pas accepter et renoncer. Avant de chercher en dehors de l'école les raisons de ces carences, pour ne pas être tentés par l'immobilisme pédagogique que le fatalisme engendre, et sachant que le premier impact qu'un professeur peut avoir, c'est dans ses classes qu'il l'aura, on peut se pencher sur les pratiques pédagogiques en vigueur et se demander si tout est mis en œuvre pour éviter à l'élève l'ennui qui est un facteur déclenchant d'apathie ou d'agitation.

Quand on se penche un instant sur les phénomènes d'inattention ou d'indiscipline on sent vite se dessiner un enchaînement logique. Pourquoi les élèves n'écoutent-ils pas ? Parce qu'ils n'ont pas de bonnes raisons d'écouter en dehors de la docilité scolaire, et que la docilité n'est pas leur fort. Pourquoi s'agitent-ils ? Parce qu'ils s'ennuient et manquent d'activités.

A moins d'une vie intérieure riche, l'inactivité est insupportable, et l'agitation permet de lutter contre la fatigue que, paradoxalement mais inexorablement elle engendre. « Il n'y a rien de plus fatigant que l'inactivité et l'improductivité » a écrit Piaget. Nous en avons tous pour preuve l'expérience de surveillances d'examen à l'issue desquelles nous sommes gagnés par une intense impression de fatigue, un épuisement d'autant plus incompréhensible que nous n'avons rien fait. Qui, au cours de réunions stériles et d'un ennui mortel, ne s'est jamais surpris à bavarder avec son voisin, à gribouiller, à faire plus ou moins discrètement autre chose puisque le règlement nous interdit de quitter notre poste ?

Certains élèves en difficulté s'ennuient faute de comprendre ce qui se dit, faute de tâches à leur portée, faute de mener à bien les tâches demandées. Mais l'ennui peut aussi toucher les bons élèves. Ils ont vite compris, ils ont déjà fini et ils s'impatientent. Frustrés à cause d'un rythme qu'ils jugent trop lent pour eux, ils en viennent vite à en vouloir à leurs camarades qui les freinent et à leur professeur qui ne s'occupe pas exclusivement d'eux. L'hétérogénéité est vécue par tous comme un calvaire. Comment faire vivre en bonne harmonie des enfants si différents sur le plan scolaire ?

Si certains professeurs se plaignent de trop d'agitation dans leurs classes, d'autres déplorent l'absence totale de tonus de leurs élèves et évoquent ces heures mortelles d'ennui où personne ne dit mot, personne hormis le professeur qui tente tant bien que mal de meubler le silence.

Pourquoi ne participent-ils pas ? Là aussi on est tenté par une réponse évidente : parce qu'ils n'ont rien à dire. Mais pourquoi n'ont-ils rien à dire ? Parce qu'ils n'ont pas les outils pour dire ou parce qu'ils n'ont rien envie de dire ? Pourquoi ces outils leur manquent-ils ? A-t-on envisagé qu'ils en auraient besoin ? Les a-t-on mis à leur portée ? Comment les mettre à leur portée ? Et quant à l'envie de dire, de quels facteurs dépend-elle ? Parle-t-on sans avoir à cœur de transmettre un message à une personne soucieuse de l'entendre? Comment leur donner de bonnes raisons de parler? Parle-t-on, écoute-t-on pour faire plaisir au professeur ou parce que l'on éprouve du plaisir, de l'intérêt à l'écoute et à la parole? On voit mal comment forcer un élève à s'intéresser, si ce n'est en rendant les choses intéressantes.

Lutter contre l'indiscipline ou l'apathie en contraignant les élèves à la docilité et au dynamisme par des méthodes purement coercitives semble une entreprise bien hasardeuse. Modifier le contenu des cours et les méthodes utilisées est tâche plus gratifiante. Rendre un cours motivant est affaire de réflexion, de bon sens et d'un peu d'imagination. Motiver des élèves qui ont abandonné tout projet de réussite en anglais, et maintenir toujours vif l'intérêt de ceux qui se montrent performants: il semble souvent difficile de parvenir à concilier ces deux extrêmes. Motiver les élèves est un thème central qui sera abordé dans la deuxième partie. Les rendre actifs, les rendre créatifs: on verra comment on peut répondre à cet objectif.

Il s'agit aussi de réconcilier deux domaines qui peuvent apparaître comme contradictoires: la promotion de l'anglais comme langue de communication, et l'apprentissage rigoureux et réfléchi de la grammaire. S'y ajoute un souci plus récent, l'alliance de la langue de communication et de la culture. A travers des analyses de cours ou d'extraits de cours et à travers l'élaboration d'un jeu de *Trivial Pursuit* on pourra voir des tentatives pour mettre en application ces directives nouvelles.

La mission du collège est de faire acquérir les bases de l'anglais. La spécificité de notre matière tient au processus cumulatif de cet apprentissage. Comment faire acquérir ces bases qui sont l'objectif du collège? Comment faire pour qu'une notion nouvelle ne soit pas acquise au détriment des acquis antérieurs? Ce sera l'objet de la troisième partie de ce recueil. On présentera ici l'utilisation d'un support facile à fabriquer soi-même et qui permet de réactiver les connaissances: les *flashcards*. Outil efficace pour ce qui relève de rebrassage, c'est une aide aussi pour présenter certaines notions lexicales ou syntaxiques et faciliter la production orale et écrite.

Analyser sa propre pratique, s'interroger sur les techniques ou stratégies les mieux appropriées pour motiver les élèves et les réconcilier avec l'anglais, favoriser le dialogue avec les élèves: c'est autour de ces trois axes que s'articulent les pages qui suivent. Si le lecteur adhère à l'esprit qui l'anime, il soumettra les choix proposés à une analyse critique, il rejettera ou adaptera les techniques présentées, il en inventera d'autres: les choix dans ce livre sont une réponse présente à des questions actuelles inscrites dans un contexte spécifique qui n'est pas forcément celui de tous. C'est l'expérience de classes de ce collège angevin de ZEP et les nombreuses séances de tutelle pédagogique qui ont servi de terrain de réflexion et d'expérimentation à ce qui est proposé ici. La formation en IUFM a permis un prolongement de la réflexion et des expérimentations nouvelles. Ces pages sont le fruit de ces expériences croisées.

Quand un professeur est animé d'un esprit de recherche en pédagogie et que ses méthodes sont le fruit d'un choix raisonné et cohérent, il est rare que l'enthousiasme à enseigner n'éveille chez les élèves la motivation pour apprendre, et que les cours d'anglais ne soient un lieu d'écoute, de travail et de plaisir partagé.

PREMIÈRE PARTIE

RÉGULER SA CLASSE

1

RÉGULER DES SITUATIONS D'INDISCIPLINE

LE ROI ET LES SOURIS

Il était une fois un roi qui adorait le fromage. Une telle odeur de fromage régnait dans tout le pays que, un beau jour, des souris accoururent de partout. Non seulement elles dévorèrent les fromages du roi, mais elles s'installèrent au palais où elles firent les pires dégâts. Les conseillers du roi eurent une excellente idée et firent venir des chats qui chassèrent les souris. Mais les chats à leur tour firent les pires bêtises. Les conseillers ne furent jamais à court d'idées : ils appelèrent successivement des chiens, des lions, des éléphants qui firent du bon travail en chassant les gêneurs mais causèrent des saccages proportionnels à leur taille. Force fut de rappeler les souris. Le roi se retrouva alors confronté au problème initial. Après trois jours et trois nuits de réflexion il arriva à la conclusion qu'il fallait s'y prendre autrement. Il convoqua les souris et leur proposa un marché : il se montrait prêt à les laisser manger autant de fromage qu'elles le désiraient à condition qu'elles le fassent avec élégance. Et depuis ce jour le roi et les souris vécurent en bonne intelligence.

Ce livre pour enfants (Gurney *Le roi, les souris et le fromage*, Lutin poche 1991, École des Loisirs) est illustré d'images iconoclastes qui montrent des scènes dignes des pires chahuts scolaires. On y voit le roi se lamenter en contemplant, impuissant, les animaux qui, rayonnants de joie, saccagent son palais avant d'en être chassés par des libérateurs qui vont devenir plus encombrants encore. Le livre s'achève sur l'image de souris souriantes dont on sent qu'elles n'ont rien perdu de leur espièglerie, en train de manger du fromage, à table, avec des couverts et une grande serviette autour du cou. En apprenant l'art de la table les souris ont appris un nouvel art de vivre.

Dans cette fable chacun sort gagnant du procès et c'est au prix de réflexion et de dialogue qu'un consensus mutuel a pu être obtenu et qu'une issue positive pour chacun des protagonistes a su être trouvée à une situation qui semblait inextricable. Des situations similaires à celles de ce conte, l'école en connaît, mais la solution finale souvent fait défaut.

Ce que chaque futur jeune professeur redoute plus que tout, c'est d'être confronté, à la rentrée, à des classes très dures, d'être nommé comme professeur débutant dans des établissements réputés difficiles – le paradoxe de l'Institution voulant que plus on est jeune et inexpérimenté et plus on a de chance d'y débuter. Puis, viennent les craintes de ne pas savoir faire face à l'indiscipline de classes dites normales : le bavardage des élèves, leur inattention, leur refus d'obtempérer, leurs commentaires négatifs pendant le cours et autres manifestations qui prennent parfois l'aspect de chahut organisé.

Ce chapitre n'a pas la prétention d'apporter de solution miracle à l'indiscipline, mais présente quelques idées pragmatiques qui peuvent aider à réguler certaines situations difficiles. Les solutions proposées ne prétendent pas régler les cas paroxystiques – là où violence et délinquance semblent la norme du quotidien scolaire et où l'on peut douter que le professeur exerce le métier d'enseignant.

Elles sont par contre destinées à ceux qui connaissent des situations moins dramatiques mais néanmoins pénibles. Certaines des techniques appliquées relèvent du domaine des stratégies comportementales, d'autres consistent en des relations de contrat à établir avec les élèves, d'autres encore détournent l'indiscipline à des fins linguistiques. Enfin si indiscipline et ennui ne sont pas étrangers l'un à l'autre, une des réponses à l'agitation est aussi à chercher dans les efforts pour motiver les élèves, comme on le verra dans les chapitres suivants.

Les cas évoqués sont ceux de nos propres élèves de collège de ZEP, et tous ceux observés en tant que conseiller pédagogique. A chaque fois que des situations spécifiques se retrouvent – entrées bruyantes, bavardage, graffiti... – et que ce qui a été vécu ici n'est pas inconnu ailleurs, les techniques proposées peuvent être testées. D'autres demanderont à être adaptées, et d'autres, enfin, ne pourront servir que d'exemples, d'éventuelles sources d'idées, en sachant qu'en matière d'indiscipline l'imagination et l'inventivité sont des atouts précieux, et indispensables car, en la matière, rien n'est jamais acquis, tout est en permanence à reconstruire.

Mais si résoudre un problème de discipline consiste en une réponse individuelle à un cas donné, si chaque cas concret appelle une réponse spécifique, comment aucune recette peut-elle être d'aucune utilité ? Cet ensemble d'idées proposées plus loin peut donner à certains l'impression d'une mosaïque de recettes et de « bricolage » pédagogique. On y remarquera cependant des constantes : une analyse lucide et sans complaisance de la situation, la recherche des raisons de tout comportement « déviant », la volonté de trouver un remède en rapport avec la situation et le dialogue avec la classe pour expliciter les objectifs et les choix.

Proposer ces solutions naît aussi de la conviction que les choses ne sont pas données une fois pour toutes, et que des situations difficiles peuvent s'améliorer quand elles n'ont pas su s'éviter. L'indiscipline est trop souvent jugée de façon manichéenne : selon les uns elle est imputée au manque d'autorité des professeurs, et selon les autres elle est la manifestation d'une nature rebelle à toute éducation. Dans chacune des explications avancées c'est dans la nature propre de l'individu que l'on cherche les raisons qui font que certains élèves perturbent les cours et que certains professeurs ne parviennent pas à s'imposer.

La responsabilité de la discipline incombe-t-elle à celui qui la subit ou à celui qui la crée ? En s'appuyant sur le constat que certaines classes, indisciplinées dans une matière, sont irréprochables dans une autre est souvent accréditée la thèse selon laquelle l'autorité serait une qualité naturelle, un talent dont certains professeurs seraient dépourvus. Quand, en revanche, tous les professeurs s'accordent pour dresser d'une même classe un tableau négatif, le tempérament des élèves est alors mis en cause. Dans un cas comme dans l'autre la conviction de l'irrémédiabilité des choses est vive, car c'est à l'immuabilité de la nature humaine que l'on conclue.

Que l'indiscipline soit un handicap, pour les professeurs qui la subissent et pour les classes concernées, nul ne peut soutenir le contraire. Qu'il s'agisse d'un mal incurable, fort heureusement les professeurs qui ont connu de premières années difficiles sont là pour témoigner du contraire : l'incapacité à exercer l'autorité ne serait donc pas une donnée plus définitive que l'incapacité à s'y soumettre.

Message rassurant pour les jeunes professeurs : rares sont ceux qui n'ont jamais connu à leurs débuts de classes difficiles à gérer, rares sont les professeurs expérimentés qui ne parviennent pas à réguler des situations délicates. Ce qui voudrait dire que l'autorité s'acquiert avec l'âge, que l'on ne naît pas professeur mais qu'on le devient. S'en remettre à l'expérience est un pari raisonnable au vu d'une carrière professionnelle, mais pour les élèves chaque année compte...

Plutôt que de se rassurer en pensant que l'expérience permettra de venir à bout des problèmes de discipline, essayons de voir si l'on ne peut pas faire l'économie d'expériences douloureuses, d'erreurs et de tâtonnements et éviter que l'indiscipline ne soit la rançon obligée de la jeunesse professionnelle.

Prendre conscience des dysfonctionnements, en faire un constat lucide sera un préambule nécessaire. Il conviendra ensuite de les analyser. Ceci passe par une étude sans complaisance de l'attitude que l'on adopte en classe, de l'image de soi que l'on donne aux élèves et de l'image d'eux-mêmes qu'on leur renvoie. Il ne s'agit pas d'une remise en question de soi en tant que personne mais d'une prise de distance critique par rapport à ses propres comportements.

Cela s'accompagne de la mise à plat des diverses techniques utilisées pour résoudre les problèmes, sans craindre d'aboutir à la conclusion que si les tentatives de régulation adoptées jusque-là sont sans effet ce n'est pas parce qu'avec des élèves comme ça rien ne marche, mais parce que les moyens utilisés jusque là sont inadaptés à cette classe et qu'il faut explorer d'autres voies. Refuser de constater les problèmes, refuser de les dire, de les analyser, c'est s'engager dans une voie sans issue.

LES DYSFONCTIONNEMENTS DANS LA CLASSE D'ANGLAIS

On peut dresser une liste des dysfonctionnements dans les cours d'anglais qui entrent dans trois catégories :

USAGE DU FRANÇAIS

- les élèves bavardent entre eux
- ils s'interpellent pour demander du matériel
- ils commentent le cours
- ils s'apostrophent, se moquent, s'injurient

ENTHOUSIASME MAL CANALISÉ

- ils parlent tous ensemble
- ils parlent sans lever la main
- ils se coupent la parole
- ils parlent à la place de l'élève interrogé

INATTENTION

- ils rêvent, sont ailleurs, font autre chose'

Réguler le bruit, instaurer l'anglais comme langue outil dans la classe, ramener aux cours ceux qui s'en évadent voilà trois objectifs qui peuvent sembler impossibles à atteindre dans certaines classes. Comment cependant enseigner l'anglais si les conditions d'écoute ne sont pas réunies ?

RÉGULER LE BRUIT

Réfléchir aux moyens de réduire les bruits parasites implique de dresser deux inventaires :

QUELS SONT LES MOMENTS OU L'INDISCIPLINE COLLECTIVE EST LA PLUS CRIANTE ?

- l'entrée en classe
- les changements d'activité
- les moments où le professeur écrit au tableau
- la fin du cours annoncée par la sonnerie

QUELS SONT LES MOYENS EMPLOYÉS QUI S'AVÈRENT INEFFICACES ?

- les « chut » répétés
- les cris
- l'habitude de parler plus fort qu'eux pour couvrir le bruit
- l'habitude de répéter à l'identique phrases, questions, consignes pour qu'ils entendent/parce qu'ils n'ont pas entendu
- les promesses de sanctions non tenues
- les promesses de sanctions impossibles à tenir
- les sanctions arbitraires
- les sanctions sans rapport avec la « faute »
- les leçons de morale

L'ENTRÉE EN CLASSE

Si les entrées sont souvent bruyantes, c'est que les élèves y prolongent des conversations entamées lors de la récréation ou lors des déplacements d'une salle à l'autre. Ils sortent leurs affaires en continuant ces mêmes discussions, qu'ils prolongent ensuite en attendant que toute la classe soit prête. Sortir ses affaires en début d'heure c'est en effet l'occasion rêvée de bavarder avec le voisin ou d'interpeller un camarade éloigné à qui on a prêté un cahier et qui ne l'a pas rendu, le brouhaha ambiant servant de protection. Selon les élèves, cela peut prendre du temps, comme s'il s'agissait de jouer la touche et de gagner sur le temps alloué au cours. C'est le moment des bavardages en toute impunité, le cartable faisant office d'écran. Et quant à ceux qui sont prêts les premiers, il est bien rare qu'ils ne se mettent à bavarder à leur tour pour tromper l'ennui.

Pourquoi alors leur fait-on sortir leurs affaires en entrant ?

• **pour gagner du temps, pour que l'élève soit prêt pour plus tard.**

Mais on vient de voir qu'en matière de gain de temps, la preuve reste à faire. Si par ailleurs les affaires de classe ne sont utiles que plus tard, pourquoi ne pas les sortir à ce moment-là ? Cela permettra une pause après un moment linguistiquement intense.

• **pour corriger le** *homework*.

Or, les *Instructions Officielles* recommandent que le début de cours soit un moment d'intense activité orale : aucun besoin de cahiers, de livres et de trousses pour parler. Lire son *homework* ne rentrant pas dans la catégorie d'intense activité orale, mais consistant en une simple activité de lecture, sortir son cahier à ce moment-là ne se justifie pas. On vérifiera par des activités orales que les notions du cours précédent ont été appropriées, et on s'assurera que le travail a été fait en passant dans les rangs au moment de la prise de notes des élèves.

Quelle sera la nouvelle exigence ?

Une consigne particulièrement efficace pour réguler le bruit et le bavardage à l'entrée en classe est de leur demander de ne rien sortir du cartable. Quand on supprime ce qui justifiait lenteur et nonchalance – sortir ses affaires – on réduit forcément le temps d'installation. Comme c'était à ces moments-là que le bavardage et l'agitation étaient à leur comble, on fait l'économie de ce bruit. Comme il n'y a plus rien sur les tables, les élèves n'ont plus l'occasion de se disperser dans des tâches de bricolage diverses et variées. Avoir du matériel devant soi et la tentation est grande de s'en servir à des fins détournées, sans parler du matériel qui tombe et fait du bruit : autant de distractions qui nuisent à la bonne marche de l'activité, et qui disparaissent comme par enchantement.

Comment mettre en place cette nouvelle exigence ?

Il va falloir habituer les élèves à se plier à cette exigence, lutter contre ce réflexe que des années de scolarité ont conditionné. L'ordre, assorti d'un geste, vient dès les premiers cours :

Bags on the floor. Nothing on the tables, please!
Put your ... away!

Cette exigence demande à être explicitée : pourquoi leur imposons-nous cette contrainte barbare qui entre en contradiction avec ce que demandent les autres professeurs ? La question est posée par le professeur qui attend les réponses des élèves : à eux tous ils vont avoir quelques idées, que nous compléterons au besoin. Il est important qu'ils sentent qu'un souci pédagogique sous-tend cette contrainte nouvelle, pour qu'ils ne puissent pas la taxer de lubie.

Et si les élèves n'obtempèrent pas ? Alors, pour chaque élève qui a oublié la règle, elle lui est rappelée en quatre mots :

X, your bag, please!

On notera ici l'économie d'énergie : le professeur n'a pas à s'épuiser dans des rappels à l'ordre d'autant moins efficaces qu'ils sont nombreux. Cette consigne a l'avantage d'être toujours suivie d'effet : je n'ai jamais vu d'élève refuser de s'y soumettre, ce qui n'est pas le cas de demande de silence. Ou plutôt, une fois que le cartable est posé par terre ou que le cahier est rangé, il n'y a pas de récidive pour ce jour-là, ce qui n'est pas le cas avec un arrêt momentané du bruit.

Les élèves savent pourquoi nous leur demandons d'agir ainsi, cela ne veut pas dire qu'ils vont y parvenir d'emblée. La consigne devra être redite à chaque cours tant l'habitude est tenace, mais on enseignera vite une des formules requises et rapidement on demandera aux élèves de nous relayer :

P : Tell him/her.
É : X, nothing on your table, please./Put your...away!/Your ...'s on your table.

C'est l'occasion de revoir le génitif, les adjectifs possessifs, les prépositions :

P : Look!
É : X's ... is on/near his/her ...

On peut bien sûr en profiter pour réactiver des notions d'interdiction ou de conseil.

Selon leur niveau, les élèves vont pouvoir réactiver les énoncés suivants :

6e : Nothing on the tables/Bags on the floor/Your bag on the floor/Put your bag on the floor!
5e : Don't open your bag!You know you mustn't open your bag.
4e : Put everything away/Put your ... away/Don't take out your ... !

3e : **You shouldn't open your bag now/You shouldn't take out your .../If I were you I wouldn't ... now.**

La situation fautive a été exploitée sur le plan linguistique. Il reste encore quelque temps des étourdis dans la classe mais, au lieu d'être un frein au reste du groupe, ceux qui ne sont jamais prêts à temps et qui assimilent bien lentement les consignes offrent aux autres l'occasion de pratiquer ces expressions.

L'élève-professeur

La régulation de l'entrée en classe peut se faire d'une autre façon qui en assure aussi le calme. Il s'agit de charger un élève du rôle du professeur. A peine les élèves entrés, le professeur – le vrai – s'exclame *Statues!*. C'est le signal pour les élèves de s'immobiliser, de suspendre le geste ébauché et bien sûr de se taire – il s'agit du début du jeu « un, deux, trois, soleil » dont on utilise la consigne anglaise. Le professeur désigne alors un élève qui va devoir orchestrer l'installation de ses camarades. Ce dernier commence par un :

Good morning/afternoon, class/everybody!

auquel les élèves, selon le cas vont répondre:

Good morning Miss/Sir.

Puis, il va leur donner des ordres que la classe exécute au fur et à mesure :

Go to your seats! X, shut the door, please! Put your bags on the floor! Take off your coats!

Et si un élève sort ses affaires – ce que certains s'amusent alors à faire pour compliquer la tâche de l'élève-professeur, ce dernier doit réagir :

X, put your ... *away/X*, your ... !

C'est là une façon de faire d'une pierre deux coups : une réactivation en situation des impératifs et une façon de réguler l'entrée qui aurait pû être houleuse.

Autre choix ; le verdict du chronomètre

On peut aussi choisir de chronométrer le temps d'installation et leur en faire part : il ne s'agit plus de dire *It's too long* mais *It took you ... minutes to get ready*. Le chronomètre n'est pas subjectif. Le temps mis à s'installer le premier jour devient alors un record à battre : la contre-performance du dernier cours est rappelée par le professeur ou par un élève à qui on a demandé la veille de le noter *It took us ... minutes to get ready yesterday/last* ... et tous s'efforcent de voir ce temps diminuer. S'installer en un temps « record » va devenir un défi que la classe se lance, et qui peut être vécu positivement par certains.

Et s'ils font exprès de ne pas se presser pour établir le record de l'installation la plus lente ?

Chronométrer s'avère efficace dans une classe où l'état d'esprit n'est pas à la provocation ou à la contestation, mais où des habitudes de nonchalance sont ancrées : cela dynamise les lambins. Si l'on craint que sa classe ne profite de l'occasion pour redoubler d'indiscipline, savoir que les deux solutions précédentes fondées sur la consigne de *Nothing on the table* ne génèrent jamais de surenchère en matière d'indiscipline.

Moyens plus coercitifs

Le démarrage du cours se voit parfois entravé par l'arrivée des élèves en rangs disparates. Ils ont de bonnes excuses : le dernier cours avait lieu un peu loin de la classe d'anglais, ils sont issus de classes différentes et regroupés uniquement pour l'anglais. Ces excuses servent en fait de prétexte à prendre tout son temps pour arriver. Les envoyer chercher un mot d'excuse pour ces retards ne va faire que leur donner l'occasion de flâner un peu plus. A moins que l'on n'en profite pour leur donner une leçon somme toute bien méritée.

Pendant leur retard on commence une interrogation courte, que les retardataires prendront en route : ils seront notés en fonction de leur production, qui risque d'être mince...

On peut aussi faire noter à la classe des points de lexique, des expressions qu'ils auront à apprendre et qu'on efface avant que les retardataires ne soient arrivés. Le cours suivant, une interrogation est proposée à tous. Soit ceux qui n'étaient pas là ont eu la prudence de recopier ce qui avait été noté – et alors ils sont obligés de consacrer à l'anglais un temps presque égal à celui qu'ils ont mis à flâner – soit ils s'en sont dispensés – peut-être n'en ont-ils pas été prévenus – et alors l'interrogation devient vraiment une surprise pour eux. La note leur sert alors de sanction. La prochaine fois ils veilleront à arriver dans les temps. On peut d'ailleurs aussi le jour d'un retard les prévenir de ce qui se passera la prochaine fois : cette menace étant mise à exécution comme nous venons de le décrire.

LES CHANGEMENTS D'ACTIVITÉ

La capacité de concentration des jeunes élèves est faible. De nombreuses activités, courtes et variées, sont nécessaires pour soutenir la concentration et atténuer la fatigue. Malheureusement, ces changements d'activité sont source de bruit, de bavardages, d'énervement pour le professeur, donc de perte de temps pour tous. Ceci est particulièrement vrai des classes de 6ᵉ et 5ᵉ : ce sont dans ces classes-là qu'il faut varier au maximum les activités, et ce sont dans ces mêmes classes que l'excitation est toujours prête à naître.

Le changement d'activité correspond souvent à un passage d'un savoir-faire à un autre : de l'écoute à la parole, de la parole à la lecture, de la lecture à l'écriture. Quand les activités changent de nature, il faut être prêts à mobiliser des aptitudes nouvelles. Parfois, sans que le savoir-faire mis en œuvre ne diffère, on travaille sur des supports différents : étude de l'image du manuel après travail oral au tableau de feutre, ou l'inverse.

Pour toutes ces activités, le professeur ou les élèves ont besoin de matériel spécifique : figurines de tableau de feutre, magnétophone et cassette, vidéo, rétroprojecteur, cahier de brouillon, cahier d'activités, manuels, cahiers d'anglais. A l'intérieur d'une même activité découpée en mini-phases on peut avoir besoin de matériel légèrement différent. Il va falloir sortir ou préparer ce matériel. Des consignes vont être données, qu'il va falloir entendre et exécuter.

Les pousser à être prêts

Quand on change d'activité, on aimerait qu'ils soient vite prêts, mais certains ne sont guère rapides... Il n'est pas facile pour eux de passer sans transition d'une activité à une autre. La recherche de transitions permettant de recentrer l'attention de tous a abouti à la mise en place d'un rituel dont nous allons décrire ici la première mise en place. Il s'agit de variations autour de l'adjectif *ready*. L'exemple qui suit concerne la mise en place d'une activité d'écoute.

Le professeur montre la cassette et lance *Ready?* Il accompagne cette question d'un geste qui en évoque le schéma intonatif : paume de la main gauche vers le bas, il trace dans l'air une ligne allant de droite à gauche et se redressant vers le haut – schéma des *Yes/No questions*. Puis, en silence, mais en dessinant maintenant une courbe qui s'abaisse sur la fin, ils invitent les élèves à réagir. Si aucune réaction n'apparait, la solution leur est donnée : le professeur joue alors les deux rôles et prononce le dialogue suivant : *Ready? Ready!* Un geste synchronisé avec chaque adjectif met en évidence l'intonation.

C'est maintenant au tour des élèves de répondre, en chœur, à la question qui leur est reposée. Ils n'arriveront pas tous, du premier coup, à saisir la nuance intonative : on recommence jusqu'à ce qu'on n'entende plus d'erreur. Une fois fixée le mécanisme d'intonation, on va pouvoir allonger l'énoncé :

1. Ready?
2. Ready to listen?
3. Ready to listen to the cassette?
4. Ready to listen to the cassette now?

A chaque fois, la classe se contente de répéter l'énoncé du professeur, mais en change l'intonation, toujours guidée par le geste du professeur, qui s'allonge avec la phrase.

Il est amusant d'introduire aussi un élément perturbateur :

Ready to sleep?

que les élèves s'empressent de répéter sans y prendre garde. On mime alors l'étonnement outré :

What ! You're going to sleep! No, no, no, you mustn't sleep now/You're not going to sleep now.

et les élèves s'amusent de leur psittacisme irréfléchi : à l'avenir, ils écouteront le message et réagiront devant :

Ready to relax/stop/stop working ... ?

en disant :

No, we're not going to ...

Quand les élèves sont bien habitués à cet échange, on introduit une variante qui consiste à déléguer le rôle du professeur aux élèves : on montre la cassette à la classe et on fait le geste intonatif des questions. Un élève va en produire une, et la classe réagira, sous la dictée intonative du professeur. Ce dernier compte sur ses doigts. Une question a été posée : c'est le signe qu'on en attend d'autres, ce que les élèves comprennent sans mal. On peut le leur demander verbalement bien sûr :

Come on, another question!

Les élèves choisissent l'ordre qu'ils souhaitent pour poser leurs questions, commençant par les plus longues ou les plus brèves selon leurs goûts ou leurs aptitudes. On constate aussi que souvent il se trouve au moins un élève pour introduire un élément provocateur.

Quand l'écoute s'accompagne d'une autre consigne d'activité, on le signalera par le biais de ce rituel. On commence par la consigne de base *Ready to listen?* et on ajoute :

Ready to tick? Ready to tick the verbs? Ready to listen and tick?

ou bien :

Ready to listen and read at the same time? (*etc.*)

Les élèves s'approprient ainsi la consigne. A l'issue de cette répétition rituelle, on s'assurera qu'ils savent ce qu'ils ont à faire :

What are you going to do?

et on sollicitera un interprète pour plus de sécurité. On pourra aussi mimer l'activité parallèle à chaque fois que c'est possible *(tick, underline, circle)* et les élèves devront dire ce qu'ils auront à faire à leur avis.

On utilisera le rituel de *Ready?* pour d'autres activités :

Ready to write/read/answer the questions? (*etc.*)

Il permet de dynamiser le groupe, de passer d'une activité à une autre en canalisant le trop plein d'énergie à des fins linguistiques, et apporte au cours un rebrassage des formes intonatives.

Les pauses de relaxation

Changer d'activité demande une capacité d'adaptation intellectuelle, et requiert de ce fait un temps d'adaptation. L'élève qui ne commence pas l'activité en même temps que les autres est handicapé, c'est particulièrement vrai quand il s'agit de se préparer à une évaluation de la compréhension orale : l'élève qui n'a pas bien saisi le signal de départ ne parviendra pas à mener la tâche à bien. Un changement d'activité prête souvent à agitation, or, ici, il faut redoubler de concentration. Un temps de pause va souvent favoriser cette concentration. On va proposer aux élèves quelques secondes de silence, de relaxation :

Time to relax !

Bras croisés sur leurs tables, yeux fermés, ils se détendent pendant que le professeur installe le matériel. On peut aussi envisager à ces moments-là l'audition de musique qui favorise cette détente, afin que les élèves abordent le test de compréhension orale en toute sérénité.

Recours à un *jazz chant* approprié

Dans un de ses recueils de *jazz chant*, Carolyn Graham en propose un qui est tout indiqué pour canaliser le bruit. Il s'intitule *Stop that noise! (Jazz chants for children*, OUP 1979) :

Teacher: Sh! Sh! Stop that noise!

Chorus: Sh! Sh! Stop that noise!
Teacher: Come on girls
Tell all the boys!
Tell all the boys
To stop that noise!
Girls: Please be quiet!
Stop that noise!

Et le professeur s'adresse ensuite aux garçons qui demandent à leur tour aux filles de se taire.

On peut enseigner ce *chant* aux élèves et l'évoquer aux moments de bruit collectif. Le professeur commence à chanter et invite les élèves à reprendre en chœur, d'une voix d'abord forte : les élèves ont apparemment besoin de se défouler. Le *chant* est ensuite repris sur un ton de plus en plus doux, pour finir en un murmure. Le calme est revenu, la classe est apaisée.

LES MOMENTS OÙ LE PROFESSEUR ÉCRIT AU TABLEAU

La technique qui suit vise à réguler le bruit qui ne manque pas de se produire dans certaines classes dès que le professeur écrit au tableau. Le professeur entend du bruit dans son dos et, sans se retourner, dit *One!* Si le bruit continue il dit *Two!* et si rien ne cesse il dit alors *Three!* et se retourne brusquement. Tout élève surpris à bavarder est puni : il copie trois fois la leçon. Cette variante de « un, deux, trois, soleil » est efficace, car inattendue. Si l'on veut frapper les esprits pour qu'ils se souviennent de la leçon, on ne dira rien au préalable, on expliquera seulement après coup qu'on vient de jouer à « un, deux, trois, soleil » et que untel a été pris. Il est rare qu'il faille donner une punition une autre fois. Mais on peut préférer ne pas les prendre en traîtres, et prévenir, en disant *One!*, du risque encouru.

LA FIN DU COURS ANNONCÉE PAR LA SONNERIE

Les fins de cours bruyantes sont souvent imputables à un mauvais *timing*. La sonnerie a retenti, mais les élèves n'ont pas fini de copier la leçon et le *homework* n'a pas été donné. Il s'en suit que la leçon est hâtivement copiée, que les élèves ne notent pas ou mal le travail à faire et qu'ils sont privés de l'intercours dont ils ont bien besoin pour se préparer au cours suivant. Que le mécontentement monte est tout à fait compréhensible. Pour éviter tous ces inconvénients il convient d'être très vigilant au temps qui passe, de ne pas commencer en fin de cours une activité qu'on ne pourra mener à son terme, de favoriser des pauses écrites à l'intérieur du cours, et de donner le *homework* à un autre moment qu'en fin d'heure à chaque fois que c'est possible. On peut, par exemple, procéder à une pause écrite au milieu ou aux deux-tiers du cours, donner ensuite le *homework* et finir le cours sur des activités de renforcement de la nouvelle notion enseignée.

2

RÉGULER L'USAGE DU FRANÇAIS EN CLASSE

Nous venons de voir comment gérer ces moments particulièrement propices à l'agitation que sont l'entrée et la fin de cours ainsi que les changements d'activité. Ce que nous allons étudier maintenant concerne l'abus du français en cours de langue et les moyens d'y remédier.

Il ne s'agit pas de bannir le français des salles de langues, comme les méthodes audio-orales le préconisaient. La langue maternelle est indispensable pour expliciter les faits de langue nouveaux, lors des phases de réflexion sur la langue. D'autres moments de cours exigent le français : pour ne jamais laisser les élèves dans le doute quant au sens des points nouveaux enseignés, on en vérifiera l'élucidation en faisant vite appel à un interprète : *Interpreter, please!* On aura recours à l'interprète pour traduire consignes, expressions, mots isolés, et on sera sûr ainsi de la bonne compréhension de tous. On proposera aussi des exercices spécifiques de traduction pour tester les acquis syntaxiques ou lexicaux ou pour aider à les fixer. A certains moments pendant les activités en paires ou en groupes les élèves échangent des remarques dans leur propre langue qui font avancer le travail de tous. L'usage du français dans les cas cités garantit une meilleure efficacité de l'apprentissage.

Le recours au français qu'il convient de réguler concerne donc tous les cas autres que ceux-ci. On peut les classer dans quatre grandes catégories :

- le bavardage
- les questions inutiles
- les commentaires parasites
- la paresse linguistique.

Par bavardage entendons tous les moments d'échange d'informations sans aucun rapport avec la leçon étudiée. Les interventions que l'on jugera inutiles sont toutes les questions qui n'ont pas lieu d'être posées car la réponse en a été donnée auparavant. Les commentaires parasites sont ceux qui ne font en rien avancer le cours : les remarques stériles sur le cours, sur les camarades, ou sur soi-même – certains élèves ayant du mal à penser en silence. On pourra taxer de paresse linguistique tout élève qui a recours au français alors qu'il a les outils linguistiques pour intervenir en anglais, ou devrait en faire la demande.

SOLUTIONS ÉCONOMIQUES

Plusieurs formules vont permettre de résoudre les trois premiers cas :

Any problems?

Say it in English, please!

Pardon?

No questions!

Ces interventions ont en commun leur brièveté : le peu de mots utilisés en assurent la compréhension.

Interrompre deux élèves bien occupés à se donner les dernières nouvelles du jour, et leur demander en anglais sous le mode de la sollicitude s'ils ont des problèmes entraîne immanquablement un *No* gêné. Le commentaire du professeur devient alors moins courtois :

No problems, no French!

Le ton adopté au départ laisse la porte ouverte à l'expression de réels problèmes : le professeur est souvent bien penaud quand il commence à interpeller avec sévérité deux bavards et qu'il réalise après coup que ces élèves-là, ce jour-là, auraient mérité de la sympathie.

No questions! est lancé à la classe quand des mains se lèvent et que l'on sait qu'aucune question n'est justifiée. C'est le cas lors des devoirs ou de certaines activités. Les consignes ont été données, la tâche à exécuter est clairement définie, mais certains élèves ne cessent de redemander des explications au lieu de se mettre au travail. Refuser de prendre en compte leurs demandes, c'est les pousser à se prendre en charge. Les mains se baissent et les élèves se mettent au travail : sans cette contrainte, certaines classes ne s'y mettraient jamais. Ils se rendent alors compte qu'avec un peu de réflexion ils trouvent eux-mêmes la réponse à la question qu'ils voulaient poser : on les engage ainsi sur la voie de l'autonomie. Lors d'un devoir on refusera également toute aide en vocabulaire ; les demandes, sinon, seraient incessantes. Les élèves prennent l'habitude de ne plus lever la main pour réclamer de l'assistance à tout propos.

Pardon? signale que le professeur n'a pas bien entendu, qu'il n'a pas bien compris. Il n'en est rien et personne n'est dupe mais le ton anglais appelle une réponse dans cette langue. L'élève répliquera généralement *Nothing* et cessera ses commentaires.

Say it in English, please! joue le même rôle. L'injonction du recours à l'anglais va couper court à tous les commentaires inutiles, en particulier quand il s'agit de manifestations agressives ou de remarques désobligeantes : l'élève n'a pas les moyens de les dire dans une autre langue que la sienne, il devra donc se passer de les dire tout court.

Si en revanche il veut que son intervention soit prise en compte il lui faudra faire l'effort de la formulation en anglais et le professeur l'encouragera dans ce sens.

Pour parvenir à formuler des besoins il faut des outils spécifiques : ce que nous regroupons sous le terme *Classroom English* dont les pages qui suivent vont donner des listes et surtout des exemples de mise en place.

CLASSROOM ENGLISH

Certains manuels, des classes de 6e ou 5e principalement, commencent par des pages où sont mises en situation à l'aide d'illustrations des formules appropriées pour les salutations, les excuses, etc. D'autres manuels offrent au professeur, dans le fichier du maître, des exemples d'expressions à enseigner aux élèves. Le *Guide de l'Anglais au Collège* en proposait aussi ; elles y étaient classées selon les phases du cours.

Les expressions qui suivent sont classées d'une façon différente : par thème de besoins, avec à titre indicatif des niveaux de classe où ces énoncés peuvent être pratiqués. La classe de 3e est rarement citée car l'ensemble des expressions la concerne. La liste est bien sûr loin d'être exhaustive, chacun peut la compléter à son gré ; et inversement, toutes les expressions ne seront pas maîtrisées dans toutes les classes.

Pour établir des listes de formules de *Classroom English* il faut répertorier les besoins des élèves. Le plus simple est de procéder à un relevé des situations qui génèrent ces besoins.

PROBLÈMES LIÉS À UNE MAUVAISE COMPRÉHENSION

• On n'a pas entendu. Comment faire répéter :

Pardon? (6e)
Sorry? (6e)
Say it again, please. (6e)
Can you say it again, please? (6e)
Could you say it again please? (5e)
I didn't hear. (5e)
Could you repeat the last bit? (4e)

• On a mal entendu. Comment faire redire différemment :

Louder, please! (6e)
Speak up, please! (6e)
More slowly, please. (6e)
Could you speak more slowly, please! (5e)

• On n'a pas compris. Comment le signaler :

I don't understand. (6e, 5e)
I didn't understand. (6e, 5e)
What do you mean? (4e)

• Le volume du magnétophone est à régler :

It's too loud/too soft. (6e)
I can't hear. (6e)
Could you please turn it down/up? (5e)

• On voudrait réentendre l'enregistrement :

Again, please! (6e)
Could you play it again, please? (5e)

PROBLÈMES D'ORDRE LINGUISTIQUE

• Un mot fait défaut. Comment demander une aide en vocabulaire :

What's the English/French for ... ? (6e)
How do you say ... in English? (6e, 5e)
What does ... mean? (4e)
What do you call a man who ... ? (4e)
I've never heard/seen that word before. (4e)
I don't know/remember how to say ... (4e)

• On ne sait pas écrire un mot. Comment demander une aide en orthographe :

How do you spell ... ? (6e)
With a « g » or two « g » s? (5e)

Could you tell me how to spell ... ? (4e)
I don't remember how to spell ... (4e)
Could you write it up on the board, please? (4e)

- La prononciation pose problème. Comment demander une aide:

How do you pronounce .../this word/it? (5e)
Is the stress/accent on the first syllable? (4e)

- On n'est pas sûr de sa grammaire. Comment demander une aide:

Is there «ing» at the end? (5e)
Is there a preposition after «play»? (5e)
Do we really need an article here? (4e)

PROBLÈMES LIÉS AUX CONSIGNES

- On ne sait pas bien ce qu'on a à faire maintenant:

Is it my turn? (6e)
What are we going to do? (5e)
I'm finished. What shall I do now? (4e)
What shall we do when we're finished? (4e)
What are we supposed to do now? (3e)

- On veut des explications sur le travail à faire à la maison:

For Monday? (6e)
How many questions? (6e)
When is it for? Monday or Tuesday? (4e)
Are we supposed to finish it at home? (3e)

PROBLÈMES D'ORDRE MATÉRIEL

- On a oublié son matériel. On le signale au professeur:

I haven't got my ... (6e)
My test is on my desk at home. (6e)
I've forgotten my ... (5e)
I've left my ... at home. (4e)

- On a oublié son matériel. On veut en emprunter à des camarades:

Can I have a/your rubber? (6e)
Can you lend me your ... ? (5e)

- Le matériel de la classe pose problème:

My chair's broken/too small. (6e)
Can I have another chair? (5e)
Can I change seats? (4e)

- On ne sait pas quel matériel utiliser :

  A green pen or a blue pen/one? (6e)
  The exercise book or the workbook? (6e)
  In pencil or in ink? (5e)
  Shall we do it in our exercise books? (4e)

- Problèmes liés à la distribution de documents en classe :

  I haven't got a copy. (6e)
  Can I have a copy, please? (6e)
  I've got one too many. (5e)
  You've given me one too many. (4e)

PROBLÈMES D'ORDRE RELATIONNEL OU COMPORTEMENTAL

- Un élève nous empêche de voir :

  X! Sit down! (6e)
  You're in the way ! (5e)

- Les camarades font trop de bruit :

  Quiet, please! (6e)
  Keep quiet! (5e)
  Stop that noise! (5e)

PROBLÈMES PERSONNELS

- Demande d'aide :

  Can you help me, please? (6e)
  Can you come and help me, please? (5e)

- Problèmes de santé :

  I'm not well. (6e)
  Can I go out, please? (6e)
  Can I go to the toilet? (6e)
  I'm not feeling very well. (4e)

- Situations d'inconfort :

  It's very hot/cold. (6e)
  Can I/you open/shut the window please? (6e)
  It's a bit hot in here. (4e)

- Les délégués viennent prendre le cahier d'appel :

  Is it ready? (6e)
  Is the register ready? (5e)

SATISFAIRE DES DÉSIRS

- Être volontaire pour une activité :

  Can I write it on the board, please? (6e)
  Can I come to the board, please? (5e)
  Can I have/read a card? (6e, 5e)

- Se proposer pour aider :

  Can I clean the board, please? (6e, 5e)
  Can I help you? (6e)
  Can I give out the documents? (5e)
  Can I collect the tests? (5e)

COMMENT AIDER LES ÉLÈVES À ACQUÉRIR CES EXPRESSIONS

Les listes d'expressions restent lettre morte si on ne fait pas en sorte que les élèves se les approprient. Comment les faire acquérir à la classe ? Quand les leur enseigner ? Comment les réactiver ? Les pages qui suivent apportent des réponses à ces questions.

Le plus souvent, le professeur enseigne ces expressions dès que des besoins apparaissent. Elles sont alors répétées par la classe pour en fixer la prononciation, puis notées dans le cahier. On peut prévoir de laisser quelques pages vierges en début de cahier, que l'on remplira au fur et à mesure. A chaque fois qu'un élève se trouvera dans une situation déjà vue mais qu'il intervient en français, on lui rappellera qu'il peut et doit le faire en anglais : *In English, please!* Si lui ne se souvient plus de ce qu'il faut dire, il est bien rare que personne dans la classe ne puisse lui souffler la réponse. On pourra à ce moment là introduire une nouvelle façon d'exprimer la même idée. On enrichira ainsi peu à peu leur stock d'expressions.

Si l'on a donné plusieurs expressions pour une même situation, on les fera toutes resurgir à l'aide d'un *Synonyms!* Mais on veillera à établir des différences de degré quand c'est le cas : *Again, please! Can you say it again?* et *Could you say it again, please?* relèvent de la même fonction de communication mais impliquent des degrés de courtoisie différents, que l'on aura pris soin d'indiquer au moment où on les enseigne. Pour les réactiver, dire *More polite!* permettra de passer d'une expression à une autre. A force d'être pratiqués ces énoncés sont peu à peu mémorisés.

On va aussi faire des révisions de ces expressions, comme on révise du vocabulaire ou des verbes irréguliers. On prévient la classe que l'on va réviser le *Classroom English* ; on donne aux élèves des petits papiers sur lesquels sont notées des situations telles que nous les avons présentées plus haut. Un élève lira alors : « on n'a pas bien entendu » et le reste de la classe réfléchira aux moyens linguistiques permettant de résoudre ce problème. Le premier qui a su trouver une expression appropriée reçoit un autre papier qu'il lira à la classe quand toutes les expressions relatives à la première situation ont été émises.

Si des expressions sont données qui ne correspondent pas à la situation énoncée, le professeur demande à la classe dans quel cas s'emploie la phrase qui vient d'être donnée. C'est grâce à des exercices de ce genre que ces notions s'acquièrent. Elles feront aussi l'objet d'évaluation, la classe étant prévenue qu'elle doit pour tel jour revoir les pages de *Classroom English*, en vue d'un contrôle.

Dans les classes de 4e et de 3e, on peut procéder différemment. Ils ont en principe assimilé au cours de leurs deux premières années d'anglais un bon nombre de formules permettant d'exprimer en anglais un certain nombre de problèmes relatifs à la vie de la classe, et réduisant ainsi l'usage du français en cours. On va s'assurer qu'ils les possèdent.

Les élèves vont travailler en groupes. Le professeur remet à chaque groupe la liste des situations de classe qui a été établie plus haut, les élèves doivent chercher et écrire le maximum d'expressions qui permettent d'exprimer ces problèmes en anglais. Ils cherchent ensemble, parlent, et chacun écrit au fur et à mesure ce que le groupe a proposé. Que chacun écrive, et non pas qu'un seul fasse office de secrétaire, va avoir son importance lors de la mise en commun qui s'en suit. Quand une expression est donnée, chacun la coche si elle figure sur sa liste, ou l'ajoute si elle n'y figure pas.

Cette technique présente plusieurs avantages :

- lors de la mise en commun, l'écoute de tous est assurée ;
- on n'est pas amené à redire la même chose deux fois, ce qui fait gagner du temps ;
- chacun dispose d'une trace du travail fait dans le groupe, puis classe entière.

Sur les feuilles des élèves, les expressions y figurent, mais sont-elles sans erreurs ? Le professeur remet aux élèves, sur une page dactylographiée, les expressions qui relèvent des situations étudiées ce jour-là. Chez eux les élèves devront comparer leur version avec celle du professeur. Cette dernière fera office de référence et sera collée dans le cahier à un endroit réservé à cet effet.

On peut aussi donner la tâche de vérification en classe. On fait alors échanger les brouillons, car on voit toujours mieux les erreurs des autres que les siennes : *Swap your (rough) notes and underline the mistakes!* Les élèves soulignent les erreurs rencontrées, l'élève corrigera chez lui. Il collera sa production en vis-à-vis du document du professeur et gardera ainsi la trace de son propre travail.

On ne passera pas en revue toutes les expressions de *Classroom English* en une fois, mais on pourra consacrer plusieurs moments des premiers cours de l'année à établir cette liste.

POUR PLUS DE RESPONSABILISATION DES ÉLÈVES

On peut choisir une approche un peu plus longue qui consiste, en début d'année, à demander aux élèves de réfléchir aux situations qui les poussent à parler français en classe d'anglais. La langue utilisée sera alors le français. Leur demander de répertorier des moments qui posent problème, c'est leur faire dire que ces moments existent, c'est accepter de parler ensemble de ce qui peut être vécu comme une source de difficultés pédagogiques. Ils vont être amenés à évoquer des raisons diverses – certaines de celles mentionnées dans les pages précédentes. On complétera leur liste au besoin et on leur demandera ensuite de classer ces situations en grandes catégories, ou on leur donnera les quatre catégories définies plus haut en leur demandant de faire rentrer chaque situation dans un des cadres. Cela pourra être l'occasion d'indiquer des règles que l'on souhaite leur voir adopter et pourquoi. En explicitant pourquoi, au nom de quoi, nous préférons certains comportements à d'autres, on obtient davantage leur adhésion. On s'attardera ensuite, c'est le deuxième objectif de cette activité, sur les situations qui relèvent du *Classroom English* et on procédera comme on l'a fait précédemment.

L'ANGLAIS COMME MÉTALANGUE

MÉTALANGUE EN 6e/5e

La nouvelle épreuve du Baccalauréat prévoit un commentaire linguistique en anglais. Ceci va impliquer d'apporter des modifications à l'apprentissage en amont : les élèves ne vont pas se familiariser à cette exigeante épreuve en une seule année. Ils vont peu à peu, au lycée, prendre l'habitude de faire des commentaires d'ordre linguistique en anglais. Et peut-être que le collège peut poser quelques jalons, les initier dans des limites très raisonnables. Il ne s'agira pas de faire de la réflexion sur la langue en anglais, car ce serait priver la quasi totalité des élèves de cette activité enrichissante mais de leur donner quelques bases de métalangue, de leur donner quelques habitudes linguistiques.

Quand un élève de 6e écrit au tableau un énoncé incorrect, comme *He's likes cats** – où l'on trouve deux verbes au lieu d'un – il n'est pas impossible d'obtenir de la classe *There are two verbs* dès que cette structure a été enseignée. Comme nous leur enseignons *I've got a copy too many*, les jeunes élèves peuvent aussi produire *There's a verb too many.*

Il ne s'agit pas là de verbalisation – on ne va pas les engager à donner en anglais les raisons qui ont poussé l'élève à se tromper, ni leur demander d'expliciter la correction. Il s'agit là d'un simple repérage d'erreurs qui fait pratiquer, et donc réactiver des structures déjà enseignées.

There isn't an «s» peut s'entendre en 5e, comme ils disent *My name's Baker, with a B/My name's Maker, with an M* après qu'en début d'année on a revu l'alphabet en affectant chaque lettre du déterminant *a/an.*

Ils ont besoin d'un bagage minimum : savoir prononcer les mots transparents ou proches du français que sont *verb, adjective, noun, pronoun, subject, article, preposition, adverb...*

Lors d'analyse de phrases on peut donc avoir aussi recours à l'anglais :

> « What's this ? » « It's a verb. »
> « Where's the verb ? » « After .../between ... and ... »
> « What's the problem ? » « The verb's missing/The verb's after ... »

MÉTALANGUE EN 4e/3e

En 4e ou 3e on peut étendre leur bagage de métalangue. L'exercice suivant s'adresse à une classe de 3e, en début d'année. C'est un exercice de compréhension écrite dont l'objectif est de faire découvrir par les élèves quelle expression peut s'employer pour corriger telle ou telle erreur. L'exercice en soi constituera une page de référence : cette liste sera à apprendre et les expressions seront réactivées régulièrement dans l'année.

Les élèves travaillent à deux ou en groupe et on leur remet le document qui suit. Il s'agit d'un exercice d'appariement : 14 expressions permettant de corriger des erreurs sont à associer, une à une, avec 14 phrases contenant chacune une erreur. Les erreurs ne sont pas signalées ; à eux de les trouver et de déterminer ce qui est le plus approprié pour les corriger en anglais.

Document distribué en 3e :

CLASSROOM ENGLISH : HOW TO CORRECT MISTAKES

OBJECTIF

Repérer des erreurs, découvrir le sens d'expressions nouvelles, enrichir la métalangue.

CONSIGNES

1. *En A tu vas lire 14 phrases comportant chacune une erreur. Souligne-les.*
2. *En B figurent 14 expressions permettant de corriger une erreur. Associe chaque phrase de A à une phrase de B.*
3. *Deux phrases de B ne corrigent pas exactement les erreurs de A. Lesquelles ?*

A. Phrases incorrectes

1. He's a good teache.
2. I love listening cassettes in class.
3. Sorry, I don't now the answer.
4. There are twenty-eigth pupils in my class
5. We'll go to England in Mai
6. Be carefull !
7. We'll start at 10:00 yesterday.
8. Give me your ruber, please !
9. Have you got your english book ?
10. The English class room is on the first floor.
11. I've got 14 years old.

•••

•••

12. I hate horrorfilms!
13. His mother a teacher.
14. English classroom is the English you need in class.

B. Expressions pour signaler et corriger les erreurs

a. There's a «k» missing/a «k» is missing.
b. There's one letter too many: one «l», not two.
c. There's one letter too few: double «b»/two «b» s, not one.
d. There should be a «y» instead of the «i».
e. You should write it with a capital «e».
f. The word ends with the letter «r»./There should be an «r» at the end.
g. The first two words are the wrong way round: «door key», not «key door».
h. The last two letters are the wrong way round: «eight», not «eigth».
i. Write it as two words.
j. Write it as one word./Don't write it separately.
k. You missed the verb out.
l. You used the wrong verb.
m. You used the wrong tense.
n. You forgot the preposition.

On peut à la suite de ce travail leur proposer une nouvelle liste de phrases incorrectes, et leur demander en *homework* d'écrire une phrase permettant de signaler ou de corriger chaque erreur. En leur donnant quelques rudiments de métalangue on les prépare au second cycle et on fait aussi la preuve que l'anglais peut être le véhicule privilégié de nos échanges en cours de langue.

Donner des outils anglais pour faire face à des situations multiples va permettre de réduire de façon considérable l'usage du français en classe, va mettre un frein à des moments d'indiscipline et va armer les élèves d'expressions transférables dans des situations courantes. On a vu que les formules de politesse reviennent sans cesse dans ces expressions; à force d'en pratiquer en classe dans des situations scolaires, ils les maîtriseront mieux et sauront les mobiliser au moment opportun, hors classe, en pays étranger.

3

RÉGULER LA PRISE DE PAROLE

Nous avons vu quelques techniques pour réguler le bruit et forcer les élèves à s'exprimer en anglais, nous allons maintenant aborder le troisième volet relatif à la gestion de l'indiscipline, c'est à dire la régulation de la prise de parole en classe. Il s'agit là de canaliser l'enthousiasme des élèves et leur difficulté à se contrôler quand ils s'expriment à l'oral.

Rares sont les classes où les élèves parlent à leur tour, quand on les interroge. Nombreux sont les élèves qui répondent sans qu'on les ait sollicités, qui répondent à la place d'un autre, qui coupent la parole à leurs camarades. Le professeur se montre désarmé devant l'enthousiasme généralisé et ne parvient pas à canaliser les élèves. La production orale génère un désordre qui n'a de joyeux que le vocable consacré. Les énoncés ne sont pas le fruit d'un élève, mais de plusieurs, chacun jugeant indispensable d'apporter sa contribution à l'édifice. Tous parlent, et personne ne parle vraiment, personne du moins ne produit quelque chose de construit : les énoncés produits ne sont qu'une somme de monosyllabes mis bout à bout.

Un autre cas de figure est celui où des élèves vifs monopolisent la parole. Ils savent parler, ils aiment ça et le font bien, mais à côté d'eux les plus lents, les plus timides ont bien du mal à jouer un rôle dans les activités orales. Les professeurs se laissent parfois séduire par les aptitudes de ces bons élèves et en oublient de solliciter toute la classe. La classe est certes vivante, mais l'activité n'est le fait que d'un petit nombre d'élèves performants et particulièrement extravertis.

Il s'agit donc d'obtenir que tous parlent, à leur tour, et de façon cohérente. Pour parvenir à répartir la parole de façon plus équilibrée et non chaotique, nous allons étudier les différents modes d'interrogation orale en usage dans les classes.

L'INTERROGATION TRADITIONNELLE MISE EN QUESTION

En matière de modes d'interrogation orale, on pense immédiatement, et parfois exclusivement, au fait que le professeur désigne un des élèves qui a le doigt levé.

INTÉRÊT DE LA MAIN LEVÉE

Raise your hands! Il est de coutume d'avoir cette exigence en classe. Cela permet d'éviter la cacophonie des réponses désordonnées, données toutes ensemble. La main levée signale au professeur que l'élève détient la réponse, ou pense la détenir.

INCONVÉNIENTS DE CE MODE D'INTERROGATION

On constate souvent deux tendances : le professeur n'interroge que ceux qui lèvent la main, et s'ils sont rares, seuls les bons élèves ou les moins timides sont sollicités dans ces classes ; ou bien par souci légitime de ne pas faire d'élitisme le professeur ne se contente pas des mains levées des bons élèves, mais attend qu'un moins bon se décide, pour l'interroger alors, et les bons élèves ont attendu pour rien.

Par ailleurs, dès que l'on se trouve soi-même en position de demander la parole, lors de stages ou de réunions plénières, on mesure que lever la main n'est en rien un acte naturel. Que d'autre part, pour peu qu'on ne vous donne pas la parole d'emblée, garder la main levée relève de l'exploit physique – c'est fatigant – et psychologique – c'est frustrant de ne pas avoir la parole quand on la réclame. On s'aperçoit que l'on perd en concentration : tendu vers le moment où l'on aura la parole, on en oublie de s'intéresser à ce qui se dit, et d'ailleurs, si on s'y intéresse, on baisse souvent la main.

Ces réactions sont-elles exclusivement des réactions d'adultes ? Sans doute que l'élève docile, conditionné par des années de scolarité, lève spontanément la main, et qu'il attend patiemment qu'on l'interroge. Mais nous constatons que l'élève plus âgé répugne à lever la main, et que si le jeune élève le fait plus volontiers, sa patience n'est pas sans limites. Très souvent, quand les mains se lèvent, l'enthousiasme déborde, chacun voulant être interrogé en priorité et on entend des « Moi, Moi ! » fuser de toute part, qui laissent le professeur parfois perplexe : qui choisir ?

Le choix opéré par le professeur ne va pas sans frustration de la part de ceux qui n'ont pas été élus, frustration qui s'exprime par des soupirs, des haussements d'épaules, des commentaires désabusés. Comme il est difficile de tenir un compte exact de la distribution de la parole, on n'est jamais sûr de la répartir équitablement. Par ailleurs, les élèves qui lèvent sans cesse la main comprennent mal qu'ils ne soient pas interrogés en proportion de leurs efforts.

Ces constats nous conduisent à explorer d'autres modes d'interrogation orale que celui qui est traditionnellement de mise au sein de la classe. Il nous faut aussi réfléchir aux moyens d'amener l'élève à lever la main, et à le faire dans le calme, quand ce mode d'interrogation est celui auquel on choisit d'avoir recours.

L'INTERROGATION MAINS BAISSÉES

L'INTERROGATION ALÉATOIRE

Pour éviter de ne donner la parole qu'à ceux qui lèvent la main, ou pour éviter les débordements d'enthousiasme, interrogeons-les au hasard, mains baissées. La consigne est alors :

> Hands down/Don't put up your hands !

Prenons une interrogation de vocabulaire constituant une des phases de la reprise du cours précédent. Le professeur a une liste de mots dont il veut vérifier l'acquisition. Pour chaque mot, il désigne un élève, par son prénom. Celui-ci doit réagir. Il répond ou signale son ignorance :

> I don't know/I don't remember.

Si un deuxième élève interrogé l'ignore aussi, on l'habituera à dire, en 6e et 5e :

> Same with me.

et, dès la 4e, on exigera de lui une réponse de conformité :

> Neither do I.

Ces élèves-là auront de toute façon fait un peu d'anglais.

Dès qu'un élève ignore un mot on peut opter pour une autre approche. On lui donne une nouvelle chance en lui proposant un autre mot. S'il devait échouer trois fois de suite il aurait à copier la leçon mal sue. Ce recours à la sanction peut donner des habitudes de travail à des classes chez qui l'effort de mémorisation des leçons de langue ne serait pas une habitude.

Ce mode d'interrogation sera choisi lors des mises en commun, à l'issue par exemple d'une activité de compréhension orale. Tous n'ont pas tout compris, mais chacun peut dire quelque chose, pour peu qu'on ne les astreigne pas à suivre un ordre établi : si on ne les force pas à commencer par l'item n°1 de la grille d'écoute, mais par celui de leur choix, on ne risque pas de blocage de la parole.

Donner une réponse n'est d'ailleurs pas la seule intervention possible : l'élève peut faire part d'un manque d'information et citer un élément qu'il n'a pas entendu :

> I don't know her age/I didn't understand her age/I don't know how old she is.

Si on est en 4e ou en 3e, le professeur interroge alors un autre élève sur ce point:

> What about you, X?

afin de réactiver les réponses de conformité et obtenir, à défaut de la réponse:

> Neither do I/Neither did I.

DE L'INTERROGATION VOLANTE À L'INTERACTIVITÉ

Dans l'exemple de mise en commun suite à une écoute, on évoquait l'élève à qui une information manquait. On peut lui laisser le choix d'interroger un camarade :

> Excuse-me X, how old is she/Do you know how old she is/I don't know her age, do you, X?

L'interrogation volante fait place à de l'interactivité. Le camarade va réagir. Il connaît la réponse et la donne, ou l'ignore et le signale:

> Sorry, I didn't get it either.

En gardant le même exemple de mise en commun lors d'une activité de compréhension orale, on peut d'emblée opter pour l'alternance de l'interrogation volante et de l'interactivité. La consigne est alors donnée à l'élève d'interroger un camarade de son choix pour tenter d'obtenir une information que lui n'a pas trouvée. L'interrogation volante n'intervient que pour désigner l'élève qui questionne. Le professeur ne désigne donc qu'un élève, mais à chaque fois, deux vont intervenir, voire trois si le deuxième élève ne possédant pas la réponse, se tourne vers un troisième.

Cette technique met en place une activité proprement communicationnelle, fondée sur un déficit d'information et a l'avantage d'utiliser positivement l'hétérogénéité de la classe. Il suffit d'interroger des élèves dont on connaît les difficultés en compréhension orale. Ils auront forcément une question à poser, et ils la poseront pour peu qu'on leur ait donné les outils pour le faire. Ils solliciteront souvent ceux qu'ils savent susceptibles de leur donner le renseignement : élèves en difficulté et élèves plus performants sont donc également sollicités.

L'INTERROGATION COLLECTIVE À TOUR DE RÔLE SELON UN ORDRE ÉTABLI

L'interrogation en chaîne

Il s'agit ici des phases de cours où chacun sait qui va intervenir à la suite de qui. Il s'agira le plus souvent de parler après son voisin. Si la classe forme un U, le professeur ne désigne qu'un élève, les autres prennent la parole à tour de rôle. Dans une classe en rangées, on donnera l'habitude d'un ordre de prise de parole. Quelles activités s'y prêtent et quels sont les avantages et inconvénients de cette technique ?

Beaucoup d'activités s'y prêtent : les mises en commun, les interrogations lexicales, les exercices de conjugaison ou de traduction, les corrections d'exercices écrits, la lecture à voix haute. Imaginons une phase de lecture oralisée. Désigner un premier élève, et puis faire parler ses voisins à tour de rôle : ce mode d'interrogation se prête bien à cette activité. La consigne d'un énoncé par élève est établie au départ et les élèves parlent à tour de rôle, ou bien chaque élève lit jusqu'à ce que le professeur dise *Next!*

Un premier avantage réside dans le rythme que ce mode d'interrogation confère à l'activité. Pas de pause entre deux interventions d'élèves, le professeur n'ayant pas à désigner celui qui va parler ; pas d'hésitations du professeur qui n'a plus à choisir qui interroger. Un deuxième avantage tient au fait que les élèves sont tous sollicités. Ce type d'interrogation est neutre, sans risque de favoritisme. Le professeur ne risque pas d'oublier un élève, les élèves ne peuvent pas se faire oublier, leur tour viendra.

Mais ce futur pose problème : le tour de parole est différé, il peut même être calculé par chacun d'entre eux. On peut craindre alors que les élèves qui sont géographiquement éloignés de celui qui est en train de parler ne sombrent dans une douce rêverie en attendant que leur tour vienne, si jamais il vient. Nous avons dit que ce procédé dynamisait la prise de parole ; est-ce le cas si les élèves hésitent ou ne savent que dire ? Il va donc falloir trouver un moyen de pallier ces deux éventualités.

On évite les blancs dans les interventions des élèves en utilisant le recours au mot *Pass.* C'est donc situer l'activité dans la sphère du jeu. Intervenir les uns après les autres, chacun son tour, selon un schéma établi, est une des règles de bien des jeux de société. Le terme *Pass* s'utilise au bridge, au tarot, à la belote. On peut passer tout en restant motivé. On verra plus loin comment ajouter un enjeu à ces activités. Si un élève est inattentif, le professeur décide que son tour passe et dit simplement *Next!*

Malgré un rythme rapide, certains élèves peuvent ne pas se sentir impliqués pour la raison donnée plus haut. Ils ne sont pas prêts d'être interrogés. Maintenir tous les élèves en alerte alors que le mode d'interrogation contient en lui-même la non-implication d'un grand nombre s'obtient par deux procédés :

– le professeur peut à tout moment casser ce rythme

– la classe est divisée en équipes

• Rupture de rythme

Pour mobiliser la classe, il suffit de rompre la monotonie en désignant, après l'intervention de plusieurs élèves, un autre élève dans un autre pôle géographique de la classe. Si le professeur sent cette concentration fléchir chez un élève, c'est celui-ci qu'il désignera pour intervenir. Chacun sait qu'il peut donc être sollicité à tout moment et de ce fait doit maintenir son attention. Pour savoir où passe ensuite la parole, plusieurs moyens sont à notre disposition : le professeur désigne l'élève suivant par son prénom et de ce fait détermine le sens de la parole – sens des aiguilles d'une montre ou sens inverse – ou bien il donne ces termes en anglais – *clockwise, anticlockwise* – ou encore il leur donne des indications géographiques *(on your left now/behind you)*. Ces deux derniers choix peuvent donner lieu à des confusions. On en tirera avantage car tout le monde s'en amusera et le risque de confusion sera un élément supplémentaire de concentration : chez ceux qui risquent d'être concernés, mais chez les autres aussi car ce potentiel d'erreur introduit un élément de suspense.

• Classe en équipes

La classe est divisée en deux équipes. Si la salle est en U, le professeur indique d'un geste ou de la voix comment se répartissent les élèves de la rangée du fond, parallèle au tableau. Si la salle est disposée en rangées, d'un autre geste le professeur découpe l'espace.

Le but de la compétition est d'épuiser le minimum d'élèves dans son équipe pour venir à bout de la tâche demandée. Comme nous sommes ici davantage dans le domaine des sports collectifs, on peut donner aux équipes les noms des grandes équipes américaines de base-ball, de basket ou de football américain. On demande au préalable aux élèves s'ils en connaissent et on complète leur liste : les *49ers* de San-Francisco, les *Chicago Bulls*, les *Chicago Cubs*, les *Chicago Bears*, les *Falcons* d'Atlanta, les *Soxs* de Boston – ce sera l'occasion de vérifier où se situent ces villes. On désigne ensuite un élève pour chaque équipe, à un bout de rangée. Ces élèves-là interviendront en premier, l'un après l'autre, leurs camarades ensuite successivement, à tour de rôle par équipe.

On peut procéder ainsi pour les interrogations de vocabulaire. Le professeur propose un mot à chaque équipe, alternativement. Il peut s'agir de le traduire, ou de produire un énoncé à partir de ce mot. On ne change d'équipe que lorsqu'une réponse satisfaisante a été donnée. Les exercices de conjugaison ou de structures verbales s'y prêtent bien aussi. Ils peuvent se faire au tableau de feutre, ou à l'aide de cartes, ou bien oralement.

Dans le cadre d'une lecture à voix haute, la consigne est alors de lire sans erreur. S'il y a erreur, l'élève suivant, dans la même équipe, essaie de faire mieux que son prédécesseur. Quand l'énoncé est bien lu, c'est au tour de l'équipe adverse d'intervenir pour lire l'énoncé suivant.

La répartition en équipes pousse la classe à donner le maximum lors de la reprise du cours précédent. Maximum d'énoncés, par exemple, quand on a étudié un texte qu'il faut restituer. La classe est guidée par des cartes au tableau suggérant quelles informations donner. Ces informations sont évoquées sous forme de mots-clé : *time – setting – weather – people: number, sex, relationship, age... – problem – suggestions*. Tout dépend du texte étudié, mais tout texte se prête à ce résumé guidé. Le professeur affiche autant de cartes qu'il y a d'énoncés à produire, mais prend soin de choisir un nombre paire de cartes. Chaque élève donne un énoncé et un seul, et la parole passe d'équipe en équipe jusqu'à épuisement des cartes.

Le guidage par cartes a plusieurs avantages. Déclencheur de parole, tout d'abord, il donne des idées aux élèves. C'est aussi un bon moyen d'assurer l'impartialité du décompte des points. Il arrive souvent qu'une équipe conteste l'énoncé de l'adversaire, en affirmant que la phrase a déjà été produite. Sans cartes, pour être sûr qu'un énoncé a ou n'a pas été déjà donné, il faut que le professeur prenne des notes au tableau au fur et à mesure que les élèves interviennent. Tout est plus simple avec les cartes, car dès qu'un renseignement est trouvé, le professeur décroche la carte correspondante.

On peut aussi demander un nombre maximum d'énoncés par carte, situant alors l'intérêt du jeu dans la reformulation ou dans l'approfondissement d'une même idée. La carte *marital status* peut être exploitée ainsi :

> He's single/He isn't married/He's engaged/He's going to get married/He'll get married in June.

énoncés acceptés s'ils correspondent à la réalité du personnage en question. Le professeur doit être vigilant pour refuser toute redite, mais sa concentration s'exerce sur un nombre limité de phrases à chaque fois.

A la fin de l'activité on compte combien il a fallu de joueurs par équipes et on peut donc désigner un vainqueur. Tous sont impliqués, même si la parole n'a pas eu le temps d'arriver jusqu'à eux, comme c'est le cas quand peu d'élèves se trompent. Lors d'une prochaine compétition par équipes, on aura soin de donner le point de départ de la parole dans une autre aire de la classe.

L'INTERROGATION PAR TIRAGE AU SORT

Le tirage au sort peut convenir pour tout ce qui concerne la désignation d'élèves lors de tâches rituelles :

- faire l'appel
- réciter une leçon
- jouer un sketch
- jouer le rôle de professeur
- venir noter la date

Le matériel nécessaire est le nom des élèves sur papiers séparés. En début d'année on peut soit fabriquer soi-même un paquet de cartes avec leurs noms, soit demander à chaque élève d'écrire son nom sur un petit bout de papier et l'on garde ces papiers dans une boîte. Lors du tirage au sort on présente le paquet de cartes ou la boîte de noms à un élève et on lui indique le nombre de cartes qu'il lui faut tirer, nombre qui dépend de l'activité prévue. Cela supprime l'attente et la gêne qui se produisent quand on fait appel à des volontaires et que personne ne se propose. La classe apprécie généralement l'élément de suspense que le tirage au sort introduit. Il se prête en plus à une exploitation linguistique :

X, it's your turn!
X, it's your turn to ...
It's X's turn to ...
X, you're going to ...
X is going to ...

Ce qui est généralement le rôle du professeur est ainsi délégué à un élève ! Si le sort favorisait toujours les mêmes – ou, selon un autre point de vue, faisait toujours les mêmes victimes – on pourrait en tenir compte, ce qui une fois de plus donnerait lieu à des commentaires en anglais :

Not again! (6e)
I/He/She did it last ... (5e)
I've/He's/She's already done it twice this week. (4e, 3e)

L'INTERROGATION D'UN ÉLÈVE : PRISE DE PAROLE EN CONTINU

Cette fois, il s'agit de donner la parole à un élève et de lui demander de la garder le plus longtemps possible. Les récapitulatifs se prêtent bien à ce mode d'interrogation. Il peut s'agir de rendre compte de ce que l'on a compris lors de l'écoute d'une cassette ou d'un document vidéo, de résumer les épisodes d'une histoire suivie, de dire tout ce que l'on sait sur un personnage de manuel ou une personne célèbre dont on a étudié la biographie. On peut concevoir cette phase en début de cours, en guise de reprise de leçon précédente, mais aussi en cours de séance lors de description ou commentaire d'image, ou de mise en commun en compréhension orale.

On calcule le temps de parole et le nombre de renseignements donnés. Pour mesurer la durée de l'intervention on utilise la trotteuse de la pendule de classe ou de sa montre ou bien un chronomètre, dont on garde la gestion ou que l'on confie à un élève. Le top du départ est donné. Quand l'élève s'arrête – tout blanc marque la fin de son intervention – on signale à l'élève combien de temps il a tenu, et combien de détails il a su donner. Il s'agit d'un record à battre. Ces deux éléments sont notés au tableau, et un nouvel élève est interrogé.

A la fin de ces brefs exposés on peut comparer les prestations. En 6e et 5e, on se contentera de :

X is/was the best.

On réactivera les comparatifs dans les grandes classes, et ce sera l'occasion d'enseigner des expressions inconnues jusque là :

X gave more information than/didn't give as much information as Y.
Y spoke longer than/didn't speak as long as Z.

On peut utiliser ce même principe de parole en continu, mais en fixant le temps de parole : 30, 45 secondes, 1 minute selon le cas, la classe, le moment de l'année. Dans ce temps imparti, l'élève interrogé doit s'efforcer de donner le maximum de renseignements possibles dont on tient le compte. A la fin du temps donné, on interrompt l'élève.

On ne tient pas compte des erreurs de langage dans ce type d'exercice, en particulier dans les classes peu bavardes, quand les élèves sont timides, l'objectif étant de les pousser à la parole. Dans des bonnes classes, on peut choisir de ne comptabiliser que les informations linguistiquement correctes, bien que cet aspect soit discutable. Comme le professeur compte sur ses doigts les renseignements donnés, si l'élève parle mais remarque que le professeur ne tient compte de rien, il risque d'en être déstabilisé. Ne compter que les énoncés sans erreurs, cela peut être un défi que l'on lance à quelques bons élèves dont on connaît la solidité linguistique. Pour tous les autres, il est bien préférable de les laisser parler sans ajouter un élément de stress supplémentaire ; on leur signalera simplement, après leur intervention, une ou deux erreurs que l'on juge plus criantes.

Nous avons dit que le professeur tenait les comptes. On peut en charger les élèves, ce qui a le grand avantage de leur donner une tâche d'écoute. Dans le cas où il s'agit de restituer un document étudié au dernier cours, ou de parler sur un thème dont le contenu a été bien défini dans le cadre du *homework*, on prépare pour la classe des grilles d'écoute qui se présentent sous la forme de tableaux. Verticalement sont évoqués les points qui peuvent être cités, horizontalement on laisse des cases blanches où les élèves inscriront au fur et à mesure les noms des élèves interrogés. Il ne leur reste qu'à cocher les cases correspondant aux renseignements donnés. A l'issue de l'exposé ils sont en mesure de dire combien de points ont été cités.

L'INTERROGATION AU MÉRITE

La prise de notes dans le cahier est exécutée plus ou moins rapidement selon les élèves. Nous pouvons voir à leur attitude qui a fini d'écrire. On sollicite alors les premiers qui ont fini pour une lecture oralisée de la leçon qu'ils viennent de copier. Le premier lit jusqu'à ce qu'un autre camarade ait fini à son tour et que l'on sollicite alors. Ils n'ont pas à lever la main pour le demander, il leur suffit de lever le nez. Cela présente l'avantage d'occuper les plus rapides, et de pousser les autres à accélérer la prise de notes, car la lecture est une activité qu'ils apprécient. On exige qu'ils lisent leurs notes et non le tableau, pour éventuellement faire émerger des erreurs de copie qui nous auraient échappé lorsqu'on circulait dans les rangs.

L'INTERROGATION MAINS LEVÉES : EN PALLIER LES INCONVÉNIENTS

Il reste bien des crénaux où nous sollicitons la main levée. Quand ils lèvent la main, ce qu'il faut éviter, c'est qu'ils gardent longtemps la main levée, ou qu'ils aient un sentiment d'injustice quant à l'attribution de la parole ; fatigue ou amertume ne sont pas des atouts en matière de pédagogie.

Nous allons considérer ici quatre points :

- comment pousser les élèves réticents à lever la main ;
- comment réguler des prises de parole désordonnées ;
- comment attribuer de façon plus juste la prise de parole ;
- quand lever la main... pour ne pas parler.

POUSSER LES ÉLÈVES TIMIDES OU RÉTICENTS À LEVER LA MAIN

Quand une classe entière répugne à lever la main, et c'est parfois le cas chez les grands élèves, on doit d'abord s'interroger. Leur refus de lever la main ne signifie pas forcément refus de parole, mais refus de s'afficher comme demandeur de parole. Cela traduit de la réticence à se démarquer du groupe, la peur de se tromper ou un excès de modestie. Plutôt que des les contraindre à lever la main on utilisera l'une des techniques d'interrogation évoquées plus haut. On constate en fait que parler ne les rebute pas à partir du moment où cela leur est imposé par le professeur : ils n'ont pas eu à en faire la demande, ce qui pour eux changent tout. S'ils se trompent, ils n'ont pas à s'en sentir humiliés, puisqu'ils n'avaient pas demandé à parler. L'objectif n'étant pas qu'ils lèvent la main mais qu'ils parlent, ces modes d'interrogation moins traditionnels lèvent généralement leurs inhibitions.

Mais on peut toujours exhorter les réticents à lever la main en comptant à voix haute le nombre de mains levées, au fur et à mesure, et en commentant :

One, two, three, four... Come o! That's not enough!

Souvent, un nombre non négligeable d'élèves se décident ; ils ont senti qu'on les attendait, qu'on « comptait » sur eux.

Inscrire leurs noms au tableau au fur et à mesure qu'ils ont parlé stimule aussi la parole. Les mains se lèvent car ceux qui n'ont pas encore parlé ont envie de voir leur nom figurer à côté de ceux de leurs camarades.

MISE EN PLACE DE DÉFIS

Ce que nous allons aborder maintenant est le cas d'élèves dont on constate à l'écrit des aptitudes pour l'anglais mais qui ne lèvent jamais la main dans une classe qui le fait spontanément. Les bulletins trimestriels ne manquent pas de regrets de professeurs quant à la discrétion de certains bons élèves. Ces élèves-là sont souvent calmes, peu extravertis. Ils ne veulent pas se mettre en avant, et puis ils ont pris cette habitude de non-intervention depuis bien longtemps, comme en témoignent leurs parents lors des réunions.

Ce qu'il va falloir mettre en place pour eux, c'est un moyen de détourner leur attention de ce geste qui les gêne ou les inhibe. Pour peu qu'il y ait plusieurs élèves dans ce cas, si par chance ils sont amis, on peut leur proposer le défi suivant : parier avec un camarade que l'on va lever la main plus souvent que lui. On peut commencer par un pari plus modeste : je parie que je vais lever deux fois la main au cours prochain, et toi ? Chaque élève observe son camarade et prend note du nombre de fois qu'il a levé la main.

Le professeur peut mettre un enjeu à ce pari. Une *merit star* à celui qui lève le plus la main, ou qui la lève autant qu'il en avait décidé. Pour en tenir la comptabilité on leur donne, ou on leur demande d'apporter une boîte de jetons, et ils en sortent un dès qu'ils lèvent la main. On ne les interroge pas forcément à chaque fois. Ce qui importe de vaincre comme habitude, c'est la réticence à se manifester. On constate qu'engagés dans une activité autre comme comptabiliser, observer un tiers, manipuler des jetons, leur inhibition s'en trouve réduite. Gagner leur pari devient leur centre d'intérêt et ils ne se rendent plus compte qu'ils lèvent la main. En fin de cours, on fait le bilan avec eux et on peut leur demander ce qu'est leur projet ou leur pari pour le cours suivant.

LEVER LA MAIN DANS LE CALME

Ce recours aux jetons peut être utilisé à l'échelle de la classe, pour réguler les prises de parole désordonnées. On utilise des jetons de couleurs différentes : un jeton d'une certaine couleur à chaque fois qu'on lève la main calmement et un jeton d'une autre couleur quand on parle sans lever la main, qu'on interrompt un camarade qui parle, qu'on répond à sa place. Il suffit de s'entendre sur une couleur, celle des jetons de pénalité, toutes les autres couleurs étant acceptées pour les jetons positifs. Au début de la phase où l'interrogation se fait mains levées, le professeur rappelle à la classe la gestion des jetons ; ce simple rappel et la présence des jetons devant eux suffisent souvent à réguler les interventions.

L'idéal est que chaque élève soit son propre juge. Les élèves calmes n'ont qu'à pousser un jeton devant eux à chaque fois qu'ils lèvent la main, ce qu'ils font davantage à cause de l'attrait des jetons. Les autres ont plus de mal à s'auto-évaluer car ils sont rarement conscients de leur attitude. Le professeur va donc leur signaler leurs manquements à la règle du jeu en leur disant :

X, a black one.

Peu à peu, ils arriveront peut-être à prendre d'eux-mêmes un jeton de pénalité sans que personne ne le leur dise. Ce sera la marque d'un progrès en prise de conscience, une étape vers l'absence de jetons négatifs. A la fin de l'activité, chaque élève fait le compte et, éventuellement, le note dans une partie du cahier réservé à cet effet.

VERS UNE ATTRIBUTION PLUS JUSTE DE LA PAROLE

Il n'est pas toujours facile d'être sûr d'une parfaite justice quant à l'attribution de la prise de parole. Si la classe est vivante et que bien des mains se lèvent, il peut nous arriver d'interroger plusieurs fois le même élève et d'en négliger certains, sans pourtant avoir voulu défavoriser quiconque. Car nous devons intervenir vite et interroger les élèves sans délai. Quand le professeur prend le temps de la réflexion et hésite à chaque fois qu'il interroge quelqu'un, l'activité en souffre.

On peut utiliser des signaux visibles qui orientent le professeur dans la répartition de la parole, comme de demander aux élèves de croiser les bras dès qu'ils ont eu la parole une fois au cours de l'activité. On ne risque plus d'interroger sans arrêt les mêmes, seuls ont la main levée ceux qui n'ont pas encore parlé.

On peut aussi, en cours d'activité intense de production orale, faire une pause pour demander que lèvent la main ceux qui n'ont pas encore apporté leur contribution et prévenir qu'on n'interrogera maintenant plus qu'eux pendant un temps que l'on définit :

> **Those who haven't said a thing yet, raise your hands/You have three minutes to speak.**

Ceux qui avaient levé la main sans être interrogés le seront alors, ceux qui ne s'étaient pas manifesté du tout savent qu'on leur en donne l'occasion, les autres attendent sans intervenir.

A l'issue de cette phase on note au tableau le nom ou l'initiale de ceux qui n'ont pas croisé les bras ; c'est la preuve qu'ils n'ont pas encore parlé. Ils ont jusqu'à la fin de l'heure pour le faire. Le professeur n'a plus qu'à se concentrer sur ces quelques élèves qu'il sait devoir interroger à la première manifestation et dont il raye les noms au fur et à mesure.

Lorsqu'il n'y pas qu'une réponse attendue, mais une multiplicité d'interventions possibles et que bien des mains se lèvent, on peut aussi se servir du tableau pour indiquer un ordre de prise de parole. On note les initiales des premiers qui se manifestent. Dès qu'ils voient leur nom inscrit au tableau ils peuvent baisser la main, ils savent que leur demande d'intervention a été prise en compte. On leur évite ainsi la fatigue de maintenir la main levée un long moment. Quand on a collecté un nombre de noms estimé suffisant, on interroge dans l'ordre du tableau.

En leur demandant de croiser les bras, en précisant à certains moments qu'on n'interrogera plus certains élèves, on ménage aux actifs un temps de repos. S'ils oublient d'en profiter, on va lutter contre leurs habitudes :

> **Sorry, X, not you now!**

A ce prix, nous obtenons que la parole ne soit pas monopolisée par une poignée d'élèves particulièrement motivés qui auraient tendance à nous faire oublier qu'il y a d'autres élèves aussi dans la classe. En contraignant par là même les élèves plus passifs à intervenir, ces différentes techniques assurent donc une répartition équilibrée de la parole.

LEVER LA MAIN POUR NE PAS PARLER : LES ENQUÊTES

Quand on fait des enquêtes statistiques, on leur demande parfois de se prononcer à main levée :

Who lives in ... ?
Who has got ... ?

Les mains se lèvent, et l'on compte tous ensemble avant de faire conclure :

Ten out of ...

Parfois on leur demandera de maintenir leurs mains levées afin d'exploiter linguistiquement les renseignements obtenus. Le professeur désigne un élève qui réagit :

Jane lives in ... but Kevin doesn't.

Ici, les mains levées ne servent pas à demander la parole, mais constituent un support pour l'activité orale.

Ne pas forcément lever la main pour parler. Parler sans avoir à lever la main, lever la main sans pour autant parler. Comme nous le soulignions au début de ce chapitre, le mode d'interrogation orale le plus répandu mérite d'être reconsidéré. Mode important, certes, mais non exclusif, qui gagne souvent à laisser le champ libre à d'autres façons d'interroger les élèves, pour leur plus grand confort et le nôtre, et pour une répartition plus équilibrée de la production orale.

4

FAIRE PRENDRE CONSCIENCE AUX ÉLÈVES DE LEUR ATTITUDE

Trop souvent, aux dires des élèves, l'indiscipline, le bavardage, c'est la faute des autres. Il arrive parfois qu'il y ait dans la classe un ou plusieurs perturbateurs notoires, mais la situation la plus fréquente est une agitation diffuse qui rend la vie en classe insupportable.

Les élèves indisciplinés, les bavards impénitents ne sont pas les derniers à se plaindre de l'agitation et des bavardages des autres et à réclamer de meilleures conditions de travail. C'est l'occasion d'établir, tous ensemble, une liste de ce qui dérange chacun d'entre nous. Leurs revendications sont rarement différentes des nôtres : éviter les bousculades dans les couloirs, pouvoir prendre la parole sans être interrompu, s'écouter, ne pas être critiqué...

Très souvent, quand un professeur reproche à un élève des défauts de comportement, l'élève n'est guère convaincu d'avoir enfreint une règle et s'estime injustement accusé : « Mais, j'ai rien fait ! J'parlais pas ! » C'est qu'il ne se voit pas, qu'il ne s'entend pas et qu'il n'a jamais vraiment conscience de son attitude. Dire à un élève qu'il est indiscipliné ne suffit pas, il faut le lui faire constater de façon matérielle et tangible. Seul un caméscope pourrait lui redonner de lui une image qu'il ne contesterait pas. Le caméscope peut être un moyen ponctuel, mais il s'agit ici de gérer une situation au quotidien.

LES *TICK SHEETS*

Le moyen suivant s'avère simple, peu contraignant et efficace : chaque élève écrit son nom en haut d'une fiche cartonnée qu'il conserve dans son cahier. A chaque fois qu'il ne respecte pas une des règles établies en commun, sur un signal du professeur : *X, a tick!* il sort cette fiche, note la date et inscrit en face un *tick*, d'où le nom de *tick sheet* donnée à cette fiche. A la fin de l'heure il totalise le nombre de *ticks* obtenus et sait qu'il doit s'efforcer d'en avoir moins l'heure suivante. Il fait aussi un bilan hebdomadaire, mensuel et mesure ses progrès.

Cette stratégie est une adaptation de ce que j'ai pu voir lors d'une visite d'usine avec des élèves. Pour réduire les accidents de travail, dans chaque atelier de grands panneaux étaient accrochés au mur visant à sensibiliser le personnel par un rappel du nombre d'accidents l'année passée, le mois dernier, le mois en cours, l'objectif annoncé en grands caractères étant « plus un accident ».

Cette anecdote demande à être racontée aux élèves, à qui l'on explique ce que l'on va tenter et pourquoi, et la façon dont seront gérées les fiches. On annonce les règles : on leur dit à quelles occasions on mérite un *tick* (bavardage, agressivité, inattention) et que toute protestation est pénalisée d'un *tick* supplémentaire.

EN QUOI CES *TICKS* SONT-ILS EFFICACES ?

L'idéal est que l'élève se responsabilise et s'auto-régule. Il ne peut le faire que s'il est conscient de son comportement. Or, les remontrances du professeur ne constituent pas une preuve à ses yeux. Le *tick* c'est la marque visible de son attitude et d'un dysfonctionnement pris sur le fait. Une fois un premier bilan établi, l'élève va se donner un projet, peut-être pas tout de suite « zéro *tick* » pour un élève particulièrement perturbé, mais il va s'engager à en réduire le nombre.

Très souvent le fait d'inscrire un *tick* a un effet calmant sur l'élève. Tout d'abord il est surpris. Comme nous le disions plus haut, il ne se voyait pas. La fiche sur sa table est un rappel du contrat fixé. Par ailleurs l'élève se prend en charge et cette responsabilisation a sur lui un effet positif. La démarche évite aussi toute surenchère verbale : l'élève ne subissant pas de discours énervés du professeur est moins tenté de protester, de s'énerver à son tour.

Le professeur signale en effet le problème dans le calme, avec un minimum de paroles. Si la fiche est déjà sortie, il peut simplement appeler calmement l'élève par son nom, et pointer vers la fiche, l'élève sait ce qu'il a à faire.

ET SI L'ÉLÈVE N'OBTEMPERE PAS ?

La règle veut que pour toute protestation, toute manifestation agressive l'élève se voie attribuer un *tick* supplémentaire, que le professeur impose avec calme avec fermeté.

Le refus apparaît surtout quand l'élève se sait injustement accusé et que le *tick* n'est pas mérité – ce qui peut arriver parfois. Il faut donc être très vigilant et agir en toute justice, savoir reconnaître aussi que l'on puisse s'être trompé pour ne pas rompre le climat de confiance que l'on essaie de mettre en place.

ET SI L'ÉLÈVE A OUBLIÉ SA CARTE CHEZ LUI ?

Pour parer à cette éventualité, le professeur peut préférer garder les cartes dans son cartable, au lieu que les élèves les conservent dans leur cahiers. En début de cours, ou au premier manquement d'un élève, on sort le paquet de *tick sheets*, et on remet les cartes aux seuls élèves concernés, qui notent la date et le premier *tick* du jour. Si les cartes sont rangées par ordre alphabétique, on ne perd pas de temps à les donner aux élèves en question. On peut d'ailleurs n'avoir qu'un nombre limité de cartes : celles des élèves perturbateurs. Tout élève qui commet un jour un manquement reçoit une carte où il inscrit son nom et un *tick*. A la fin de l'heure le professeur récupère les cartes. Il lui arrivera de ne pas distribuer certaines cartes : il en félicitera leurs propriétaires.

LES *TICKS* COLLECTIFS

Si l'on a opté pour une fiche par élève, on peut, à certains moments d'agitation collective diffuse, distribuer un *tick* à la classe entière. La consigne est alors :

Everybody a tick.

C'est en particulier quand les élèves sortent leurs affaires pour la trace écrite ou que le professeur écrit au tableau et tourne le dos à la classe qu'ils risquent un *tick* collectif.

Les punitions collectives gênent à juste titre notre souci de la justice. Rien de plus choquant que de se voir pénalisé pour une faute non commise. On peut donc imaginer que l'enfant qui ne serait pas concerné par la sanction inscrirait un *tick* mais d'une couleur différente. Pour ce faire il doit s'interroger : que faisait-il à ce moment-là ? Plutôt qu'une couleur différente il peut aussi noter un « + » sur sa fiche. On valorisera ainsi toute attitude positive de la part de ceux que l'agitation gagne aisément : ils noteront un « + » à chaque moment habituellement générateur d'indiscipline et où eux se sont bien conduits.

On va tout de suite réfuter que les élèves vont tricher. Peut-être, mais s'ils le font, c'est avec eux-mêmes qu'ils trichent, pas avec le professeur ; cela perd de son charme. Ce système implique de faire confiance à l'enfant : n'est-ce pas un moyen de le responsabiliser ?

Si par ailleurs, en passant entre les rangs, le professeur constatait une curieuse absence de *ticks* pour un élève fort agité, ce serait l'occasion de dialoguer en fin d'heure, de lui faire redire pourquoi on utilise des *ticks*, quel est l'objectif poursuivi.

LES *TICKS* AU TABLEAU

Une autre méthode, encore plus simple car n'impliquant pas l'élaboration de fiches individuelles, consiste à inscrire au tableau un *tick* à chaque fois qu'un élève manque à une règle. Le professeur appelle l'élève par son nom et note lui-même le *tick* sur la partie supérieure d'un de ses tableaux.

A la fin de la séance la classe compte à voix haute le nombre de *ticks* obtenus, le professeur l'inscrit sur une ardoise prévue à cet effet – ou bien un élève le note. Au cours suivant on rappelle ce score et on comparera en fin d'heure les deux résultats, révisant de ce fait les comparatifs :

We haven't got as many ticks as yesterday/It's better today.

Les *ticks* notés au tableau sont vus de toute la classe et la rappellent à l'ordre. Cela peut être improvisé à tout moment, et s'avère utile dans des classes sans trop de problèmes mais où on sent, ce jour-là, plus d'agitation que d'habitude.

On peut donner aux «*ticks* au tableau» une fonction particulière : celle de comptabiliser le nombre de «pauses-silence» que le professeur a eu besoin de faire. Il y aura «pause-silence» à chaque fois que l'agitation est diffuse, la concentration dispersée, le bavardage collectif. Il ne s'agit plus de signal vers certains élèves en particulier, mais vers la classe dans son ensemble.

On préférera les *ticks* individuels dans les classes où l'indiscipline est plus forte et où certains élèves ont une complète inconscience de leur attitude et un grand besoin d'être sociabilisés.

UN GRAND NOMBRE DE *TICKS* DONNE-T-IL LIEU À UNE SANCTION ?

Tel n'est pas le but recherché. On ne leur fait pas prendre en note leurs manquements aux règles pour obtenir un compte fiable nous permettant de les punir, passé un certain stade jugé inacceptable. Ceci relèverait de machiavélisme pédagogique ! Introduire cet élément serait les pousser sur la voie de la dissimulation, alors que nous voulons au contraire qu'ils jettent sur leur comportement un regard honnête et lucide. Ils sont donc prévenus que ce bilan individuel n'est pas assorti de sanctions.

Quand on fait en revanche une comptabilisation collective des *ticks* au tableau, on peut les prévenir qu'une sanction collective sera prise si tel nombre de pauses pour obtenir le calme est dépassé.

La punition collective est arbitraire, touche des élèves qui n'ont rien à se reprocher, elle peut cependant être efficace. On peut aussi, toujours dans ce cas de figure, les prévenir qu'ils auront tous autant de fois la leçon à copier qu'il y aura de pauses d'interruption pour des raisons d'agitation collective. Il s'agit là de choix coercitifs dont il faut user avec modération pour ne pas en affaiblir l'impact.

LES SANCTIONS

Les sanctions qui correspondent aux fautes, sur un plan linguistique ou thématique, frappent davantage les élèves. Ainsi, les élèves qui dans ma classe s'oublient à gribouiller sur leurs tables pâtissent d'une heure de ménage. Accompagnant une femme de service, ils vont, pendant une heure, briquer les tables des classes du collège. Aucun récidiviste n'a été constaté ! Ceux dont les cahiers accumulent les feuilles volantes se voient administrer une heure de colle pour coller leurs polycopiés. Il est rare que cette sanction porte aussi bien son nom, et les élèves ne sont pas insensibles au jeu de mots. Il suffit souvent de les menacer de cette heure de colle justement nommée pour que les cahiers se mettent à ressembler à ce que nous attendons.

Et puis il y a le recours aux sanctions traditionnelles. Sanction ciblée et en relation avec la faute, comme de demander à un élève de copier sa leçon s'il a fait la preuve flagrante d'une absence de travail. Dans le cas d'un travail bâclé on lui demandera de refaire tel exercice, de recopier proprement son travail. En cas d'indiscipline collective, la punition sera collective ; on a vu qu'on peut prévenir les élèves qu'ils auront tous à copier la leçon si un seuil de pauses-silence est dépassé.

Personnellement j'adopte plus volontiers un autre type de sanction qui engage l'élève à réfléchir. « Donne-moi par écrit cinq bonnes raisons qui expliquent pourquoi tu as fait telle chose, et cinq autres bonnes raisons pour lesquelles tu n'aurais pas dû le faire. » Cette sanction a l'avantage de fonctionner dans tous les cas de figure : comportement incorrect vis-à-vis des camarades, travail non fait ou mal fait, etc. Elle permet à l'élève de se justifier et donc lui laisse un espace d'expression mais elle le contraint à s'interroger. La consigne des cinq raisons pour et contre est déjà une contrainte ; on trouve facilement une raison mais cinq ? Pour en trouver cinq, il faut analyser la situation, s'analyser.

LES RÉCOMPENSES

Offrir des récompenses peut sembler désuet, sortir de l'arsenal du passé, mais rien ne doit être négligé de ce qui peut être efficace, et le plaisir des élèves est souvent bien supérieur à la valeur du cadeau. On peut distinguer deux cas : les cadeaux distribués au gagnant d'un jeu, et les récompenses pour bonne conduite ou travail performant.

Dans le premier cas on donne alors timbres étrangers, *stickers*, plans de Londres, et toutes babioles entretenant un rapport avec l'anglais et collectées lors de nos séjours à l'étranger. Dans le deuxième cas, j'utilise personnellement les *merit stars* et les *stamps*, en vente dans les pays anglophones. Sur les *tick sheets* évoquées plus haut, on collera une *merit star* le jour où un élève agité est parvenu à se contrôler et au moment des bilans hebdomadaires, si l'élève est en progrès. Ces étoiles viendront aussi récompenser des cahiers bien tenus, des carnets de vocabulaire bien à jour ; plus besoin d'attribuer de notes souvent difficiles à déterminer. Une anecdote personnelle : la maman d'un ancien élève, alors en 4e, me rappelle à chaque rencontre le plaisir qu'a eu son fils, un grand garçon gauche et timide, le jour où j'avais collé une *merit star* sur son carnet de vocabulaire.

Les *stamps* sont des tampons encreurs qui me permettent d'agrémenter leurs cahiers ou copies de commentaires positifs tels que *Keep trying! Good job! Great! Wonderful! Very creative!* avec des dessins appropriés. *Wonderful!* montre une scène allègre du *Magicien d'Oz,* tandis que *Keep trying!* représente Winnie the Pooh qui essaie désespérément de retirer un baquet de miel coincé sur sa tête, dessin sympathique s'il en faut et qui va venir adoucir un résultat qui n'est pas encore aussi performant que l'élève le souhaiterait. Ces tampons, même les grands élèves en redemandent.

Caleb Gattegno dans *Teaching foreign languages in school: the Silent Way*, préconisait de rester neutre dans son appréciation des élèves pour ne pas les stresser. Il estimait qu'une appréciation positive risquait de leur faire craindre de ne plus être à la hauteur à l'avenir, tandis qu'une appréciation négative inhibait leurs efforts. A chaque fois que l'occasion se présente, il me semble pourtant capital de dire aux élèves, à la classe dans son ensemble, ou à un élève en particulier, sa satisfaction devant la façon dont ils ont travaillé ou se sont comportés ce jour-là. Pensons en particulier à toujours signaler aux élèves que le cours a été performant, qu'ils se sont bien tenus, qu'on a pris un grand plaisir à travailler avec eux. Trop souvent les seules remarques renvoyées aux élèves sur leur travail et leur attitude le sont sur un mode négatif, comme si bien travailler, bien se tenir était une norme banale. Nous les engageons dans l'effort, sachons apprécier chaleureusement ces efforts quand nous les constatons. Si le professeur ne fait que des commentaires négatifs, il renvoie aux élèves une image d'eux-mêmes bien trop déprimante pour qu'ils y puisent la motivation de mieux faire.

On constate en revanche chaque jour l'impact positif de l'encouragement. Il ne s'agit pas uniquement de les encourager en ce qui concerne leurs progrès en anglais, mais de leur montrer qu'on est attentif à leur évolution personnelle. L'élève timide que l'on félicite en sortant d'avoir fait l'effort de lever la main, l'élève agité qui a réussi à se contrôler, y verront une raison à continuer dans cette voie.

L'élève dont le professeur n'est pas avare de compliments sera beaucoup plus sensible aux reproches que ce même professeur aura également l'occasion d'exprimer. Si un professeur ne devait jamais complimenter sa classe, il ne me semblerait pas en droit de devoir jamais la critiquer, ou du moins nous pouvons douter de l'efficacité de ses critiques.

DIALOGUER

Nous avons souvent eu l'occasion d'évoquer les dialogues avec les élèves, les bilans qui peuvent se faire oralement ou par écrit, les mises au point discrètes en passant dans les rangs, les temps d'échange ménagés en fin d'heure. Dans le souci de réguler au mieux des situations déviantes, nous allons aborder ici les occasions de dialogues avec des partenaires différents : leurs familles, le reste de la communauté scolaire.

DIALOGUER AVEC LES PARENTS

Communiquer ses méthodes, expliquer ses attentes, indiquer quelles stratégies sont mises en place en assure une meilleure efficacité. Cela peut se traduire par une lettre de début d'année, et se rappeler à chaque réunion consacrée à des rencontres.

User du téléphone pour signaler aux parents un oubli récurrent de matériel, un travail non fait, permet de mieux encadrer l'élève. Il vaut mieux signaler rapidement les difficultés d'organisation de jeunes élèves en particulier, en espérant que les parents ou les frères et sœurs leur viendront en aide, plutôt que laisser durer une situation qui est source de stress et d'échec.

On peut aussi demander aux parents de signer les devoirs, les *tick-sheets*, autant de moyens qui associent parents, professeurs et élèves dans un climat de transparence.

Pour que les parents soient mieux à même de mesurer le niveau de leur enfant, et pour que chaque élève sache se situer à l'intérieur de la classe, il est souhaitable de faire figurer des renseignements en ce sens sur chaque copie. Pas uniquement la moyenne, ou les notes extrêmes qui ne renseignent guère, mais en donnant des fourchettes de résultats. Au moment où l'on rend les copies on note au tableau combien d'élèves ont eu entre 20 et 16 inclus, entre 16 et 14 inclus, 14 et 12, etc. Les élèves le recopient et entourent le groupe qui correspond à leur résultat. Si on a pris le soin d'indiquer ces fourchettes sur les sujets de devoirs, il faudra peu de temps à l'élève pour noter les renseignements donnés. Procéder de la sorte donne aux familles des éléments de mesure et permet de mieux encadrer chaque enfant.

DIALOGUER AVEC LES COLLÈGUES

Discuter avec ses collègues pour échanger des idées s'avère toujours un moment fructueux, qu'il s'agisse de pédagogie de la discipline ou de gestion de l'indiscipline. Voici à titre d'exemples quelques moyens mis en œuvre dans notre collège.

Les carnets de liaison

Une partie du carnet de liaison de l'élève est consacrée à la correspondance collège/famille. C'est là aussi que le professeur signale aux parents que leur enfant s'est mal comporté en classe, mais il ne met un mot que si l'élève a dépassé les bornes admises.

Certains collègues du collège utilisent le carnet de liaison comme rappel à l'ordre et laissent à l'élève trois chances d'éviter le mot aux familles en procédant en trois temps. A la première incartade l'enfant sort son carnet de son cartable, à la deuxième il l'ouvre à la page réservée à la correspondance professeurs/famille, la troisième fois il l'apporte sur le bureau du professeur. S'il y a récidive, le professeur le signale aux parents.

La présence du carnet sur la table est la preuve d'un dysfonctionnement, la sanction encourue est clairement évoquée, l'élève est prévenu des chances qui lui restent avant qu'elle ne soit mise à exécution. Il ne tient qu'à lui d'éviter la sanction. Que cette sanction ne soit pas immédiatement appliquée et que l'enfant ait le temps de se reprendre évite la surenchère de mots aux familles. Bien souvent la menace suffit, d'autant que là, cette menace est en permanence rappelée à l'élève – rappel discret, non-verbal, dépourvu d'agressivité.

Le capital de points de comportement

Une autre technique consiste à attribuer à chaque élève en début de trimestre un capital de 20 points de comportement. A chaque écart de comportement ce capital fond, plus ou moins vite selon les incartades, certaines étant plus lourdement sanctionnées que d'autres.

Le « barème » est bien sûr remis aux élèves en même temps que leur fiche de points. On pourrait élaborer ensemble ce barème en leur demandant de hiérarchiser une liste d'écarts de conduite ; on peut aussi penser que 20 points pour un trimestre, c'est un capital insuffisant : à chacun d'adapter cette idée en fonction du nombre de cours dispensés par semaine et de l'attitude générale de la classe.

Harmoniser les exigences

Ceci implique bien sûr de faire des bilans avec les collègues enseignant dans les mêmes classes. On va alors harmoniser des exigences et des actions visant à réguler des situations difficiles. Le cas qui suit en constitue un exemple récent.

Dans une classe de 5e difficile qui avait réussi à faire de gros progrès à la suite d'un certain nombre d'actions communes, les entrées de cours restaient houleuses. Nous avons proposé aux élèves le contrat suivant : à chaque cours les professeurs noteraient sur le registre d'appel comment s'était effectuée l'entrée en classe. Ils le traduiraient par un point vert (rien à déclarer) ou un point rouge dans le cas contraire. Au bout d'un délai de trois semaines un bilan serait fait : selon le résultat, si la tendance était nettement au vert, nous emmènerions la classe au cinéma ; sinon ils seraient tous retenus un samedi matin (notre collège est fermé le samedi). Nous avons pu voir la classe s'autoréguler, les élèves se rappeler mutuellement à l'ordre. Nous avons tous eu le plaisir d'aller voir sur grand écran la merveilleuse version de Robin des Bois avec Errol Flynn. Le délai fixé avait tenu compte de la programmation du cinéma d'art et d'essai local...

Faire jouer l'entraide de la communauté scolaire

Le dialogue s'instaure aussi avec toute l'équipe administrative de l'établissement : principal, principal adjoint, conseillers d'éducation, assistantes sociales à qui on signale les problèmes rencontrés et avec qui on s'efforce de trouver des solutions. Et, quand il s'agit d'élèves fortement perturbateurs, c'est aussi envisager des réponses qui vont engager l'ensemble de la communauté scolaire.

Deux aspects doivent être considérés : le point de vue de l'élève perturbateur, et celui de ses camarades de classe. Il ne semble pas souhaitable que les mêmes élèves subissent année après année la présence des mêmes élèves dissipés sous prétexte que leurs noms de famille commencent par la même lettre ! Il ne semble pas souhaitable que ces élèves indisciplinés restent aux côtés de ceux qui les ont pris en grippe, ou qui les considèrent tellement comme des chahuteurs qu'ils deviennent prisonniers d'une image dont ils ne peuvent plus se défaire.

Pour les uns comme pour les autres, la ventilation des élèves est salutaire. Cela implique qu'en fin d'année les professeurs principaux se réunissent et, par niveau, suggèrent des aménagements dans la répartition des classes en tenant compte de la personnalité des élèves. Les objections ne vont pas manquer : « Ce n'est pas à nous de faire ça ! », « alourdissement des charges de travail ! », « usurpation de rôles qui ne nous sont pas dévolus ». Qui, pourtant, est mieux placé que nous dans l'établissement pour apprécier les élèves et leur comportement ?

On ne va pas toujours attendre la fin d'année pour procéder à ces changements. Quand un élève s'est montré particulièrement négatif dans une classe qui se laisse peu à peu gagner par la contagion d'indiscipline, il y va de l'intérêt de tous d'opérer un changement au plus tôt. La classe ressentira l'éviction du perturbateur comme un soulagement mais aussi comme une menace : ce qui est arrivé à un peut arriver à d'autres et cette décision fait valeur d'exemple. Dans l'intérêt de l'élève perturbateur, on le mettra dans une classe d'élèves calmes et travailleurs. Il s'agit donc d'une sanction, mais aussi d'une chance pour lui d'un nouveau départ. On a ainsi pu voir des élèves très dissipés changer de comportement après avoir été changés de classe et on a vu des classes se ressaisir et se remettre au travail. Cette décision implique une solidarité très forte de la communauté scolaire où chacun ne vise pas son confort personnel, mais l'intérêt de tous, et où le souci de ce qui est le mieux pour les élèves est la priorité première.

5

FAUT-IL OU NON...?

Dans les chapitres précédents nous avons essayé de trouver une solution à un certain nombre de dysfonctionnements du cours de langue. Il reste à aborder maintenant des questions moins cruciales, mais que se pose tout professeur débutant : faut-il les tutoyer ou non ? Faut-il leur donner un prénom anglais ? Faut-il imposer un plan de classe ? Faut-il exiger du matériel spécifique ?

Cette section étant placée sous le thème de l'exercice de l'autorité, nous verrons, en répondant à ces questions, jusqu'où le professeur peut ou doit imposer sa loi et comment éviter l'autoritarisme. En guise de conclusion, nous examinerons l'autorité sous l'angle de trois aspects qui constituent trois atouts fondamentaux en la matière si on sait en faire bon usage : la voix, le regard, la présence physique.

COMMENT S'ADRESSER AUX ÉLÈVES ?

De prime abord cette question ne semble guère mériter qu'on lui prête attention, car cela relève pour chacun d'une pratique naturelle. Or, dès que l'on commence à s'interroger, un éventail de questions, d'options différentes, de choix donc, s'offre à nous. Opte-t-on pour le tutoiement ou le vouvoiement ? Faut-il ou non leur donner des prénoms anglais ? En retour, comment se faire appeler ?

Les pratiques divergent sur ces points. Plutôt que de vouloir trancher, il semble important de mettre à plat les avantages et inconvénients qu'elles présentent, de les analyser afin que chacun prenne position en connaissance de cause.

CHOISIR ENTRE LE « TU » ET LE « VOUS » : LES CONSIGNES DES MANUELS

Jusqu'au milieu des années 80, le « vous » est d'usage dans les manuels ou les cahiers d'exercices. *Imagine you're English, OK, Channel, Hunter Street, Come in, Top, Ticket to Ride*, en témoignent. Quand le manuel fait le choix de la neutralité de l'infinitif ou prend le parti du tout anglais, le « vous » apparaît dans les avant-propos : « Votre réussite en anglais, tel est le but du cours *Imagine you're English* » ; « Qu'avez-vous retenu du programme de 6e ? »

Dans les années 90, les cahiers d'exercices s'appellent cahiers d'activités et le tutoiement fait son apparition :

- 1990, le « tu » apparaît dans *Adventures in English* et *Express Ticket;*
- 1993, *Cross Country* et *Off We Go* choisissent aussi le « tu » ;
- 1994, *Action, No Problem* et *All Aboard* optent pour le « vous » tandis que *Wings, Live* et *Gulliver* préfèrent le « tu ». Témoignage de l'éclectisme des années 90 ? ;
- 1996, *Step In 4e* choisit le « tu ».

Le « vous » français dans les consignes est ambigu : vouvoie-t-on l'élève ou s'adresse-t-on au groupe ? Les auteurs, désireux d'impliquer davantage l'élève, lèvent l'ambiguïté en optant pour le tutoiement. Nous notons que c'est le cas pour la majorité des manuels récents. Le cas de *Apple Pie* est à part : les manuels de 6e et 5e tutoient l'élève, ceux de 4e et 3e le vouvoient. Le critère d'âge semble donc intervenir dans le choix de ces auteurs. Le « vous » alors n'est pas le pronom utilisé pour s'adresser à une classe, mais une marque de respect pour un élève qui est sorti de l'enfance.

Une autre nouveauté est à noter : l'apparition du « je », dans les activités de réflexion sur la langue. Jusque là, un « on » neutre était de règle. En 1988, on lisait dans *Apple Pie* : « Pour décrire une action en cours on utilise l'auxiliaire ... avec le verbe d'action qui prend la terminaison ... ». Sept ans plus tard, dans *Live 5e*, l'élève est invité à s'impliquer, à prendre position, à faire sienne la règle : « Quand je dis « Beavers build their houses », je parle de quelques castors en particulier ... je parle de l'ensemble des castors ... ».

Neutralité de l'infinitif, impératif respectueux (« complétez ») ou amical (« complète »), responsabilisation, adhésion du « je », la fusion du « nous » est peut-être à venir, pour la génération future de manuels !

ET NOUS, EN CLASSE ?

Le « tu » approche, le « vous » éloigne ; mais le « vous », ce peut être aussi une marque de respect. Il ne s'agit donc pas de trancher entre les deux, mais d'opter pour ce qui est naturel pour soi, de ne pas s'imposer le vouvoiement à seules fins de marquer ses distances et de se faire respecter, ou de ne pas se contraindre au tutoiement quand il ne fait pas partie de sa pratique, sous prétexte de montrer aux élèves qu'on les considère avec bienveillance. Respect, bienveillance : ces deux paramètres fondamentaux s'exprimeront ailleurs que dans le pronom choisi pour s'adresser à eux.

ET L'ÉLÈVE ?

Mais l'élève, lui, a-t-il le choix entre le « tu » et le « vous » ? Dans leur livre passionnant sur la correction des copies (*Corriger des copies*, Odile et Jean Veslin, Hachette Éducation 1992) on lit, sous la plume d'un élève engagé dans un dialogue correctif avec son professeur : « Jean, est-ce que je fais SCI2 – c'est Citer une Connaissance Scientifique – quand je dis ... » Ce professeur permet – demande ? – qu'on l'appelle par son prénom. De jeunes collègues peuvent être tentés par cette disparition des barrières, eux qui ont parfois l'âge de leurs élèves de lycée. Il leur faudra résister à cette tentation car nous ne sommes ni les camarades, ni les grands frères, ni les parents de nos élèves, et qu'il ne faudrait pas leur laisser croire qu'il en va autrement. Les termes anglais *Miss* – dans l'acception de maîtresse – et *Sir* sont parfaitement indiqués.

LES PRÉNOMS ANGLAIS : AVANTAGES ET INCONVÉNIENTS

Là aussi, les pratiques divergent et nous allons essayer de les analyser.

Sur un plan phonologique et culturel, le prénom anglais comporte bien des avantages :

- l'élève possède un corpus de référence de sons anglais. *Hunter Street* avait fait en sorte que chacun des héros du manuel ait dans son prénom une des voyelles ou consonnes spécifiques de l'anglais (Bud, Joy, Clare, Jean, Paul, Keith...). En donnant à nos élèves des prénoms qui couvrent un champ phonologique large, on peut les familiariser avec ces sons étranges, et faciliter l'acquisition des mots nouveaux ; tout mot nouveau pouvant être alors rapproché du prénom d'un des élèves.
- l'élève se familiarise avec des prénoms que notre langue ignore : Nigel, Sean, etc. et dont on peut lui indiquer l'origine géographique.
- lors des échanges au sein de la classe, le rythme de la phrase anglaise n'est pas interrompu par l'intrusion de sons français.

Mais le prénom de l'élève fait partie de son identité. L'en priver, et lui affecter un prénom autre, n'est-ce pas risquer de le perturber psychologiquement ? Le professeur, par ailleurs, aura une tâche de mémorisation double et risque de mettre bien du temps à identifier ses élèves. On peut envisager plusieurs solutions facilitant la mémorisation, par la classe et par l'élève, des nouveaux prénoms :

- prononcer les prénoms français à l'anglaise, imitant en cela ce qui se produira quand les élèves seront à l'étranger.
- choisir un équivalent anglais de leurs prénoms
- choisir un prénom qui commence par la même initiale que le leur.

On sent bien que ces trois variantes ne permettront pas de faire surgir des prénoms typiquement anglo-saxons, et qu'un équivalent anglais n'existe pas pour tous nos prénoms. Cela voudrait d'ailleurs faire accroire que nos deux langues sont calquées l'une sur l'autre, théorie que nous nous efforçons de relativiser, voire de combattre, lors des activités de réflexion sur la langue. Le choix de l'initiale est peut-être le plus ouvert, mais nous sommes alors tributaires des prénoms de chaque classe et certaines lettres de l'alphabet anglais risquent de n'être guère sollicitées.

La solution sera peut-être, une fois encore, de dialoguer avec la classe, de leur exposer ces idées pour aboutir à un consensus ou à un compromis. On ne leur imposera pas un choix, on les laissera se déterminer, entre plusieurs solutions, et à l'intérieur de chaque solution. On leur proposera une large liste de prénoms anglais, qu'on leur lira à voix haute et on leur proposera de choisir un prénom qui leur plaît ; la phonie, la graphie, la facilité ou la difficulté de prononciation seront leurs critères de choix. Certains aiment entrer dans le monde de l'imaginaire et choisissent des prénoms éloignés du leur, d'autres collent à leur prénom et en choisissent la version anglaise ou demandent qu'on le prononce à l'anglaise. Autant d'élèves, autant de choix différents. Une fois les prénoms choisis, la liste alphabétique des noms français des élèves de la classe est remise à chacun. Le professeur écrit au tableau le prénom anglais que chaque élève a adopté, et les élèves n'ont plus qu'à recopier.

FABRICATION D'UN PORTE-NOM

On demandera à chaque élève de se fabriquer un porte-nom où il écrira son prénom anglais en gros caractères, de chaque côté du porte-nom, de façon à être vu de tous les camarades, de ceux qui lui font face comme de ceux de derrière. Dans les petites classes, on lui donnera un modèle de porte-nom ou des instructions précises pour la fabrication de cet objet, afin d'obtenir un produit net, lisible et esthétiquement uniforme. Les collègues de technologie ont à leur programme l'initiation à l'informatique. On peut leur demander leur concours pour la réalisation d'un porte-nom.

MÉMORISATION DES NOUVEAUX PRÉNOMS

On fera, au cours des premières semaines, de fréquents exercices rapides de mémorisation de ces prénoms, porte-noms cachés. Ces exercices donneront lieu à de premières bribes d'anglais en 6e, à des révisions linguistiques dans d'autres classes. Ces exercices favoriseront la cohésion de la classe, se connaître, se reconnaître, étant un premier pas vers la sociabilisation :

- un prénom anglais est donné par le professeur. La classe doit donner le nom français de l'élève.
- le professeur fait lire à la classe des cartons où sont écrits des prénoms anglais, les élèves lisent et désignent le camarade concerné.
- le professeur montre un élève, les autres donnent son prénom anglais.
- le professeur cite le nom d'un élève, la classe donne son prénom anglais.
- le professeur épèle un prénom anglais, les élèves donnent le nom et désignent l'élève : *Here! There!*
- à partir de la 5e, le professeur donne le prénom anglais d'un élève, ses camarades donnent les prénoms de ses voisins de classe – révisant ainsi les prépositions de lieu *next to, between, behind, in front of, opposite.*
- le professeur ramasse les porte-noms et les distribue au hasard. Les élèves doivent rétablir la vérité : *You're/He's/She's not X, you're/he's/she's Z.*

MISE À PROFIT DE LA LISTE DE NOMS

Le professeur s'est constitué une liste de cartes portant le nom de ses élèves. Voilà un investissement bien lourd pour ne servir qu'à l'occasion de ce début d'année ! On peut en fait rentabiliser cette liste en s'en servant lors des tirages au sort que nous avons évoqués à propos des modes d'interrogation orale. Elle peut aussi permettre de déléguer à un élève un de nos rôles, en le chargeant de faire l'appel. On lui donne la liste de prénoms et il les nomme les uns après les autres.

IMPOSER UN PLAN DE CLASSE

Là aussi, certains professeurs s'interrogent : n'est-ce pas faire preuve d'autoritarisme abusif que d'imposer une place attitrée à nos élèves ? La réponse est dans chaque classe : si les cours fonctionnent bien, que la parole circule de façon harmonieuse et qu'aucun problème de discipline ne soit noté, il n'y a aucune raison d'imposer quoi que ce soit. Ce serait en effet un abus d'autorité. Si, en revanche, on note une mauvaise répartition de la parole et des problèmes d'agitation, le professeur se doit d'intervenir pour canaliser les élèves agités et rééquilibrer les interventions orales.

Dans les classes difficiles, un placement par affinités aboutit souvent à une concentration de timides, d'actifs, de bavards qui s'avère préjudiciable à la bonne marche des cours. Le professeur va devoir intervenir dans le placement des élèves. Établir un plan de classe aura pour objectif de répartir les élèves en tenant compte de leurs aptitudes en anglais, et de leur comportement. Plusieurs critères peuvent être retenus.

DYNAMISER LA CLASSE

Pour que tous bénéficient également des interventions des élèves actifs, il est bon de répartir ces derniers harmonieusement dans la classe. Au lieu que ces élèves soient concentrés au premier rang, ils seront répartis de façon plus stratégique. On veillera à ce qu'ils ne soient pas en bout de rangée afin qu'ils aient un maximum de voisins.

RÉGULER L'INDISCIPLINE

On tient compte ici du tempérament des élèves : calmes ou agités, bavards ou silencieux, en veillant à alterner des élèves de tempérament différent. Les salles en U sont propices à la communication, mais de ce fait, rendent la gestion de la discipline souvent plus délicate. Le face à face entraîne de nombreuses tentations d'échanges de regards et de sourires parfois provocateurs. On placera alors sur une même rangée, et non pas en vis à vis, les élèves susceptibles de ne pas résister à ces tentations, en veillant bien sûr à ne pas les placer les uns à côté des autres.

HÉTÉROGÉNÉITÉ DE PROXIMITÉ

En pensant aux travaux de groupes, on peut choisir de répartir les élèves de façon à avoir des pôles d'élèves aux aptitudes différentes. Un bon élève actif se trouvant au centre d'un groupe d'élèves plus faibles qu'il dynamisera et pourra aider.

HOMOGÉNÉITÉ DEUX À DEUX

En pensant également au plaisir du bon élève de se confronter avec quelqu'un de son niveau lors des travaux à deux, on peut préférer rapprocher deux bons élèves. Cela aboutit à rapprocher par voie de conséquence des élèves en difficulté. Ce choix peut être judicieux car il nous permet de les aider quand ils travaillent à deux. On peut combiner ce souci avec celui évoqué plus haut en plaçant ces élèves, non pas à côté mais l'un derrière l'autre. Ceci permet d'alterner des phases de travail fondé tantôt sur l'émulation tantôt sur l'entraide, selon que l'on travaille avec son voisin ou celui qui est assis derrière soi.

LES PARAMÈTRES PHYSIQUES

On doit tenir compte aussi de la taille des élèves, du fait qu'ils y voient plus ou moins bien.

IMPLIQUER LES ÉLÈVES DANS L'ÉLABORATION DU PLAN DE CLASSE

Une fois définis les objectifs et les critères on peut solliciter les idées des élèves. Il faut que chacun s'auto-évalue et parvienne à évaluer ses camarades. Puis, en groupes, ils établissent un plan qu'ils soumettent au professeur. Ce dernier peut aussi dessiner un plan de classe et en soumettre une version écrite aux élèves. Ce document sert de base de travail, et les élèves émettent des avis. Un tel sera en effet bien auprès d'untel; telle paire en revanche est à déconseiller. Associer les élèves dans la détermination du plan de classe présente plusieurs avantages: ils sont souvent bons juges de situation que nous ignorons, leurs remarques peuvent donc être pertinentes, on fait appel à leur sens de la responsabilité, et on s'assure de leur adhésion au projet de changement, qui pourrait sinon être vécu dans la rébellion. Si ce sens de la responsabilité leur fait cruellement défaut et que la concertation n'aboutit à rien de constructif, le professeur exerce alors sa pleine et entière autorité.

MISE EN APPLICATION

Une fois établi ce plan de classe, on en teste l'efficacité. Le professeur y apporte éventuellement les quelques modifications qu'il juge nécessaires. S'il fonctionne bien les élèves s'y tiennent jusqu'à ce que des changements de comportement ou la simple volonté de modifier les choses entraîne l'élaboration d'une nouvelle disposition de classe. Le professeur se réserve bien sûr le droit d'opérer tout changement autoritaire, ponctuel ou définitif, si la situation le demande. On peut être amené à faire se déplacer un élève en milieu de cours, à avancer ou reculer sa table pour l'isoler. Ces changements peuvent n'être que ponctuels, le temps de ce cours-là ou d'une partie de ce cours, ou avoir un effet à plus long terme.

Ce plan ne sera pas immuable. Même s'il est efficace, on en changera néanmoins pour changer les habitudes des élèves, et les nôtres. En procédant chaque trimestre à des remaniements, on oblige les élèves à changer d'interlocuteurs lors des travaux de paires ou de groupes, on permet à certains de nouveaux départs, on est amené nous-mêmes à les reconsidérer.

LE MATÉRIEL : LES FOURNITURES SCOLAIRES

Nous n'allons pas évoquer ici le choix du manuel, pour ne nous intéresser qu'au choix des fournitures scolaires où se pose la question du libre arbitre de l'élève ou de l'exercice de l'autorité. Deux axes de réflexion : quel type de matériel est-il le mieux adapté à l'âge des élèves et quel usage va-t-on en faire ? Le choix du libre arbitre ou l'expression d'exigences sont-ils le fruit de l'habitude ou de décision réfléchie, motivée ? S'agit-il de choix individuels ou pris en concertation avec le reste de l'équipe d'enseignement ?

S'il n'y a pas de coopérative scolaire – qui implique que les choix aient été concertés et déterminés à la fin de l'année précédente – le jeune professeur risque d'être pris au dépourvu s'il n'a pas réfléchi à la question et va peut-être imposer arbitrairement du matériel qui peut ne pas s'avérer le mieux choisi ou bien regretter plus tard d'avoir laissé aux élèves cette responsabilité.

LE POIDS DES CARTABLES

Un argument trop souvent négligé mais qui devrait toujours présider au choix, est le poids du matériel demandé. Les parents d'élèves ont raison de s'alarmer devant le poids des cartables de leurs enfants. Le document suivant met bien en avant l'aberration de la situation vécue au quotidien par les jeunes élèves demi-pensionnaires.

Classe	CP	CE1	CE2	CM1	CM2	6e	5e	4e	3e
Poids moyen de l'enfant	25 kg	28 kg	30 kg	35 kg	37 kg	38 kg	44 kg	48 kg	50 kg
Poids moyen du cartable	2 kg	4 kg	5 kg	6 kg	6 kg	10 kg	10 kg	10 kg	10 kg
Poids moyen du cartable / au poids de l'enfant	8 %	14 %	17 %	17 %	16 %	26 %	23 %	21 %	20 %

Selon l'étude de « Que choisir », vos cartables pèsent au minimum une fois et demie le poids recommandé par le ministère de l'Éducation nationale ; quand ce n'est pas le double ! Heureusement, ça s'arrange en 3e.

LES SOLUTIONS

• La meilleure solution serait de fournir deux exemplaires de chaque manuel aux élèves : un pour la maison, un pour le collège. Mais cela coûterait très cher à l'État.

• La seconde solution consiste à équiper écoles et collèges de casiers, où les élèves pourraient laisser leurs manuels scolaires et leurs affaires de sport, comme cela se fait, par exemple, aux États-Unis ou en Grande-Bretagne.

Au collège des Hautes Ourmes à Rennes (35), c'est chose faite depuis deux ans, avec l'installation de 420 casiers réservés aux demi-pensionnaires de 6e-5e. La facture (130 000 francs) a été réglée par le Conseil général, qui a équipé de la même façon tous les collèges d'Ille-et-Vilaine. Un exemple à suivre !

• Autre solution : diminuer le poids des manuels, qui pèsent en moyenne 900 grammes chacun dans le secondaire (400 g dans le primaire). A la place, on pourrait imaginer un système de fiches. Jean-Yves Haby, lui, propose carrément un manuel unique •••

••• regroupant toutes les matières. Une idée qui fait sourire les éditeurs : « Si les manuels sont lourds, c'est que les programmes sont lourds ! »

• Reste le système D, déjà appliqué çà et là à l'initiative de parents, d'enseignants et d'enfants qui en avaient « plein le dos » des cartables obèses. Dans le collège, le CDI met un certain nombre de manuels à la disposition des élèves. Dans tel autre, des élèves font équipe à deux, chacun transportant à tour de rôle les livres nécessaires pour la journée. Ailleurs, les professeurs d'une même classe s'entendent pour ne pas demander d'apporter tous les manuels le même jour.

Autant d'idées à copier et recopier cent fois... en attendant que l'Éducation nationale se décide à refaire sa propre copie !

Claire Laurens
et Marie-Elisabeth Lafaille
***Infos Junior*, septembre 1996**

QUELLES SOLUTIONS À CE PROBLEME DU POIDS DES CARTABLES ?

Quand on compare la taille et le poids des manuels en usage dans les années antérieures aux années soixante-dix, et les manuels modernes, on constate que quatre Carpentier et Fialip, pour ne prendre qu'un exemple, logeraient dans un manuel récent. La taille et le poids des enfants actuels n'ont pas suivi une telle croissance ! Rien d'étonnant à ce que le poids des cartables en pâtisse. Doter tous les établissements d'un casier par élève où il puisse ranger ses affaires relève actuellement de l'utopie budgétaire ; que les élèves d'une même classe aient toujours cours dans la même salle s'avère impossible quand l'effectif de l'établissement dépasse ses capacités d'accueil. La solution doit donc être cherchée dans la réduction du poids du cartable, ce qui implique moins de fournitures et des fournitures moins lourdes.

Alléger le nombre de livres est possible dès que l'on autorise les élèves à utiliser un livre pour deux. Certains collègues s'y refusent prétextant que cela donne lieu à des bavardages. Si l'on donne à ses classes l'habitude exclusive du travail individuel, sans doute que les élèves géreront mal ce partage qui donnera lieu à des contestations. Mais s'ils sont coutumiers du travail en *pairwork*, toute activité nécessitant le livre ne sera qu'une parmi celles qui se font à deux. La notion de partage implique le respect de l'autre et l'entraide, elle relève de l'objectif de formation du futur citoyen qui est au cœur de nos *Instructions Officielles*.

Alléger le poids de chacune des fournitures scolaires demande d'abord d'être conscient de ce que pèse chaque cahier. A titre d'exemples :

- cahier de brouillon : 100 grammes
- petit cahier de 96 pages, grands carreaux : 180 grammes
- grand cahier de 96 pages, grands carreaux : 320 grammes
- grand cahier de 192 pages, grands carreaux : 440 grammes

Et il s'agit là du poids du matériel neuf, en septembre. Quand ces cahiers seront remplis, qu'un bon nombre de documents y auront été collés, l'augmentation du poids n'est pas négligeable, augmentation d'autant plus forte que le cahier sera gros.

Les collègues de français font souvent le choix du classeur car leur discipline se divise en plusieurs catégories. Les autres disciplines optent souvent pour un cahier. En supposant 6 cahiers par jour, on voit que selon les choix extrêmes – le cahier de brouillon n'assure guère une bonne qualité d'écriture – on passe d'un poids de 1 080 grammes à 2 640 grammes.

Pourquoi certains collègues choisissent ces gros cahiers ? Pour que tout le cours de l'année y figure. Ceci ne peut constituer un intérêt pédagogique que si l'élève est amené à faire des retours en arrière, en classe, et à revenir, en classe, sur des cours faits un trimestre auparavant.

LE CAHIER

Ceci ne nous semblant pas la norme courante en cours d'anglais, rien ne semble s'opposer au choix du cahier de 96 pages. Une fois terminé – soit à la fin d'un trimestre – l'élève se procurera un cahier semblable. Relever des cahiers sera d'ailleurs plus facile pour le professeur si ceux-ci sont moins gros.

Reste à réfléchir au format. Si l'on adopte l'habitude de « une leçon par page ; on change de page à chaque leçon nouvelle », le petit cahier entraîne moins de gaspillage. Il est moins lourd et plus gérable dans les petites classes. Se pose la question des documents polycopiés que l'on remet aux élèves et que l'on souhaite voir collés sans être pliés - pour qu'ils ne soient pas oubliés. On prendra soin de distribuer des documents susceptibles de tenir sur une page de ces petits cahiers. En 4e et 3e on peut préférer le grand format : les documents à coller sont souvent d'un plus grand format.

UN OU DEUX CAHIERS ?

Certains collègues choisissent deux cahiers par matière : un pour le cours, un pour les exercices. Ce choix est-il justifié ? Pourquoi séparer le cours des exercices ? La raison invoquée est que le cahier de cours est la référence de l'élève, qu'il ne doit pas y figurer d'erreurs. S'établit inconsciemment une hiérarchie entre ce qui vient du professeur – le cours, la référence, modèle de netteté et de soin dont le professeur peut être fier – et les productions des élèves – sujettes à erreurs, à ratures, que le professeur ne contrôle pas toujours – et qu'il convient de ne pas mélanger les genres.

Pour bien des raisons, cette distinction est critiquable. Raison d'efficacité tout d'abord : nous nous plaignons que nos élèves fassent leurs exercices sans avoir jeté un coup d'œil à leurs leçons ; avoir deux cahiers les y incite. C'est matériellement plus difficile à gérer : sur son bureau, l'élève devrait avoir ses deux cahiers ouverts devant lui, sans compter son livre.

Mais surtout, c'est sur le statut du cahier qu'il convient ici de s'interroger. Le cahier est-il un objet fini, fierté du professeur, ou un outil de travail, qui va refléter le parcours d'apprentissage de l'élève ? Le va-et-vient entre la trace écrite du cours et son prolongement que constituent les exercices faits en classe et ceux à faire à la maison est facilité par le fait qu'ils se suivent chronologiquement dans le cahier. Pour les raisons évoquées ici, séparer le cahier en deux parties, l'une réservée au cours et l'autre consacrée aux exercices, est une habitude qu'il convient de remettre en question. Les révisions de l'élève seront plus efficaces. Il ne reverra pas seulement le cours, mais aussi ce qu'il a pu produire autour de ce cours. Qu'y figurent ses propres erreurs devrait lui permettre de progresser, à condition qu'elles soient mises en évidence. Lors de corrigé d'exercices, il faut veiller à ce que le corrigé soit utile à l'élève et mette en évidence ses erreurs à lui ; lui faire recopier in extenso un énoncé complet ne lui apporte rien. L'habituer à souligner son erreur, et elle seulement, et à ne corriger qu'elle, sera plus efficace. S'il manque la majuscule à *French*, il souligne le « f » et récrit en dessous un *f* majuscule, il ne récrit pas le mot entier. S'il a tendance à abuser des *a*, qu'il raye en rouge chaque article superflu.

FAUT-IL DONNER DES CONSIGNES RELATIVES À LA TENUE DU CAHIER ?

Un cahier tenu avec soin est un outil performant. La clarté de la présentation apporte des aides visuelles propices à une meilleure appropriation des notions enseignées. En notant au tableau ce qui constituera la prise de notes le professeur va avoir ce souci et l'élève n'a plus en principe qu'à recopier. Les écarts entre ce qui est au tableau et ce qui figure sur les cahiers sont pourtant grands, en particulier chez l'élève de 6e. Il a souvent été habitué à être très guidé dans sa mise en page, on ne va pas brusquement le laisser livré à lui-même. On peut lui indiquer qu'il faut sauter des lignes et où, quelle couleur utiliser et pourquoi : bleu ou noir pour la copie de l'anglais, vert pour ce qui relève de traduction, de façon à ce que les deux langues soient identifiables, rouge pour tout ce qu'on veut mettre en valeur – les corrections, les aides phonologiques et les commentaires de réflexion sur la langue, par exemple.

FAUT-IL VÉRIFIER LES CAHIERS ?

La vérification des cahiers est nécessaire en collège. La première vérification se passe en classe. La trace écrite a été élaborée avec la classe, le professeur a fini d'écrire, il dispose donc du temps pendant lequel les élèves copient pour passer entre les rangs et jeter un coup d'œil aux cahiers.

Passer dans les rangs vérifier la qualité de la prise de notes va permettre de rectifier quelques mauvaises habitudes dont on peut dresser une liste :

- oubli de la date
- mauvaise présentation
- mauvais usage/non usage des couleurs
- polycopiés non collés ou pliés en quatre
- fautes de copie : erreurs ou oublis

COMMENT LES AIDER À MIEUX TENIR LEURS CAHIERS ?

Pour qu'ils changent de comportement, il faut qu'ils mesurent l'écart entre leur production et la nôtre et qu'ils comprennent le sens, la raison de nos exigences, qu'ils mettent volontiers aux comptes des excentricités des professeurs.

Tel élève ne se soucie pas de changer de couleur : on lui fera dire pour quelles raisons d'ordre pédagogique on lui demande de le faire, raisons énoncées plus haut.

La date est oubliée chez certains : or, noter la date ne relève pas du simple rituel. Avant un devoir on leur demande de réviser ce qui a été vu entre telle et telle date : il faut donc que ce repère existe. Quand le professeur relève les cahiers, il signale à l'élève de revenir sur la leçon de tel jour, de corriger les erreurs signalées dans le homework de tel autre : il ne peut pas le faire si les leçons ne sont pas datées.

Tel autre élève se conforme si scrupuleusement à ce qu'écrit le professeur qu'il va à la ligne comme lui, quitte à laisser des blancs dans ce cahier, rendant de ce fait les énoncés peu compréhensibles – il faudra lui dire qu'écrire sur le mur ne fait pas partie de nos habitudes, et que nous allons à la ligne quand le tableau nous y oblige.

Quant aux polycopiés, ils représentent un problème : les faire coller pendant le cours prend du temps, et puis il faut que les élèves apprennent à gérer seuls ce point. Si l'on fait le choix du petit cahier, il faut prendre en compte cette contrainte en fournissant à la classe des polycopiés qui tiennent sur une page de leurs cahiers. Malgré cette précaution bien des élèves plient avec minutie leur polycopié avant de le coller – pour que cela ne prenne pas de place – et rendent de ce fait ce document invisible. Rappelons-leur le proverbe conçu pour l'occasion : « Polycopié plié, polycopié oublié ». Mais plus nombreux sont les cahiers d'où tombent des feuilles volantes. Pourquoi coller les polycopiés au bon endroit ? Parce qu'ils participent du cours et doivent être vus par rapport à lui. Rappelons la menace : « polycopiés non collés, une heure de colle ». L'élève à qui on a signalé de remettre son cahier à jour et qui n'a pas obtempéré se verra donc contraint à passer une heure supplémentaire au collège pour le faire.

ET POUR LES ERREURS DE COPIE ?

La vérification des cahiers, en classe et chez soi, permet aussi de mettre à jour les erreurs de copie, erreurs que nous retrouverons dans les devoirs. Les cahiers devraient donc être vérifiés avant chaque devoir, pas tous les cahiers toujours, mais systématiquement ceux des élèves dont on sait la prise de notes fantaisiste.

Comment les aider à parvenir à une prise de notes fiable ? Comme toujours en commençant par faire prendre conscience à l'élève de son problème. On lui indiquera dans la marge le nombre d'erreurs de copie, par leçon. Ce nombre constituera pour lui un repère et un défi. On attend moins d'erreurs à la leçon prochaine, où on renotera son score du jour. Il pourra voir lui-même s'il progresse.

Mais surtout on va lui donner une aide méthodologique. On remarque que les élèves qui font ces erreurs souvent notent mot après mot, voire lettre après lettre. Rien d'étonnant à ce que cette copie laborieuse laisse sauter des lettres, des mots, des phrases. On va donc les contraindre à lire globalement un mot nouveau, un énoncé porteur de sens, à prendre le temps de le photographier, et à le récrire d'un trait. Comment l'y forcer ? Souvent, en étant derrière lui et en lui maintenant gentiment la tête baissée quand il copie : il constate comme nous ses progrès.

Et aussi en faisant des exercices classe entière de ce mode de copie. Un énoncé court est écrit au tableau, les crayons sont sur la table, les élèves lisent en silence. On leur a indiqué qu'on va effacer et qu'ils devront recopier de mémoire. Cet exercice relève de la Gestion Mentale et met en place des mécanismes qui vont aider les élèves à avoir par la suite une attitude active en copiant. Cela prend bien sûr du temps, et ne sera pas fait à chaque fois, mais on constate alors une réduction des erreurs et une meilleure appropriation de la leçon : le temps a-t-il vraiment été perdu ?

USAGE DU CAHIER DE BROUILLON

Le cahier de brouillon est pratique ; on s'en sert pour tout. Mais, de ce fait, c'est rarement un outil de travail efficace. Les élèves ont bien du mal à retrouver ce qu'ils y écrivent, à cause de leur habitude de l'ouvrir au hasard, et de combler un blanc dès qu'ils en voient un. Ce qui figure dans ce cahier est souvent voué aux oubliettes, ce qui est fâcheux car l'élève perd la trace des tâtonnements, erreurs et réussites qui ont été les siens au cours de l'apprentissage.

Pour que l'élève conserve une trace de son travail en classe, nous avons le choix entre lui demander d'écrire sur son cahier d'anglais, ou de lui fournir des petits morceaux de papier qu'il collera ensuite dans son cahier. C'est cette dernière option que nous allons étudier ici.

Le professeur découpe en 4, 8 ou 16 des feuilles de papier blanc de format A4 et se constitue des liasses de papier blanc de formats variés. Il suffit d'en avoir toujours dans son cartable et d'en remettre aux élèves à chaque activité de production écrite dont on veut être sûr que l'élève gardera la trace. La taille du morceau de papier distribué dépendra de la quantité d'écriture prévue. Découper des feuilles A4 se fait en un temps record à l'aide d'un massicot.

Ces petits papiers s'avèrent bien pratiques dès que l'on demande aux élèves d'échanger leurs productions : les manipulations sont plus simples que les échanges de cahiers.

Quand on fait de très brèves interrogations écrites de leçons on a tout intérêt à leur fournir le papier. On gagne du temps car on distribue plus vite ces papiers que nos élèves n'en mettent à trouver une feuille, quand ils en trouvent. Des tests sur des papiers de format standard sont par ailleurs plus agréables à corriger.

Mais l'avantage essentiel est ailleurs : l'élève prendra l'habitude de coller ces petits papiers dans son cahier, dans le souci toujours d'y voir figurer, en parallèle avec la trace écrite du cours, ce que lui a fait pendant le cours. La nature différente des deux papiers, quadrillés du cahier, papier blanc du nouveau brouillon, permet de visualiser la différence entre la leçon et les activités périphériques. Quand il s'agit d'interrogations, l'élève collera son test près de la leçon concernée, pour mieux en mesurer les écarts éventuels.

Le cahier ne devient plus un objet fini, consacré, sacralisé où aucune erreur ne figure, mais le témoin, le reflet du processus d'apprentissage, du parcours propre à chacun.

LE MARQUE-PAGES *CHECKLIST*

Rentrant dans la rubrique du matériel dont va disposer l'élève, nous allons présenter ici un outil qui a été élaboré à la suite de concertations successives avec les collègues hispanisants du collège et d'idées en chaîne que ces discussions ont fait naître. Il s'agit d'un marque-pages que l'élève place dans son cahier et qui lui rappelle quelles opérations il a à exécuter au moment d'apprendre une leçon. Il s'agit donc d'un outil à fonction méthodologique.

Mettre en place, au collège comme au lycée, des aides à l'apprentissage et développer la capacité de l'élève à apprendre, ce que l'on retrouve sous le vocable « Apprendre à apprendre », est un souci relativement récent dans l'enseignement des langues. Deux pages y sont consacrées dans les compléments aux *Instructions Officielles de 6e* publiées en 1985. Les compléments de 5e font référence à ces pages et évoquent « la nécessité d'une présentation claire de l'effort qui sera attendu des élèves ».

On peut commencer d'abord par mettre à plat leurs pratiques : un tour de table leur donne la parole et le professeur, ou un élève, note au tableau les différentes idées exprimées : « Pour apprendre ma leçon, moi je ... ». On va ensuite essayer de faire réfléchir les élèves sur la spécificité de la leçon d'anglais et ce qui en constitue les difficultés. Ils vont être amenés à dire ce qu'ils trouvent difficile : « Moi, j'ai du mal à ... ».

Apparaissent très vite à ce stade les difficultés d'ordre phonologique qui sont en effet une des difficultés majeures de l'anglais. « J'ai du mal à bien redire les mots comme en classe » va nous engager vers la réflexion suivante : on n'apprend peut-être pas une leçon d'anglais comme une autre leçon. Qu'est-ce qu'on a à faire pour l'anglais que les autres matières n'exigent pas ? Ce qui débouche sur la notion d'oralisation, la nécessité de dire à voix haute. Pour quoi faire ? « Pour bien apprendre à prononcer » disent-ils en général. Mais certains, plus réalistes ajoutent aussi : « mais si on n'y arrive pas ? ». Lire à voix haute ne permet pas vraiment de mieux lire, mais permet avant tout de voir si on y arrive ou pas. Si on bute sur un mot, c'est qu'il nous pose problème, et c'est important qu'on en prenne conscience. Un mot qu'on prononce mal, on ne le corrigera pas seul chez soi, mais on sera attentif au cours suivant quand on l'entendra apparaître.

On leur demandera de prendre l'habitude de s'entraîner à bien reproduire les accents, les intonations, quitte à remplacer les syllabes par des grognements si la reproduction correcte de phonèmes leur pose problème.

Ils ne peuvent le faire que si le cahier les y aide, d'où la nécessité de prévoir ces éléments dans toute trace écrite. La lecture à voix haute donne aussi l'habitude de placer sa voix, de parler fort, et on les encouragera dans ce sens.

Le corollaire de la première difficulté évoquée, difficulté d'ordre phonologique, c'est que les mots ont une orthographe qui diffère de leur prononciation et que c'est souvent bien dur de ne pas les écorcher. Une leçon de langues implique d'apprendre des mots inconnus : comment font les élèves ? Des activités que nous esquisserons plus loin relatives à la mémorisation du vocabulaire peuvent être mises en place alors, ou tout simplement évoquées et mises en application un autre jour. On peut au passage leur signaler que des mots nouveaux, à l'orthographe qu'ils jugent barbare, leurs programmes d'histoire géographie n'en manquent pas et que les conseils pour les mots d'anglais peuvent servir dans d'autres matières.

On vient d'évoquer avec eux la particularité de la leçon d'anglais, il y a aussi des points communs entre cette leçon et les autres. Que recommandent leurs autres professeurs et pourquoi ? Quels sont les conseils qu'ils ont le plus de mal à suivre et pourquoi ?

A l'issue de ce dialogue on leur remet le document suivant qui comporte nos propres conseils :

LE TRAVAIL À LA MAISON EN ANGLAIS

Pour chaque cours d'anglais j'ai une ***leçon*** *(des mots, des expressions, des règles de grammaire à mettre en mémoire) et un court* ***travail écrit*** *(le plus souvent travail d'imitation à faire sur cahier; s'il s'agit d'expression plus personnelle, et que je risque alors de faire plus d'erreurs, je le fais sur une feuille que le professeur ramasse et corrige).*

Comment bien faire mon travail à la maison ?

JE SUIS CAPABLE DE TRAVAILLER SEUL.

A. Anticipation

Avant d'ouvrir mon cahier j'essaie de **me rappeler** sur quoi portait la leçon, ce qu'on a appris de nouveau en classe.

B.

1. Je lis à voix basse et me rends compte si j'ai des difficultés* à comprendre.
2. Je lis à voix haute et je me rends compte si j'ai des difficultés* à prononcer.
3. Je réfléchis. Dans la leçon il y a des éléments de révision et des éléments nouveaux. Est-ce que je vois bien ce qui est à retenir ? (souvent souligné, marqué d'une croix...)
4. Je fais travailler ma mémoire : je prends des repères (Combien de mots nouveaux aujourd'hui ? Combien de mots dans cette question ? Est-ce que je ne connais pas déjà des mots dans cette expression nouvelle ? Est-ce que ce mot nouveau ne ressemble pas à un autre déjà connu ?). Je lis, je relis, j'écris ou j'épèle.
5. Je m'interroge. Est-ce que je suis sûr que je sais ? Cahier fermé, j'écris sur mon brouillon les éléments nouveaux que j'avais à retenir.
6. Je m'auto-évalue. Je compare mon brouillon avec ma leçon. Est-ce que je sais ma leçon ?

Connaître un mot, une expression, une structure, c'est comprendre, savoir écrire, savoir dire, savoir utiliser.

•••

•••

C. Je fais le *travail écrit après* la leçon.

1. J'écris le **titre**: *Homework*.
2. Je réfléchis à la **consigne**. Est-ce que je sais ce que j'ai à faire?
3. L'exercice est une application de la leçon. Est-ce que je vois bien **le lien** entre la leçon et l'exercice? Est-ce que j'ai des difficultés* ?
4. Je fais le travail demandé **jusqu'au bout**.

**Si je me rends compte de difficultés, je suis attentif au cours suivant. Ces points sont toujours revus. Je peux bien sûr en parler au professeur.*

Signature de l'élève ______________________ Signature des parents ______________________

Les élèves le lisent ensemble et y cherchent des points qui n'ont pas été mentionnés au cours de la discussion. Le terme « anticipation » par exemple, est à expliciter. Il s'agit de se remémorer la leçon avant de rouvrir le cahier. On a parlé de quoi ? On a fait quoi ? La leçon portait sur quoi ? Le terme « jusqu'au bout » est un rappel à l'ordre pour tous ceux qui s'interrompent en cours d'exercice et oublient d'y revenir. A la fin de cette séance chaque élève signe et emporte la feuille qu'il fera lire à sa famille.

COMMENT FAIRE POUR QUE LES CONSEILS SOIENT SUIVIS ?

Le dialogue est un moment nécessaire, la liste de conseils sans doute a son utilité, mais qu'en reste-t-il une fois les enfants chez eux ? La volonté de bien faire, leurs bonnes intentions ne sont pas toujours suivies d'effet. Que faire pour qu'ils aient toujours en mémoire les conseils prodigués et qu'ils les suivent ? Pendant longtemps j'ai usé d'un dicton que j'avais conçu pour eux : « Leçon, brouillon, crayon » ou de la question : « Est-ce-que je sais que je sais ? » pour leur rappeler la nécessité de vérifier chez soi ses acquis. Mais comment voir qu'ils ont appliqué les conseils ? Nous leur donnons des conseils en classe et ils travaillent chez eux. Il faudrait imaginer un outil qui fasse office de navette entre la classe et la maison.

Le thème des discussions entre collègues évoquées plus haut portaient donc sur le type de conseils méthodologiques que les uns et les autres nous donnons à l'élève et de notre incapacité à savoir si ces conseils lui servent, et comment nous pourrions savoir si il en fait usage. Nous en étions arrivés à ce stade de la réflexion quand est venue l'idée d'une *checklist* où l'élève va noter, au fur et à mesure des leçons à apprendre, quels conseils il a suivis.

Pour que ce nouvel outil ne soit pas définitivement rangé, mais qu'il serve, il faut que l'élève l'ait en permanence sous les yeux : d'où l'idée d'un marque-pages pour le cahier. Le support est un carton de type bristol pour en assurer la longévité. Le format 21 x 25 en assure la lisibilité.

De la liste initiale de conseils on en retiendra six, soit ceux qui nous semblent les plus incontournables :

- ménager une phase d'anticipation ;
- lire la leçon à voix haute ;
- vérifier ses acquis sur le cahier de brouillon ;
- ne pas oublier de noter le titre *homework* pour toute tâche à faire par écrit sur le cahier afin de bien séparer le cours du travail personnel ;
- faire l'exercice après avoir appris la leçon ;
- mener son travail jusqu'au bout.

On demande aussi à l'élève de noter le temps qu'il consacre à chaque leçon.

Sur ce marque-pages sont reportés en abrégé les six points mentionnés ci-dessus. L'élève n'a plus qu'à inscrire la date à chaque fois et à cocher quand il en a exécuté un.

Fabriquer ensemble le marque-pages en classe va prendre du temps mais on est sûr que chaque élève aura son marque-pages et qu'il sera conforme au modèle. Fournir aux élèves le support bristol est un passage obligé dans bien des classes.

Il s'avère que les élèves apprécient cet outil. Dès qu'ils ouvrent leurs cahiers, il les rappelle à l'ordre. Le fait de cocher leur donne la preuve qu'ils ont fait leur travail. En passant entre les rangs le professeur jette un coup d'œil au marque-pages qui est toujours à la page de la leçon précédente.

LE CARNET DE VOCABULAIRE

Faut-il ou non leur demander d'avoir un carnet de vocabulaire ? Les avis sont partagés sur ce point. Certains y sont franchement hostiles, disant qu'une liste de mots coupés de leur contexte n'est guère mémorisable ou parce qu'ils se méfient de la traduction où ils voient une entrave à l'appropriation de l'anglais. Apprendre du vocabulaire est cependant un effort incontournable en langues. Les élèves doivent se plier à l'impérieuse nécessité d'apprendre et de retenir les mots qui leur sont enseignés. Pour apprendre les mots nouveaux, la leçon est là qui les présente en situation. Mais pour les revoir ? La question se pose de rendre cet effort techniquement possible, et nous devons nous interroger sur ce qui peut les aider efficacement à le faire. En classes préparatoires, à l'université, on demande aux étudiants d'apprendre des listes de mots ; le support en est un recueil lexical. Résurgence du passé sans doute, mais aussi recherche d'efficacité.

Nos élèves ne sont pas des spécialistes mais un petit carnet peut s'avérer pratique. Grâce à un carnet l'élève revoit d'un coup d'œil la liste des acquis, il peut s'auto-interroger, il peut se faire interroger. Il suffit peut-être de gérer cet outil d'une façon intelligente. Par exemple y faire figurer sur une page les mots avec leur traduction et sur la page en vis-à-vis, noter la phrase où est apparu ce mot, pour en indiquer ainsi l'usage et l'emploi.

CARNET OU RÉPERTOIRE ?

La mémorisation est facilitée quand il s'agit de retenir un champ lexical, et non des mots isolés. Tel mot en évoque un autre, on retient mieux un mot et son contraire, des points communs apparaissent dans telle série – la marque «-er» dans bien des noms relatifs à la famille ou les noms de métiers, les *room* des pièces... Pour toutes ces raisons le carnet semble préférable au répertoire car l'élève y inscrira ses mots au fur et à mesure de leur apparition, et le carnet portera la trace de ces séries. Il les inscrira dans l'ordre des cours, ce qui présente une autre aide mnémotechnique : tel mot a été vu en même temps que tel autre.

Le carnet se prête bien aussi à des classements de mots par sons : on réserve la fin du carnet à cet effet. Chaque voyelle, diphtongue ou consonne spécifique à l'anglais aura une page réservée où l'élève viendra noter les mots en fonction de leur prononciation. Il pourra facilement s'entraîner à prononcer des mots d'une même série phonétique. Ce faisant, il est amené à les revoir et à s'interroger sur leur signification.

Mais on peut rétorquer qu'on retrouve difficilement le sens d'un mot donné dans le carnet, compte tenu de leur présentation aléatoire. Le classement alphabétique du répertoire permet de retrouver plus vite un mot. L'ordre alphabétique peut constituer une aide pour la mémoire : « Je me souviens que ce mot commence par un ... ». Par ailleurs, le carnet n'apporte qu'une réponse partielle au souci de présentation thématique. Les champs lexicaux ne sont pas épuisés en une fois et les séries notées en un endroit du carnet se complètent souvent en un autre. On voit ici que carnet et répertoire présentent chacun des avantages spécifiques et qu'il est donc difficile de trancher en faveur de l'un ou de l'autre.

On peut aussi imaginer de combiner l'idée du répertoire et celle des thèmes en concevant l'utilisation du répertoire thématique. Il faut déterminer à l'avance quels sont les champs lexicaux étudiés, en donner une liste aux élèves qui va leur permettre d'organiser à l'avance leur répertoire. On obtiendrait ainsi à la lettre « F » : famille, fournitures scolaires, formules de politesse... Cela implique bien sûr que l'élève soit capable d'opérer le classement au fur et à mesure qu'il rencontre un nouveau mot et qu'il se souvienne du mot « fournitures » quand il cherche « taille-crayons ».

QUAND SE FAIT LA PRISE DE NOTES SUR LE CARNET ?

Quatre possibilités sont à envisager :

- la leçon est copiée sur le cahier, puis tous les élèves recopient dans leur carnet les mots nouveaux signalés par une astérisque ou soulignés.
- le vocabulaire nouveau est noté dans un espace réservé du tableau ; la leçon est copiée sur le cahier à un moment du cours et la prise de vocabulaire se fait sur le carnet en fin de cours.
- l'élève copie intégralement sa leçon, mots nouveaux compris, et quand il a fini il recopie les mots nouveaux dans son carnet, les élèves plus lents à copier le faisant chez eux.
- cela relève exclusivement du travail personnel de l'élève qui, une fois chez lui, en apprenant sa leçon, reporte sur son carnet ce qu'il y avait de nouveau dans ce cours.

Les deux premières solutions garantissent que le carnet est bien mis à jour. A noter cependant le temps lourd qui est imparti à la copie dans un cas et le fait que mots nouveaux et leçon soient dissociés dans l'autre. La troisième variante réduit le temps de copie en jouant sur les différences de rythme des élèves et supprime les temps morts. L'élève qui a fini de copier sa leçon, en attendant qu'il en soit de même pour tous, a le temps de remplir son carnet – ce qui peut pousser des lambins à aller plus vite, et occupe les plus rapides. La dernière solution responsabilise complètement l'élève. Dans les deux derniers cas rien n'assure que le carnet soit mis à jour par tous.

Pour l'exploitation du carnet de vocabulaire, nous renvoyons le lecteur aux pages consacrées à l'acquisition et à la fixation du lexique.

6

LES STRATÉGIES COMPORTEMENTALES :

S'IMPOSER PHYSIQUEMENT A LA CLASSE

En guise de conclusion à cette section, nous allons nous pencher sur ce qui constitue pour chaque professeur un atout indéniable s'il sait en faire bon usage : sa voix, son regard, sa statique. Le professeur doit savoir voir et parler, il doit être vu et écouté. Nous serons amenés à résumer un certain nombre de points abordés dans les pages précédentes, et à développer un aspect encore non étudié qui concerne le choix du meilleur emplacement pour le professeur dans sa classe. C'est par là que nous allons commencer.

LES EMPLACEMENTS DU PROFESSEUR DANS SA CLASSE

L'imagerie traditionnelle représente le professeur debout, au tableau, ou assis, à son bureau. Se conformant à cette image, certains professeurs n'investissent que ces lieux ; d'autres y sont contraints par l'exiguïté de leurs salles de classe. Quelles implications d'ordre pédagogique découlent des choix que l'on fait, des contraintes que l'on subit, en matière d'occupation de l'espace-classe ? Quels autres lieux peut-on investir si la salle le permet, pour quelles raisons et au cours de quelles activités ?

Etre ou ne pas être assis ? Telle est notre première question.

En règle générale, les classes sont pourvues d'un bureau. Si un bureau est prévu pour le maître, c'est que l'on prévoit qu'il s'en serve. D'autre part, le bureau affiche sa supériorité sur la table d'élève – plus grand, plus haut, plus imposant, unique. De là à y voir le symbole matériel de l'autorité du maître, il n'y a qu'un pas. S'asseoir à son bureau c'est une façon d'affirmer sa différence et sa spécificité, et de se convaincre, ou de se rassurer : « je suis au bureau donc j'ai de l'autorité, je fais autorité ». Ne dit-on pas d'ailleurs : « asseoir son autorité » ? Eh bien, non, l'autorité n'est pas affaire de mobilier : il faudra chercher ailleurs les moyens de l'acquérir.

Assis à un bureau, c'est la position du conférencier, de celui qui va délivrer un discours, exposer son savoir et les *Instructions Officielles* nous rappellent que tel n'est pas le rôle du professeur de langues : « L'élève n'est pas cible à discours ».

Comme c'est également une frontière physique entre les élèves et le tableau, s'asseoir à son bureau traduit de façon plus ou moins consciente la volonté de prendre ses distances par rapport à la classe, la crainte de se rapprocher davantage d'eux.

En raison de la charge symbolique qui est attachée à ce mobilier, on conçoit mal que le professeur de collège fasse cours assis à son bureau. S'il est assis à son bureau, c'est que justement il ne fait pas cours. Ce sera le cas lors des moments où les élèves sont engagés dans une évaluation écrite, lors des contrôles.

Les seuls moments où l'on peut envisager que le professeur s'asseye en dehors des devoirs écrits, c'est quand il veut se fondre dans la classe, qu'il veut participer à une activité au même titre qu'eux. Il s'assiéra alors au milieu d'eux.

Quelques exemples peuvent être cités :

- le professeur se mêle aux groupes et participe avec eux à un jeu ;
- un élève est désigné professeur, le professeur joue le rôle d'un élève ;
- un élève fait un exposé, le professeur s'assied à sa place.

DEBOUT, DONC, MAIS OU ?

Le professeur va donc faire cours debout. Debout, du début à la fin du cours – nous ne répéterons jamais assez à quel point ce métier peut être physique. Mais les lieux ne manquent pas, que nous étudierons successivement :

- debout au bureau
- debout au tableau
- debout devant le bureau ou au milieu de la classe
- mobile entre les rangs
- debout derrière un élève
- debout en retrait

DEBOUT AU BUREAU

Passer un cours entier debout, derrière son bureau, signifie que l'on a besoin du bureau comme support. Support de notes de cours, par exemple. L'on voit de jeunes professeurs ne pas quitter leur bureau d'un pouce, car des feuillets volumineux y sont entreposés. Le résultat fréquent est une tension assez grande : le professeur craint de se tromper dans ses feuilles, et sa crainte est régulièrement justifiée !

Si le regard du professeur est rivé sur ses notes, il lui est difficile de voir ce qui se passe dans la classe. S'il ne voit pas les élèves, il ne les entend guère mieux... Quand par ailleurs un cours est prévu à la virgule près, le souci du professeur n'est pas tant ce qui se dit en classe que de dire ou faire dire ce qu'il a lui-même écrit.

Le conseil alors est de faire en sorte que la préparation de cours tienne sur de petites fiches, faciles à tenir en main : aux longs développements, préférer des plans de cours à l'ossature charpentée. Le bureau n'est plus alors nécessaire et le professeur se met à l'écoute des élèves.

DEBOUT AU TABLEAU

Le tableau est le plus souvent associé aux moments d'écriture ou d'exposition : on y écrit, on y dessine. Tournant le dos aux élèves, le professeur peut perdre le contrôle de sa classe. On sent bien que ces moments doivent être limités dans le temps.

On peut aussi avoir affiché un support dont on a besoin de montrer certains éléments, au fur et à mesure que l'activité se déroule. S'il reste de profil, le professeur risque d'occulter le tableau pour une partie de la classe. Il doit veiller à se mettre alternativement à droite et à gauche de son document pour éviter cet écueil.

On peut aussi être au tableau sans tourner le dos aux élèves. Le tableau, c'est l'endroit le plus éloigné des élèves, c'est celui qui permet la focalisation du regard de tous. Quand il tient à montrer à tous en même temps un support qu'il ne souhaite pas fixer au tableau, le professeur choisira de se placer face à eux, dos au tableau. Ce sera le cas pour les activités réclamant l'usage des *flashcards* que l'on présente aux élèves. Le professeur doit, à ces moments-là, s'assurer qu'il est réellement vu de tous et tenir compte des éventuels angles morts dans la salle. Il sera souvent amené à se reculer au maximum, pour permettre aux élèves des extrémités droite et gauche de bien voir ce qu'il présente.

Si aucune des activités mentionnées plus haut ne nous occupe, la présence au tableau n'est pas justifiée. On risquerait de perdre le contact avec un certain nombre de nos élèves, en particulier avec ceux qui sont assis à l'extrémité opposée.

QUAND FAUT-IL ÊTRE DEBOUT, DEVANT LE BUREAU OU AU MILIEU DES ÉLÈVES ?

Debout face à la classe, le professeur est le point de mire de tous, le point de convergence de tous les regards. Deux raisons complémentaires le justifient : il souhaite être vu de tous, il souhaite être entendu de tous. Nous allons considérer ici deux cas : l'entrée en classe et lorsque l'on donne des consignes

L'entrée en classe

Être remarqué de tous s'impose lors de l'entrée en classe des élèves. Il ne s'agit pas d'avoir le nez plongé dans son cartable ou dans ses fiches de cours, mais de canaliser rapidement leur installation.

Plusieurs attitudes peuvent être adoptées lors de l'entrée en classe. L'une, conviviale, consiste à accueillir les élèves en anglais, à engager d'emblée avec eux des échanges relevant du *socialising*, qui ont le triple avantage de couper court aux velléités de bavardage en français, d'installer la primauté de l'anglais comme langue de communication, et de réviser les formules d'accueil et de civilité. Le professeur, alors, est près de la porte et s'adresse aux élèves au fur et à mesure qu'ils entrent en classe.

Dans d'autres classes on préférera une attitude plus stricte, plus silencieuse. Le professeur, par son attitude, montre sa ferme intention de ne commencer que lorsque tous seront prêts, mais qu'il n'est en aucun cas disposé à attendre. La façon de se tenir traduit cette intention : le professeur est debout devant le bureau, ou au centre du U, si telle est la disposition de la salle. Il s'impose à la classe physiquement et regarde tour à tour les élèves, en particulier ceux qui ont l'habitude d'entrer bruyamment. Il attend en silence qu'ils soient tous assis pour commencer le cours. La position physiquement ferme et stable du professeur signale alors qu'il est prêt à travailler et qu'il les invite à en faire autant.

Les consignes

Les moments consacrés aux consignes exigent d'occuper une position frontale et centrale. Il ne s'agit pas de les donner de façon confidentielle à quelques heureux élus ! Pour être sûr de l'écoute de tous on doit d'abord capter leur regard. *Listen to the instructions, now!* ne suffit pas toujours à obtenir la concentration de chacun ; rien ne prouve que les élèves écoutent vraiment. En revanche *Look at me!* aboutit à un comportement observable : on peut vérifier que les élèves ont bien le nez levé et ne donner la consigne que lorsqu'il en est ainsi.

FAUT-IL SE DÉPLACER ENTRE LES RANGS ?

On peut dresser une liste des phases de cours qui impliquent des déplacements entre les rangs, et en évoquer la fonction :

- lors d'exercices ou de travaux en *pairwork* et *group work*. Le professeur peut répondre à la demande d'aide. Il peut exhorter à l'usage du français. Il peut se contenter d'écouter sans intervenir, mais prendre note de certaines erreurs sur lesquelles il reviendra lors de la mise en commun.
- Lors de la prise de notes des élèves. En plus de la vérification des erreurs de copie dans la prise de notes du jour même, c'est à ce moment que l'on peut vérifier si le travail qui avait été donné a bien été fait. On jettera aussi un coup d'œil au marque-pages méthode (cf page 89). Si la nécessité s'en fait sentir, c'est aussi le moment d'engager avec les élèves certaines mises au point concernant leur attitude en classe. Leur cas est alors abordé individuellement et discrètement.
- Pour évaluer la qualité de la prononciation lors de répétition collective. Chantal Dodge et moi avions évoqué dans le *Guide Belin de l'Enseignement au Collège* les surprises qui attendent le professeur à ces moments-là. Ce que reprennent en chœur les élèves est parfois bien loin du modèle donné, mais on ne s'en rend pas compte si l'on reste près du bureau.

OU SE PLACER PAR RAPPORT À L'ÉLÈVE TIMIDE ?

D'autres déplacements sont rendus nécessaires par le comportement spécifique de certains élèves. Pensons en particulier à la nécessité paradoxale de s'éloigner d'un élève parlant d'une voix faible pour le forcer à hausser le ton. S'éloigner est « anti-naturel » : la tendance instinctive serait plutôt de se rapprocher de lui pour saisir ses paroles.

Céder à cette tentation comporte plusieurs inconvénients. En s'efforçant de capter les propos d'un élève, on est amené à négliger le reste de la classe, d'autant plus que l'on fera généralement écran entre eux et lui quand on sera devant lui. La classe risque alors de ne plus se sentir concernée, de s'ennuyer, mais elle peut aussi en ressentir une impression de rejet qu'elle va parfois traduire par de l'agressivité à notre égard ou à l'encontre de l'élève concerné. Quant à l'élève en question, le conforter dans son habitude de mi-voix n'est pas lui rendre service. Mais surtout s'approcher voudrait dire que l'élève ne parle que pour le professeur, comme s'il importait peu que la classe entende ou non. En s'éloignant volontairement, le professeur signale à l'élève que lui-même et les autres élèves souhaitent l'entendre jusqu'au fond de la classe. Si l'élève ne parvient pas à hausser le ton, demander à un voisin proche de redonner le message à voix haute est tout à fait justifié.

DEBOUT DERRIÈRE L'ÉLÈVE

Dans le chapitre de son ouvrage *Techniques and Principles in Language Learning* consacré à la méthode *Community Language Learning*, Diane Larsen-Freeman évoque une technique de répétition qui implique un autre positionnement du professeur : derrière l'élève qui parle. Le professeur est alors au service de l'élève et intervient seulement à sa demande. Si l'élève a un problème de prononciation, il le signale au professeur qui répète, autant de fois que l'élève l'estime nécessaire, un mot qu'il ne parvient pas à bien prononcer. C'est l'élève et non le professeur qui estime quand interrompre l'exercice. Debout derrière l'élève assis, le professeur le sert – cette position n'est pas sans évoquer la relation maître/serviteur, le maître cette fois n'étant plus celui qui en a habituellement le statut...

Cette position le sert – lui rend service – comme on peut le constater dans d'autres cas. Imaginons une activité qui implique qu'un élève s'adresse à la classe. Prenons le cas du début de cours où, une fois que la classe a pris de bonnes habitudes d'entrée en classe et qu'elle est familiarisée avec les formules usuelles de ce moment du cours, on délègue à un élève le rôle du professeur (cf page 24).

L'élève-professeur doit réguler la mise en place de la classe, s'appropriant ainsi les tournures impératives et les formules relevant du *Classroom English*. En s'installant derrière lui on va pouvoir lui faire office de souffleur. On lui donnera des idées :

P : *(murmure)* Look at John!

et selon le cas l'élève-professeur réagira :

É : John, put your pencil-case away/take off your coat/sit down!

On lui soufflera des mots à l'oreille :

P : Hello.../Take off...

le laissant compléter l'énoncé.

Imaginons le cas inverse où un élève est plus particulièrement sollicité par ses camarades. Dans le cas d'une interview par exemple. On se mettra derrière lui, pour pouvoir lui venir en aide le cas échéant, ou pour simplement le soutenir par cette présence silencieuse. Dans le cas d'élèves faibles ou timides, on constate que la présence derrière eux du professeur leur redonne confiance.

Derrière eux encore, quand on veut indiquer à la classe à qui parler. Stationné derrière l'élève qu'il souhaite voir interrogé, le professeur présente à la classe une carte où un mot-clé est inscrit: *date of birth, hobbies, brothers*... La première fois que nous procédons ainsi, la réaction de cet élève, immanquablement, est de faire volte-face pour parler au professeur, ou pour lire la carte. Il faut l'en dissuader, d'un geste: le professeur pose ses mains sur la tête de l'élève en question et le fait se retourner vers la classe. Les élèves s'habituent alors à ce que les échanges s'établissent entre eux, à ce que le professeur n'en soit pas le passage obligé. La carte a donné à la classe un thème de questions à poser, mais l'élève est pleinement engagé dans une activité de compréhension orale, puisque lui n'a pas pu la lire.

On peut aussi combiner un tour de classe et un stationnement derrière les élèves. Le professeur circule derrière les élèves, parfois s'arrête, montre à la classe une carte, et les élèves procèdent comme précédemment. Cette activité a l'avantage du suspense. Personne ne sait derrière qui le professeur va décider de s'arrêter. L'attention de tous est grande. Ceci évite aussi que certains élèves ne soient jamais sollicités par leurs camarades, ou que d'autres le soient trop.

Des raisons de discipline vont parfois nous contraindre à stationner derrière certains d'entre eux. Se placer silencieusement derrière un élève perturbateur, et y rester quelques instants, voire dans certains cas le temps de l'activité, a souvent plus d'impact que bien des remises à l'ordre. Il importe de donner à ce stationnement un côté naturel, de ne pas se diriger vers l'élève avec agressivité, de ne pas donner d'indice de ce que nous avons prévu de faire, mais d'agir comme si ce choix était le fruit du hasard. On se déplace sereinement, sans rien interrompre de l'activité en cours, et on s'arrête tout aussi tranquillement, sans faire aucune remarque à l'élève. On y gagne en efficacité: l'élève, généralement surpris et gêné rabat de sa superbe, et on prive les autres élèves de cette excitation malsaine qui les gagne souvent quand ils sentent qu'un autre qu'eux va être réprimandé.

QUAND S'EFFACER?

Si le professeur tient à favoriser un réel échange entre les élèves et qu'il reste face à eux, dans une position géographiquement centrale – là où tous peuvent également le voir – il risque de détourner la communication. Les élèves, instinctivement, par habitude, s'adresseront à lui et non à leurs camarades. Les regards sont tournés vers le professeur, même si l'énoncé concerne en fait un autre élève. Le professeur doit cesser d'être le point de mire de la classe. Il doit alors s'effacer.

S'effacer, à certains moments précis, va se traduire le plus souvent par un retrait dans un coin de la classe. Tous les élèves sont également impliqués dans l'activité en cours et le professeur souhaite qu'ils en régulent eux-mêmes le déroulement. Il va s'agir par exemple de jeu de questions/réponses entre eux. Le professeur n'intervient pas, ne corrige pas, laisse les élèves s'interpeller. Soit il se contente de désigner l'élève qui pose une question, soit l'habitude est donnée que quiconque est interpellé par un camarade en interroge un autre à son tour et le professeur n'a aucune intervention à faire. Les élèves se mettent comme par enchantement à regarder leur interlocuteur, ce qui s'obtient plus difficilement tant que le professeur est au milieu d'eux.

On peut s'effacer aussi quand on souhaite une forte production orale et de l'interactivité. On va par exemple écrire au tableau un mot ou un énoncé mystérieux, ambigu, surprenant, afficher une image insolite. En se mettant alors en retrait, le professeur signale qu'il veut que la classe prenne en charge la production orale, qu'ils réagissent à leur guise, qu'ils prennent position par rapport aux énoncés de leurs camarades. Le professeur se contente de distribuer la parole, ou mieux, délègue ce rôle à un élève. Il y aura les premières fois des moments de silence que l'on ne redoutera pas : on se contentera de lancer des amorces :

Maybe ... (6e, 5e)
I think ... (6e, 5e)
It looks like ... (4e, 3e)
I wonder if ... (4e, 3e)

C'est au prix de ces silences que l'on mettra en place des habitudes de prise de parole.

LUTTER CONTRE SES HABITUDES

Certains professeurs occupent de façon immuable une place unique, qu'ils semblent affectionner plus que d'autres.

Des observations de classe ont fait voir une troublante adéquation entre le lieu géographique occupé par le professeur et la participation orale des élèves : seuls s'exprimaient les élèves faisant cercle autour du professeur. Plus ils en étaient éloignés, plus ils se taisaient. Au frémissement des lèvres, à de légers changements de gestuelle, un professeur sent bien qu'un élève a quelque chose à dire et il va le solliciter. Ces indices sont souvent subtils, et plus difficiles à percevoir chez ceux dont nous sommes éloignés. Si, cours après cours, le professeur choisit le même emplacement, il risque sans s'en rendre compte d'être plus attentif à certains élèves qu'à d'autres.

Il importe donc de garder ce point en mémoire et de veiller à ne pas se cantonner dans un espace exclusif pour ne pas encourir le risque de privilégier certains élèves au détriment d'autres, et ne donner à personne le sentiment d'exclusion.

Mais peut-être que les raisons étaient inverses et que le professeur se tenait là parce qu'il s'y sentait près de ses fidèles. Si tel est le cas, c'est le signe d'une mauvaise répartition géographique des élèves au sein de l'espace-classe. Un remaniement du plan de classe, s'avérera souhaitable. Nous avons vu dans les pages précédentes comment élaborer ces plans de classe.

EN RÉSUMÉ

En conclusion de cet inventaire des différents endroits de la classe où le professeur peut se tenir, s'amorce une réflexion sur le fait qu'il n'y a pas un endroit réservé au professeur, qu'il ne faut pas craindre de leur faire face mais que leur faire face en permanence n'est pas une donnée obligatoire et que les élèves ont tout à gagner de voir le professeur s'effacer. Ce qui ressort aussi de ces remarques est la variété de lieux à occuper : autant de lieux différents que d'activités ou d'objectifs différents ? Pourquoi pas ? Que le professeur se déplace, s'éloigne ou se retranche est en soi source de variété pour l'élève qui est amené à déplacer son regard et non pas à le maintenir fixé de façon quasi-hypnotique vers une même et unique place, celle que pourrait occuper en permanence le professeur. Il se sent alors poussé à échanger avec ceux qui devraient toujours être ses partenaires privilégiés : ses propres camarades de classe.

LA VOIX

L'entourage familial des professeurs leur reproche souvent de parler fort. C'est que les salles de classe sont souvent grandes, et que la voix du professeur doit porter, porter loin pour être entendue de tous. Cela ne veut pas dire qu'on doive toujours parler haut et fort en cours. S'il devait parler toujours haut et fort, le professeur risquerait de vite user ce qui est pour lui un précieux outil de travail ! D'autre part, la monotonie fatigue et déconcentre, ceci est aussi valable pour la voix qu'il va falloir moduler.

LES CRIS

C'est là l'unique mode de parole que l'on peut condamner de façon définitive. Ce n'est pas en criant qu'on se fait bien entendre. Il est par ailleurs souvent difficile de se contrôler quand on commence à crier, et un professeur qui s'énerve peut être amené à dire des choses qu'il regrette ensuite, à utiliser précisément le registre de langue qu'il reproche à ses élèves. Un professeur qui perd le contrôle de soi verse vite dans le ridicule : la colère d'un seul contre tous, ça peut prêter à rire. Crier, c'est répondre à leurs provocations en faisant exactement ce qu'ils attendent. Si d'autre part, on en prend l'habitude, et que les cris deviennent la réaction coutumière du professeur, cela laisse le champ libre pour un bruit de fond que la voix du professeur couvre. On assiste alors à une réaction qui nous ferait penser que nos élèves ne sont pas sans parenté parfois avec des volatiles exotiques : dès que la voix du professeur monte, la leur monte d'un cran. Il est plus facile de venir à bout d'une telle escalade chez les perroquets : eux, on peut recouvrir leur cage d'une couverture !

LE SILENCE

On répondra au bruit par le silence. On s'arrête brusquement au milieu d'une phrase, au milieu d'un mot et on attend. Calmement, fermement. Ce qui les surprend davantage que des cris. On reprend quand le silence des élèves s'est établi. On peut faire des pauses-silence que l'on chronomètre : des silences que l'on exige avec fermeté quand la classe est particulièrement agitée ou des silences de relaxation proposés avec douceur avant des activités demandant une grande concentration, comme la compréhension orale.

Le silence, c'est aussi savoir se taire pour leur laisser le temps de trouver la réponse, de la chercher. Le professeur ne cédera pas à la tentation de répéter à l'identique ses questions pour meubler le silence qui lui fait peur. Cela donnerait aux élèves l'habitude de la paresse intellectuelle. Ils s'habitueraient à ne pas écouter d'emblée, sachant que le professeur va répéter. Le silence contraint les élèves à prendre la parole, alors que l'avalanche de paroles du professeur les en dispense ou les en prive. Ne pas avoir peur du silence...

LES CHUCHOTEMENTS

On chuchotera pour venir en aide à un élève et lui souffler le début de la réponse ou la réponse entière. On a vu que, debout derrière un élève, on pouvait lui chuchoter quelques idées à l'oreille. Par extension, on mimera le chuchotement pour donner à la classe le signal de l'entraide linguistique, lorsque celui qui parle est en difficulté.

C'est également sur ce mode qu'on s'adresse aux élèves lors de nos tours de classe au moment de la prise de notes, ou au cours des exercices individuels. On maintient ainsi une certaine confidentialité à la relation avec l'élève, et on ne dérange pas le reste de la classe qui travaille.

On peut aussi renvoyer en miroir aux élèves leur façon de parler en répondant parfois sur le mode qui est le leur, c'est à dire en se mettant à parler de façon quasi inaudible. Ils en sont souvent amusés et font un effort pour se faire mieux entendre.

LES RUPTURES DE TON

Un conteur qui raconterait des histoires d'un ton monocorde serait assuré d'endormir son auditoire. Sans être conteur professionnel ou gens de théâtre, nous devons varier nos registres de tons lors d'un cours. Si les élèves sont gagnés par l'assoupissement ou l'excitation, on les en fait sortir par des ruptures de ton. On va, selon la voix, les dynamiser ou les inciter au calme. C'est le cas lors du rituel *Ready!* (p. 26) qui mobilise la classe pour un changement d'activité. On peut commencer d'une voix un peu plus basse que la normale et aller crescendo pour les dynamiser. On ferait l'inverse pour les calmer.

LES RUPTURES DE RYTHME

De même que la voix ne sera pas uniforme, le rythme différera. On parle avec un débit naturel lors de toutes les activités d'accueil, de communication. En revanche quand certains points requièrent une attention soutenue, la voix est plus posée, le débit moins rapide. C'est le cas lors des consignes par exemple.

LA VOIX FERME

Parler d'une voix forte et ferme s'impose à certains moments pour rappeler les élèves à l'ordre. On ne crie pas, on ne s'énerve pas mais la voix est haut placée, le ton peu amical. Le discours est bref, on interpelle l'élève ou la classe en quelques mots:

Stop it now!
Silence!
John!

LES TICS DE LANGAGE

Qui d'entre nous n'a pas le souvenir d'heures de cours passées à comptabiliser le nombre de fois que le professeur X a pu faire usage de son «Hein?», «Bon!», «toutes choses égales par ailleurs» ou toute autre expression préférée? En anglais, cela donne des avalanches de *Right! Mmm, Ssh!* Les tics de langage ont un effet distracteur puissant pour l'élève: il n'entend bientôt plus que ça, il attend avec impatience de les entendre resurgir. On ne se débarrasse de ces habitudes de langage qu'une fois qu'on en a pris conscience. Il est difficile d'en prendre conscience seul. Si on n'a pas comme les stagiaires en formation la chance d'avoir un détecteur de tics en la personne de son conseiller, on peut faire appel à un collègue qui vient nous observer. On peut aussi bien sûr essayer de se dédoubler et porter une oreille attentive sur sa façon de parler.

LES EXPRESSIONS DU VISAGE

LE SOURIRE

On veillera à répondre au bruit par le silence, à l'agressivité ou à la colère par le calme, aux mouvements d'humeur par l'humour et le sourire, qui sont de bien meilleures armes. Dans les pages consacrées au *Classroom English* (pp. 34 à 40), nous avons vu comment nous pouvions détourner l'agressivité des élèves à des fins linguistiques. C'est par le sourire qu'on y parvient. En reprenant en anglais et avec le sourire la phrase qu'ils avaient dite sur un mode irrité, et en la leur faisant répéter, on s'aperçoit que le mimétisme joue et que l'élève qui parle alors n'est plus tout à fait le même.

LE REGARD

Le regard joue un rôle essentiel en classe. Il ne faut en effet pas perdre les élèves de vue. On pense tout de suite à la faculté de repérer les inattentifs, les distraits ou ceux qui s'occupent de toute autre chose. Mais on doit être en mesure aussi de percevoir les velléités de prise de parole chez les élèves peu sûrs d'eux, de remarquer les ébauches de main levée. L'incompréhension également se lit dans les yeux des élèves : encore faut-il croiser leur regard. Ceci requiert du professeur une attention de tous les instants.

On se plaint parfois du manque d'écoute des élèves quand un de leurs camarades parle. C'est que souvent celui qui parle s'adresse au professeur qui ne le quitte pas des yeux, comme si dans la classe lui seul alors comptait. Les autres, du coup, ne se sentent pas impliqués dans ce qu'ils considèrent comme une relation à deux dont ils se sentent exclus. C'est pourquoi, quand un élève parle, il est préférable de tourner les yeux vers le reste de la classe. En détournant son regard de celui qui parle, on le force à capter un autre regard, dans la classe donc. On montre aux autres que l'élève qui parle ne parle pas pour soi, professeur, et que ce n'est pas parce qu'un élève parle qu'on les oublie, eux. Ceci permet aussi bien sûr de contrôler l'attitude de tous à ces moments-là. Il suffit souvent de fixer silencieusement un élève bavard ou inattentif pour qu'il corrige son attitude et se mette à écouter.

Le regard révèle mais donc aussi régule. Cest par le regard plus que par la voix qu'on gère certains moments d'agitation, comme l'entrée des élèves et leur installation en classe. Le regard insistant du professeur les trouble, et c'est alors l'effet désiré. Pour cette même raison on fera attention à ne pas les fixer du regard quand on ne souhaite nullement les perturber. Il y aura même des moments où volontairement, on ne regardera personne. En particulier lors des répétitions collectives, pour mieux se concentrer sur ce que l'on entend et pour ne pas risquer de les troubler. Lors des devoirs, on évitera de croiser leurs regards et on évitera aussi de venir lire ce qu'ils écrivent, pour qu'ils ne puissent pas lire dans nos yeux l'évaluation de leur performance.

CONCLUSION

Ces pages consacrées à la régulation de la discipline en cours d'anglais ont permis d'évoquer des cas bien divers, de baliser un champ large de situations d'indiscipline prévisibles. C'est à force de bien gérer ces moments-là que l'on s'arme pour faire face à l'imprévu. On garde en mémoire des constantes : elles sont apparues au cours de ces pages.

Toutes les réponses apportées ici ont en effet des caractéristiques communes que l'on peut résumer ainsi. Le professeur ne cède pas à la tentation des cris, évite la surenchère verbale pour ne pas provoquer en retour des manifestations d'agressivité chez les élèves. Il dialogue avec eux pour expliciter ses exigences, ce qu'il attend d'eux est clairement spécifié, la règle est la même pour tous et la même à chaque fois. Il fait confiance aux élèves et il a confiance dans leur capacité à mieux se comporter. Les élèves sont responsabilisés et leurs idées sont prises en compte. Il ne craint pas d'évoquer les problèmes pour parvenir à des solutions.

Nous retrouvons là certains des ingrédients qui entraient dans la composition de notre fable de départ (p. 16), cette notion de contrat que le dialogue réfléchi permet d'instaurer, dialogue qui a bien plus d'effet que des méthodes radicales et coercitives, auxquelles on n'aura recours que quand toute autre mesure a échoué. Des gens bien différents, aux désirs et aux aptitudes bien éloignés, peuvent donc vivre en bonne intelligence...

En matière de stratégies comportementales, de petites causes ont parfois de bien grands effets. Nous avons vu que le professeur possède de puissants atouts pour réguler sa classe, il lui suffit de savoir bien s'en servir. Ce que nous venons de développer est simple à mettre en pratique, comme nous le constatons chaque année en formant de nouveaux stagiaires.

Il suffit souvent simplement de prendre conscience de certaines habitudes et d'être prêts à en changer. Ne pas penser « avec mes élèves, avec mes collègues, avec l'équipe administrative de mon établissement, ça ne marchera pas » avant d'avoir tenté avec opiniâtreté de faire quelque chose pour que ça change. Rien de plus déprimant que ces salles de professeurs où les gens se plaignent sans jamais rien tenter, rien de plus satisfaisant que ces mêmes lieux quand sans cesse des solutions y sont cherchées pour le bien-être de tous.

DEUXIÈME PARTIE

RENDRE L'ÉLÈVE ACTIF ET MOTIVÉ

7

VARIER LES MODES DE TRAVAIL

La première partie s'est donné comme objectif de réfléchir à la façon de réguler l'agitation et le bruit dans la classe. Aucun apprentissage efficace ne peut se faire si les conditions de calme et d'écoute ne sont pas réunies.

Des classes tout aussi difficiles à conduire sont celles où les élèves, loin de s'agiter, sombrent dans l'apathie et où l'intérêt pour l'anglais ne se manifeste guère. Comment parvenir à les motiver et à les dynamiser sera l'objet des pages qui vont suivre. Elles s'articulent autour de la recherche de moyens susceptibles de les rendre actifs afin que l'anglais pour eux ne soit pas synonyme d'ennui.

Nous étudierons d'abord comment introduire un élément de variété en ayant recours à des modes de travail diversifiés. Nous verrons ensuite comment impliquer physiquement l'élève dans son apprentissage, en le faisant bouger, se déplacer, manipuler. Rendre l'élève intellectuellement actif sera le thème des pages consacrées à la réflexion sur la langue, montrant ce que cette activité recouvre et comment la mettre en pratique. Donner à l'élève les moyens d'élaborer ses propres supports d'apprentissage, le rendre créatif, sera le dernier thème de cette partie.

Les risques de fatigue ou d'ennui dans les cours rôdent toujours. On introduit des éléments de variété en changeant de supports et d'activités, mais aussi en usant de toute la panoplie des modes de travail possibles. « Les activités en classe impliquent un recours constant à des modes de travail variés : travail collectif, individuel, en groupes ». Cet extrait des *Instructions Officielles* demande de ne pas recourir à un mode de travail unique. On va voir ici quel mode de travail convient le mieux à quelles activités, comment pousser à la prise de parole collective en introduisant des éléments de surprise et on étudiera le travail de groupes sous trois de ses formes : le travail à deux, le travail de groupes et le travail en équipes.

LE TRAVAIL COLLECTIF

On opte pour ce mode de travail quand on souhaite que tous soient engagés au même moment dans un même travail sous la direction du professeur : c'est le temps de la reprise du cours précédent, de la présentation d'une notion nouvelle et des phases de répétition, de la mise en place des premières activités de fixation, de la mise en commun d'informations récoltées au cours d'activité de compréhension orale ou d'enquête. C'est un mode auquel on va recourir souvent, mais ce n'est pas le mode nécessaire à toutes les activités. C'est parfois malheureusement la seule façon de travailler qui est proposée aux élèves : le professeur y voyant peut-être son statut – son salaire ? – justifié.

Le mot collectif évoque l'activité de tous. Qu'en est-il vraiment ? A part lors des répétitions collectives où tous en effet sont impliqués simultanément dans une même activité, le travail collectif ne sollicite qu'un élève, pendant que les autres attendent. Il contient de ce fait un élément de sociabilisation : savoir attendre son tour, savoir écouter, accepter de ne pas être le centre du monde. Mais pour les mêmes raisons il peut être ressenti comme frustrant et doit donc être employé à doses calculées. D'autant plus que le travail collectif est, paradoxalement, un moment d'isolement pour certains élèves : dans le groupe on se fond, on se perd, on se fait oublier. A travers des exemples d'activités d'anticipation et de mise en commun nous allons voir comment rendre active et concernée une classe entière, et nous allons montrer qu'une activité collective peut aussi impliquer que le professeur sache s'effacer.

ACTIVITÉ COLLECTIVE D'ANTICIPATION : LES SURPRENDRE

Étonner les élèves, les intriguer. Devant une situation qu'on ne comprend pas, un mot qui n'évoque rien, un dessin étrange, il est bien rare de rester muet. La première réaction est de demander de quoi il s'agit ; on souhaite être édifié, avoir la solution. Mais la trouver soi-même, résoudre ce que l'on sent être un problème, c'est tellement plus gratifiant, et si l'on ne trouve pas, chercher est rarement synonyme d'ennui si l'on est aidé dans sa recherche. A eux tous, les élèves viennent aisément à bout des puzzles.

Utiliser, aussi souvent que l'inspiration le permet, des entrées en matière inattendues pour lancer un thème, un document nouveau, assure une mobilisation de l'attention de tous et une production orale accrue. En voici quelques exemples.

Jeu de mot à propos de Tex Avery

Avant de présenter un dessin animé de Tex Avery à une classe de 3e, on écrit en majuscule la lettre « A » au tableau, légèrement à gauche et on s'éloigne. Les élèves savent qu'ils doivent réagir :

> There's a capital A on the board.
> It's a letter.
> He's/She's written a letter.

It's the first letter of the alphabet.
I don't agree, I think it's the word/article «a».
Yes, it might be an article.

On ajoute ensuite, un peu plus loin vers la droite la lettre « E » toujours en majuscule, ce qui donne lieu à des commentaires :

They're letters, you see.
He's/She's written the letter A on the left and the letter E in the middle of the board.
There are two vowels on the board.
(le mot « vowel » étant à ce stade demandé)

Le professeur demande alors ce que la classe pense qu'il va ensuite écrire et ils suggèrent d'autres voyelles, ou qu'il va s'agir d'un mot, d'un nom propre...

On complète ensuite le nom « AVERY » mais en décalant intentionnellement le « A » des autres lettres, ce qui donne « A VERY » pour les pousser à prendre les quatre dernières lettres pour un adverbe et on leur fait voir la cassette vidéo :

We're going to watch a very good/a famous/an interesting *(etc.)* video.

On écrit seulement maintenant au tableau le prénom « TEX », on rapproche éventuellement le « A » de « VERY » et ceux d'entre eux qui le connaissent réagissent :

Ah! Tex Avery! We're going to watch a cartoon by Tex Avery.

et le préambule au visionnement se termine sur le jeu de mots à compléter :

« TEX AVERY IS A VERY ... »

Il va de soi qu'une telle activité ne doit pas occuper un temps important mais elle présente l'avantage de stimuler la vivacité des élèves, de favoriser l'attention de tous car ceux qui n'ont pas d'idée écoutent avec intérêt les suggestions des autres.

Les élèves ne proposent pas tous spontanément une suggestion, bien entendu ! Mais il y en a toujours au moins un, plus imaginatif, à l'esprit ludique, pour démarrer, souvent suivi ensuite d'un ou plusieurs camarades. On sollicite ensuite les autres en leur demandant de se déterminer par rapport à ce qui a été dit, ce qui permet soit d'enrichir les énoncés de départ, soit au moins, de rebrasser l'accord et le désaccord, le discours indirect et en milieu d'année les modaux de probabilité.

The Big Apple

En 3e toujours, avant de commencer un thème sur New York, on dessine une pomme au tableau puis on s'éloigne. Les élèves interviennent :

It's an apple.
You've/She's drawn an apple.
Apple is a make of computer.
Maybe we're going to talk about computers.
Apple is the most famous make of computers I know.

S'il ne vient pas naturellement, on obtient cet énoncé en lançant *Superlative!* dès qu'ils s'aiguillent sur ce thème.

Au tableau on dessine une deuxième pomme plus grosse que la première, et les élèves se mettent à comparer les deux dessins :

The second apple is bigger than the first one.
Why is it bigger?
Are we going to study the comparative?

Sans toujours intervenir on efface la petite pomme et on écrit « BIG APPLE » au tableau. La surprise de tous ce jour-là, c'est qu'un élève a dit « New York », et a pu expliquer que c'était le surnom donné à cette ville.

Ce qui était prévu, c'était d'écrire « BIG APPLE = New York » et de leur faire deviner le lien entre ces mots et cette ville. Or, sur les 30 élèves de cette classe, un élève savait et a devancé le professeur. Ce qui a permis un moment de réelle communication : il a été sollicité pour expliquer d'où il détenait cette connaissance ignorée des autres.

Là aussi si la sollicitation n'est pas naturelle, c'est au professeur d'intervenir pour exploiter cette situation. Il suffit de s'adresser à un autre élève et de lui demander *Did you know that?* pour obtenir *No, I didn't* avant de faire réagir les autres tour à tour :

É2 : Neither did I! What about you? *(obtenu en disant « Ask X »)*
É3 : I didn't know that either. Did you? (etc.)

Le professeur peut alors soit conclure, soit faire conclure que personne à part cet élève ne le savait et les encourager à lui demander où, quand, comment il a appris cela :

Ask him when/where he learnt that.

Un départ s'apparentant à un cours magistral *(New-York is also called the Big Apple)* aurait privé l'élève de ce succès, de même qu'un exercice de compréhension orale où l'information aurait été contenue dans la cassette. L'élève n'aurait alors eu qu'à se dire – ou à dire à son voisin : « Je le savais », ce qui est une piètre satisfaction. Cet exemple montre qu'il ne faut jamais sous-estimer les élèves qui peuvent nous surprendre. On avait ce jour-là prévu de les intriguer par une entrée en matière peu classique : on a été agréablement surpris en retour !

ACTIVITÉ D'ANTICIPATION AVANT L'ÉCOUTE : LES RASSURER

Ici, il ne s'agit plus de les surprendre, mais de les rassurer avant cette activité difficile qu'est la compréhension orale. Le premier conseil est de s'assurer que la tâche d'écoute est parfaitement claire et que la fiche à remplir pendant l'écoute ne comporte aucune difficulté de compréhension. Les élèves interrogent le professeur ou leurs camarades sur des points obscurs ou oubliés.

On leur propose ensuite d'émettre des hypothèses de réponse. On entraîne leur logique linguistique et leur bon sens en faisant le tour de ce que l'on est susceptible d'entendre. Si on lit dans la fiche *Number of pupils in the class* on s'attend à entendre un nombre, mais un nombre raisonnable :

We're going to hear a number.
I expect to hear a number.
We may hear 25.

expressions qu'on enseignera vite aux élèves. On évite l'erreur suivante : entendant sur la cassette un professeur compter ses élèves et dire *One, two, three ... nineteen!* des élèves notent sinon sans sourciller « douze mille trois cent dix-neuf (12 319) ».

On peut noter au tableau les propositions des élèves assorties de leurs noms ou de leurs initiales, ce qui permet au moment de la correction de commenter ces hypothèses.

ACTIVITÉ COLLECTIVE DE MISE EN COMMUN APRÈS LA COMPRÉHENSION ORALE

Lors des premières mises en commun de l'année on entraînera les élèves à poser des questions à leurs camarades pour combler les blancs de leur grille d'écoute. Le cahier gardera la trace de ces questions. Ces grilles obéissent souvent à un schéma donné ; il est rare qu'il n'y ait pas de questions relatives à l'identité des personnages, et c'est ce que nous travaillerons en priorité.

On donnera des outils linguistiquement différenciés afin que tout élève, quel que soit son niveau, trouve une façon d'exposer ses problèmes. Imaginons les différentes manières de signaler que l'on n'a pas saisi l'âge du personnage interviewé. L'élève peut citer la question qui lui pose problème *(I don't know number 4)*, il reprend le mot clé *(I don't know her age)*, il pose une question ouverte *(How old is she?)* ou indirecte, dans des énoncés plus ou moins complexes *(Do you know/Can you tell me/Did you get how old she is?)*.

Il est donc intéressant de donner des tâches de compréhension orale sous forme de mots-clé, et non de questions toutes faites, pour permettre justement la formulation de ces questions. Le mot clé présente par ailleurs l'avantage d'une élucidation immédiate, à condition bien sûr d'avoir fixé le sens de ceux qui ne sont pas transparents, dès qu'ils apparaissent pour la première fois. C'est le cas pour *characters, marital status, family data, setting, topic...*

La mise en commun se passe en deux temps : une phase d'interactivité pendant laquelle les élèves s'interrogent mutuellement pour essayer de compléter leur fiche et une récapitulation ensuite au tableau. Le professeur n'intervient pas au cours de la première phase où les élèves sont engagés dans une activité de négociation du sens.

Pour les motiver sur ce mode de travail, on leur demandera d'utiliser des couleurs différentes : prise de notes pendant l'écoute au crayon de bois, notes prises en interrogeant des camarades au crayon vert, et correction des erreurs ou informations ajoutées en rouge. Si le professeur évalue la compréhension, il peut affecter un bonus aux blancs comblés lors de la mise en commun. L'élève a donc tout intérêt à être actif pendant la phase d'interactivité : plus il a de blancs, plus il a de bonnes raisons de parler ou d'écouter.

Qu'elle soit ou non évaluée par une note, la compréhension donnera toujours lieu à un score – tant d'items trouvés sur tant. Deux scores en fait ; ce qui a été compris lors de l'écoute et le nombre d'informations finalement trouvées grâce à l'entraide. L'idéal est de ramener ces scores à un pourcentage que l'élève note sous forme de courbes sur un graphe réservé à cet effet et qui lui permet de mesurer ses progrès.

Le travail collectif peut donc être un moment fort d'activité de tous sans que le professeur ne soit au centre de l'activité. Il en garde le contrôle, mais n'est pas forcément le passage obligé des échanges, comme nous l'avons vu au cours des exemples précédents. Dans les travaux de groupe que nous allons maintenant examiner, le professeur est encore plus désinvesti de son rôle de leader.

GROUP WORK

Les arguments pédagogiques favorables au travail de groupe sont multiples, les objections le sont aussi. Nous allons nous efforcer de dresser un inventaire de ces divers arguments favorables, et de répondre aux objections afin de donner, à ceux qui ne seraient pas des adeptes du *group work*, des pistes leur permettant de s'essayer à cette technique.

ARGUMENTS EN FAVEUR DU *GROUP WORK*

Le premier argument relève d'un simple calcul arithmétique : en faisant éclater la classe en petites unités de travail, les occasions données à chaque élève de prendre la parole dans un temps donné sont proportionnelles au nombre de groupes. En admettant 7 groupes de 4 dans une classe de 28 élèves, dans un même temps 7 élèves vont être amenés à parler là où, lors d'une activité classe entière, un seul élève aurait été sollicité.

La production orale n'est pas seule en cause. Si nous pensons également en termes d'implication personnelle de chacun, la motivation des élèves suit, elle, une progression qui n'est en rien arithmétique. Alors que l'énoncé d'un élève dans une classe n'est malheureusement pas toujours suivi par le reste de la classe avec l'attention qu'il mérite, tout énoncé au sein d'un groupe est pris en compte par les membres du groupe. On peut dire qu'en matière d'écoute et d'échange le gain est total.

A QUI PROFITE PARTICULIÈREMENT LE TRAVAIL DE GROUPE ?

Les élèves timides – ce qui ne veut pas dire qu'ils s'agissent de mauvais élèves – se sentent plus à l'aise pour parler en groupe restreint. Ils n'ont pas à y forcer la voix comme on leur demande de le faire en classe. Ils y craignent moins de faire des erreurs. Les élèves en difficulté aussi apprécient de sortir de l'isolement qui est trop souvent le leur et s'impliquent davantage. Il se passe forcément quelque chose dans leur groupe et ils ne peuvent s'en évader mentalement – et n'ont pas envie de le faire – comme ils font souvent dans le lieu classe. Ceux qui ont des idées sans posséder le bagage linguistique requis pour pouvoir les exprimer en anglais se feront spontanément aider par leurs camarades. Le vocabulaire de l'un supplée les lacunes ou trous de mémoire de l'autre ; tous ne savent pas tout mais chacun sait quelque chose. Une idée peut en entraîner une autre. Un réseau de collaboration se met ainsi en place où les aptitudes de chacun sont mises en commun. Et ceux qui n'ont pas apporté leur contribution personnelle au cours de l'activité pourront toujours, dans la phase de mise en commun, se faire le rapporteur des idées des autres. Enfin, si les bons élèves apprécient l'émulation d'un groupe homogène où ils trouvent l'occasion de plus de productivité, d'un rythme plus soutenu, ils sont aussi valorisés dans un groupe hétérogène en apportant leur aide à ceux qui en ont besoin. Pour tous, le travail de groupe, ce n'est jamais synonyme d'ennui.

ARGUMENTS AVANCÉS CONTRE CE MODE DE TRAVAIL

Le travail de groupe a pourtant de nombreux détracteurs, et les arguments avancés portent sur trois domaines :

- le bruit
- l'usage du français
- l'absence de correction linguistique

Le bruit

Faire travailler tout le monde ensemble évoque immédiatement le brouhaha, donc l'improductivité, la fatigue, sans parler des commentaires désagréables de la part des collègues qui occupent les salles voisines.

Le même calcul qui nous faisait mettre en valeur le gain en production orale due à cette technique de travail nous oblige à reconnaître que quand 7 personnes parlent ensemble le volume sonore s'en trouve multiplié d'autant. Surtout qu'au sein des groupes des échanges ont lieu et qui dit échange dit animation. Oui, donc, le *group work* est bruyant… mais sans doute pas autant que certains le craignent. Pour plusieurs raisons : tout d'abord, les élèves travaillant en groupe sont assis à côté les uns des autres et de ce fait n'ont pas à hausser le ton comme on leur demande de le faire quand il s'agit d'être entendu à l'autre extrémité de la salle. Que par ailleurs toutes les activités de groupe ne relèvent pas uniquement de la production orale : il peut s'agir de lecture, d'élaboration de questionnaires, de production de sketches où les échanges oraux sont entrecoupés de phases écrites et que les groupes ne sont pas tous forcément engagés dans une intense activité orale en même temps. Et puis enfin parce qu'un volume sonore trop élevé cela se régule.

Comment réguler le bruit ? Quand estimer que le seuil d'acceptabilité est atteint ?

Il s'agit en fait de trouver un moyen d'interrompre sans délai tous les groupes en même temps. C'est nécessaire quand on souhaite réguler le volume sonore, ça l'est aussi quand on tient à communiquer à l'ensemble de la classe une remarque relative à l'activité en cours – une consigne non donnée, mal donnée ou mal appliquée, une aide phonologique ou lexicale dont tous les groupes semblent avoir besoin.

La tactique qui consiste à s'interrompre et à fixer les élèves droit dans les yeux est inopérante ici pour deux raisons évidentes : le professeur n'est pas impliqué oralement lors du travail de groupe et la disposition des élèves fait que la moitié d'entre eux lui tournent le dos. Par ailleurs ils sont généralement si absorbés par leur activité qu'il faudra un signal qu'ils perçoivent nettement. Frapper dans les mains, deux fois, d'un geste qui claque, produit l'effet désiré.

Il suffit d'attendre que tous se soient retournés et soient prêts à vous écouter. La première fois, cela est loin d'être immédiat : on attend donc patiemment, en silence – les élèves venant en général à votre secours pour rappeler à l'ordre ceux qui ne se sont rendu compte de rien. Quand on a enfin l'attention de tous on leur délivre ensuite verbalement le message, s'il s'agit d'un des cas cités plus haut d'information à transmettre.

Pour leur demander de faire moins de bruit, le professeur a le choix entre deux techniques : demander doucement, calmement, poliment aux élèves de faire moins de bruit – c'est en sorte leur donner l'exemple – ou préférer un signal non-verbal. Faire un geste présente l'avantage d'une grande rapidité et d'une efficacité immédiate : en abaissant simultanément les deux mains écartées, paume vers le sol, ou en faisant silencieusement le geste d'un chut (doigt sur la bouche) le message est reçu de tous sans que l'interruption ait été longue. Les élèves peuvent alors retourner à leur tâche... jusqu'à une prochaine interruption si le volume sonore devait à nouveau dépasser le seuil que nous jugeons acceptable.

La première fois que l'on pratique le travail de groupe on a intérêt à leur signaler qu'ils doivent immédiatement s'interrompre et se retourner si ils nous entendent claquer dans nos mains. On leur demande de trouver pourquoi on a choisi ce signal et à quelles occasions on peut être amené à l'utiliser. Ils donneront les raisons que nous venons de citer plus haut.

Comment juger que le seuil est acceptable ou non ?

Ce seuil est variable selon les individus, selon leur âge, leur fatigue, leur humeur. Un moindre mot va en déranger certains, d'autres ont un seuil de tolérance au bruit nettement plus élevé. Il semble capital de faire la distinction entre deux sortes de bruit : celui que l'on pourrait qualifier de stérile et sous cette rubrique on peut ranger le bavardage des élèves sans rapport avec l'objet de la leçon et les divers bruits liés au matériel – bruits de chaises, d'objets... – et le bruit productif, celui qui traduit une intense activité scolaire chez les élèves.

Si les bruits s'apparentant à la première catégorie doivent à juste titre être réprimés immédiatement, il est souhaitable de tolérer ce qui est en revanche la preuve d'une motivation grande. En sachant néanmoins imposer des limites pour éviter ce qui deviendrait une source de fatigue pour tous et un inconfort pour les cours d'à côté. Mais que soit cependant noté que le bruit peut parfois être bien satisfaisant à entendre !

L'usage du français

Une seconde objection soulevée à propos du travail de groupe concerne l'usage abusif et incontrôlé du français par les élèves au cours de cette activité. Et nous devons bien reconnaître qu'il en va difficilement autrement. On peut donner aux élèves un bagage lexical permettant d'utiliser des expressions anglaises pour gérer leurs échanges, le professeur qui circule peut encourager les groupes d'un *Say it in English, will you?*, il n'en reste pas moins vrai qu'une partie des échanges a lieu en français.

Mais, encore une fois, il convient de s'interroger sur ce point. Ne parlent-ils que français ? Quelle est la part relative du français dans l'activité ? Qui parle français ? Pour quoi faire ? Qu'auraient-ils fait à ce moment-là dans une activité classe entière ?

Ce qui frappe immédiatement quand on observe des élèves occupés à une activité de groupe, c'est l'intérêt qu'ils témoignent et la quantité des échanges. Comme cela a été signalé plus haut, il y a beaucoup plus d'échanges qu'il n'y en a en classe entière ; même si une partie de ces échanges a lieu en français, une partie non négligeable a lieu en anglais, l'activité impliquant toujours un travail sur ou dans cette langue. Il n'y a donc aucune raison d'éprouver un sentiment de culpabilité à leur donner l'occasion de parler français, car en fin de compte, on note plus de production en anglais qu'il n'y en aurait eu autrement.

L'on constate aussi que, selon les groupes, le recours au français ne va pas être automatique. Les élèves à l'aise à l'oral sont capables de parler exclusivement anglais à ces moments-là, pour peu qu'ils se trouvent avec des camarades qui leur répondent de même. Pour ces élèves-là, le gain est évident car, comme nous nous efforçons de solliciter tous les élèves en classe entière, ceux qui s'expriment avec aisance ne peuvent parler autant qu'ils peuvent et souhaiteraient le faire.

Quant aux élèves en difficulté, eux aussi sont davantage sollicités. Ils parleront sans doute français, mais seront plus actifs, plus impliqués. Le professeur peut choisir de les rassembler en un groupe homogène qu'il prendra en charge, et ce sera pour eux l'occasion d'une relation privilégiée. Ces activités de groupe représentent un moment où ils échappent à l'ennui et au sentiment d'échec. Les faire travailler dans un groupe hétérogène présente d'autres avantages : ils sont amenés à écouter, sont encouragés à parler quand fonctionne bien dans leur groupe le sentiment d'entraide et le professeur ne craindra pas de les pousser à s'exprimer lors de la mise en commun, sachant qu'il y a peu de risque de blocage car ils auront forcément quelque chose à dire.

Et enfin, il faut être réalistes et lucides. Ces élèves qui ne parlent pas anglais en groupes, auraient-ils parlé davantage anglais en activité collective ?

L'absence de correction linguistique

Le troisième reproche adressé au *group work* concerne l'absence de contrôle des erreurs par le professeur. Les élèves travaillent en autonomie, le professeur n'est pas le lieu de passage de leurs énoncés et bien des professeurs s'inquiètent des erreurs commises et non corrigées. Une fois de plus, nous devons reconnaître que les élèves vont en effet faire des erreurs. A nouveau, un certain nombre de questions méritent d'être posées. Ces erreurs sont-elles préjudiciables à la bonne marche de l'activité ? Entravent-elles la communication ? Demeurent-elles forcément non corrigées ? Le professeur doit-il tout corriger ?

Comme le jeune enfant qui apprend à marcher et que ses parents ne vont pas ligoter pour lui éviter les chutes que cet apprentissage implique, c'est en parlant que nos élèves prennent l'habitude de parler ; les laisser s'exprimer c'est leur donner le moyen de devenir plus à l'aise car plus confiants, ce qui ne veut pas dire que cela suffise pour qu'ils apprennent à parler. Il s'agit de ne pas succomber à un excès de scrupule, voire de zèle vis à vis des erreurs. Quand le professeur sent que sa tâche fondamentale c'est le redressement des erreurs, la correction devient un but en soi, et être désinvesti de ce rôle lors des travaux de groupe est alors difficilement supportable.

A moins d'avoir des élèves parfaitement bilingues – et alors à quoi servent les cours de langues ? – la solution pour ne jamais entendre d'erreur de la part des élèves est de les réduire au silence : qui ne dit mot ne dit pas d'erreur. Solution radicale s'il en est ! A l'opposé, plus il y a d'occasions de parole et plus il y a d'occasions d'erreurs. Ne rêvons donc pas de classes extrêmement vivantes où l'anglais utilisé ne soit jamais écorché… sans pour autant tomber dans l'excès qui veut que peu importe la qualité de l'anglais utilisé pourvu qu'ils soient tous activement occupés à parler.

Par ailleurs, il est faux de penser que les erreurs passent inaperçues lors de travaux de groupe car l'intercorrection fonctionne au sein du groupe comme elle fonctionne en classe entière. Si dans le groupe un élève relève une erreur, il ne se privera pas de la corriger. On entend souvent lors des travaux de groupe des explications correctives que s'adressent les élèves. Si l'erreur entrave la compréhension, donc la transmission du message, le groupe demandera à l'élève de reformuler. Peut-être diront-ils en français « mais qu'est-s'tu veux dire ? » et seront amenés à un exercice de traduction une fois que leur camarade se sera expliqué « Ah bon ! Mais ça s'dit… ».

D'autre part le professeur va, lors de ses tours de classe, prendre en note les erreurs entendues au passage pour prévoir une remédiation ultérieure. Quand la tâche à accomplir implique de prendre des notes, il lui est facile de discrètement signaler les erreurs écrites, d'un trait de stylo, et de laisser les membres du groupe réfléchir à leur correction ou bien d'engager avec eux un dialogue correctif.

En résumé l'augmentation des erreurs sera sans doute proportionnelle à l'augmentation de la production, mais le nombre absolu d'énoncés corrects sera néanmoins supérieur au nombre obtenu classe entière. Comme, par ailleurs, seules peuvent être reprises les erreurs qui apparaissent, cela ouvre un potentiel correctif quantitativement plus élevé. Car si l'élève qui se tait n'énonce pas d'erreur, rien ne prouve qu'il n'en fait pas mentalement et ces erreurs-là que personne n'entend, personne ne l'aidera à en venir à bout. Loin de craindre que des erreurs soient faites que nous n'entendrons pas lors du *group work*, inquiétons-nous des erreurs que nous n'entendons pas faute de donner aux élèves l'occasion de les exprimer.

Bruit, recours au français, erreurs, ces trois points ne devraient pas servir de prétexte à écarter le *group work* au regard du gain indéniable en productivité et motivation qu'il apporte et l'on est tenté devant ces objections de demander « L'avez-vous vraiment essayé ? » car on rencontre plus souvent des détracteurs qui n'ont jamais tenté les travaux de groupe à cause de ces trois raisons que de professeurs qui l'aient abandonné pour ces mêmes raisons...

ORGANISATION DU *GROUP WORK*

En matière d'organisation bien des questions se posent : Y a-t-il un nombre de groupes et d'élèves par groupe à privilégier ? Quels critères sont à envisager pour composer les groupes ? Qui détermine la composition des groupes ? Comment ne pas perdre de temps lors de la mise en place ?

Fixer le nombre de 3 élèves comme étant le seuil minimal relève d'une lapalissade, une activité exécutée à 2 élèves étant appelée *pairwork* ! Il est plus délicat de fixer un seuil optimal. Il dépend de paramètres comme le nombre global d'élèves dans la classe, la nature de l'activité en question, les affinités d'élèves, la disposition de la salle. Dans un groupe plus nombreux, les idées seront plus variées mais au-delà de 5 élèves, certains risquent d'être moins mobilisés par l'activité et la dynamique du groupe en souffrirait. Un groupe de 3 à 5 élèves semble une unité raisonnable. Par ailleurs, plus le nombre de groupes est élevé, plus la mise en commun est longue : il faut en tenir compte si la mise en commun est l'élément décisif de l'activité – ce qui n'est pas toujours le cas.

Faut-il privilégier des groupes homogènes ou bien hétérogènes ? Ici aussi, il semble impossible de trancher, chacun de ces types de groupes comportant des avantages. L'homogénéité permet de favoriser l'émulation dans le cas de groupes forts, pendant qu'on peut venir en aide aux groupes d'élèves en difficulté. L'homogénéité peut s'établir sur d'autres critères que forts/faibles : il peut être intéressant de regrouper des élèves ayant en commun un goût, une activité, un projet, afin de leur faire échanger des raisons, des souvenirs qu'on peut aussi leur demander de rédiger par écrit. La difficulté de ce genre de regroupement tient à la désignation des membres. Plusieurs méthodes sont possibles : soit l'on connaît suffisamment les élèves pour pouvoir établir les groupes au préalable, soit on procède à un appel à candidature *(Those who prefer horror films to comedies, come this way.)* soit on leur donne un questionnaire préalable qui va leur permettre de trouver des partenaires. On trouvera un grand nombre d'idées d'enquêtes donnant lieu à des activités de groupes dans l'ouvrage *Classroom dynamics* de Jill Hadfield (OUP, 1992).

Le regroupement peut aussi se faire sur une difficulté commune. Cette approche est à privilégier dans le cadre du corrigé des évaluations sommatives. Au lieu de donner un corrigé magistral qui va ennuyer toute la classe et dont on peut douter de l'efficacité, on réunit les élèves sur des critères linguistiques, stylistiques ou méthodologiques. Un groupe d'élèves réfléchit à un point de grammaire qui leur pose problème, pendant qu'un autre étudie des extraits de copies d'élèves pour déterminer des critères qui font qu'une introduction, un paragraphe sont réussis et qu'un troisième vient à bout d'erreurs d'orthographe en réfléchissant par exemple à la formation de mots...

Au fur et à mesure qu'il corrige ses copies, en fonction des erreurs qu'il constate, le professeur définit des points à étudier et établit une liste d'élèves. Il peut aussi indiquer sur la copie de chaque élève à quel groupe de remédiation il va participer. Nous sommes proches ici de l'esprit qui anime les modules en second cycle : créer un moment où le cas spécifique de chaque élève peut être pris en considération.

On peut choisir cette approche dans un cadre plus général de remédiation d'erreurs et proposer aux élèves de s'inscrire pour l'un ou l'autre des thèmes retenus ; chaque groupe représente alors un mini-atelier de travail qui offre à chaque élève un lieu de remédiation à ses propres difficultés.

Les groupes hétérogènes, eux, présentent un avantage matériel immédiat. Si l'on n'a pas de raison particulière de définir des groupes spécifiques, le critère sera celui de la géographie de la salle et les élèves vont se retourner, se rapprocher sans perdre de temps. Le passage des activités en groupe-classe aux activités en groupes restreints se fait sans délai.

Pour préserver cet avantage et être sûr que le hasard ne rapproche en fait des élèves de même niveau, un plan de classe établi en début d'année, dès que l'on a une idée du niveau des élèves, s'avère bien utile. On veille alors à répartir les élèves de façon à ce que, une fois en groupes, l'équilibre de bons, moyens et faibles soit respecté, afin que fonctionne harmonieusement l'entraide déjà évoquée. Ceci s'oppose à un emplacement fondé sur les affinités affectives, bien qu'il soit aussi possible d'en tenir compte. Etre près d'un ami peut être un facteur stimulant, et il faudra l'encourager, ou bien inhibant ou distracteur et on aura tout intérêt à l'éviter. Si ces emplacements sont imposés, les raisons qui président au choix doivent être explicitées, l'objectif doit être clairement présenté.

PAIRWORK

Les remarques concernant le gain de productivité évoquées à propos du *group work* s'appliquent à ce regroupement plus restreint dont il va s'agir ici de déterminer les spécificités. Tout d'abord une plus grande souplesse de gestion : travailler à deux, c'est selon la disposition de la classe, soit se pencher vers son voisin, soit se retourner vers lui. Le *pairwork* ne requiert aucun déplacement ni physique, ni de mobilier.

C'est un moment d'isolement total par rapport au reste de la classe et par rapport au professeur. On y est pleinement sollicité : quand on ne parle pas soi-même c'est qu'on écoute l'autre ou qu'on réfléchit avec lui. Si on ne s'implique pas, on prive son camarade de la possibilité d'avancer. C'est une activité qui engage donc le sens de la responsabilité. On ne s'évade pas de l'activité, ou on s'en évade à deux...

Sur le nombre de paires d'élèves, il est bien rare que certains ne profitent pas de l'occasion pour faire autre chose que de l'anglais. Au professeur de rester vigilant. Mais on est un peu tenté de s'interroger sur la qualité de concentration de ces élèves en classe entière. La seule différence est que, en *pairwork*, on peut mesurer qu'ils sont ailleurs.

QUE FAIT-ON EN *PAIRWORK*?

Des ouvrages spécifiques proposent des activités ciblées, fondées sur l'*information-gap* mais travailler à deux n'implique pas forcément le recours à des activités spécifiques : toutes les tâches que l'on a l'habitude de demander aux élèves de faire individuellement peuvent se faire à deux :

- revoir, pendant quelques minutes, sa leçon en début d'heure. Cahiers fermés, les élèves s'interrogent à tour de rôle sur le vocabulaire qu'il fallait mémoriser, se récitent leur leçon, se posent des questions... Certains élèves en grande difficulté, ou dont on sait que les conditions de travail personnel à la maison sont bien mauvaises, peuvent à ce moment-là ouvrir leur cahier ; cela leur donnera une chance de participer à la reprise de la leçon collective qui va suivre.
- faire un *brainstorming* lexical à partir d'une image
- anticiper le dialogue ou le document textuel à partir de l'image

- lire une page donnée et y chercher des informations
- lire un dialogue donné : la lecture se fait alors à mi-voix
- réfléchir à un fait de langue
- faire un exercice donné
- chercher dans le lexique
- corriger les éventuelles erreurs de copie. Le premier qui a fini de copier sa leçon jette un coup d'œil sur le cahier du voisin ; s'il y aperçoit des erreurs, il le signale et vérifie ensuite que ces erreurs-là ne figurent pas sur son propre cahier...
- lire sa leçon une fois qu'on a fini de la copier. Quand les deux ont terminé de copier, ils font une lecture à voix basse de ce qui est noté sur le cahier, chacun lisant une phrase sur deux.

L'avantage du travail à deux est l'oralisation qu'il implique. Tout seul, on lit, on réfléchit dans sa tête et parfois on rêve. A deux, l'activité devient un comportement observable : on dit ce qu'on voit, ce qu'on lit, ce qu'on pense, on énonce ses conclusions. Le camarade est là qui vous stimule. Ce partage est un moment de détente par rapport à la concentration imposée dans le groupe classe et sert d'exutoire au silence si souvent exigé. Les enquêtes faites auprès des élèves pour obtenir en *feedback* leurs impressions, leur jugement sur le *pairwork* montrent une adhésion unanime pour ce mode de travail.

LE TRAVAIL EN ÉQUIPES

On engagera la classe dans des activités d'équipes à chaque fois que l'on veut introduire un élément compétitif à une activité qui risquerait sinon d'être un peu terne. Pensons à l'interrogation de vocabulaire : si la classe est divisée en deux, que chaque équipe interroge l'autre et que les points sont comptabilisés, l'activité devient vite motivante. Ce type même d'interrogation va constituer une motivation pour la mémorisation du lexique chez soi : ne pas pénaliser son équipe ! La reprise de la leçon précédente va souvent se dérouler ainsi, en particulier quand les élèves avaient à revoir un questionnaire, une enquête. Quand il s'agit de redonner un certain nombre d'informations sur un texte donné, on peut procéder en équipes. A tour de rôle elles donnent un élément que le professeur note au tableau, pour éviter les redites. On peut aussi choisir d'affecter un barème négatif aux redites (–1 à chaque fois qu'on reprend un énoncé déjà donné).

Faire jouer des équipes s'avère intéressant pour tester la rigueur des acquis. Imaginons un travail lexical sur une liste importante de mots. Un élève de bout de rangée est désigné par équipe. Le professeur interroge l'élève n°1 de l'équipe A. S'il ne sait pas – il dit alors *Pass* – ou s'il se trompe, le professeur interroge son voisin et ainsi de suite jusqu'à ce que la bonne réponse ait été donnée. Dès qu'un mot est bien donné par une équipe, le professeur propose un autre mot à l'autre équipe. A la fin de la liste, on compte le nombre de candidats qu'il a fallu solliciter par équipe.

LE TRAVAIL INDIVIDUEL

Travailler seul est indiqué pour les tâches que nous n'avons pas encore mentionnées :

- copier la leçon écrite au tableau
- copier sous la dictée du professeur
- faire les exercices d'évaluation formative ou sommative

La liste est bien plus courte que la liste précédente. Pour certains exercices d'entraînement, on peut leur laisser le choix du travail individuel ou du travail à deux. On ménage ainsi un espace de liberté à chacun.

EN GUISE DE CONCLUSION

L'idéal est l'alternance de ces modes de travail, afin d'introduire des changements de rythme et soulager la fatigue et l'ennui. En pratiquant de la sorte, on s'assure aussi de satisfaire sinon tous tout le temps, du moins chacun à un moment donné. Car tous n'aiment pas également chaque mode de travail mais ils savent bien que ce n'est pas le mode unique et que le moment viendra de leur mode de travail préféré. Les interroger sur leurs préférences est souhaitable, pour mesurer l'impact de chaque choix : on peut le faire oralement, ou leur proposer un bilan écrit. Il faudra au cours du dialogue de mise en commun leur faire dire les raisons qui président à nos choix. Ils seront amenés à émettre certaines des idées évoquées dans ces pages.

8

IMPLIQUER L'ÉLÈVE PHYSIQUEMENT

Quand on réfléchit au nombre d'heures où l'on demande à de jeunes enfants de rester assis sans bouger, calmes, attentifs, on peut se demander si nous, adultes, en serions capables. On sait qu'ils ont besoin d'activité physique mais celle-ci se réduit au déplacement pour aller d'une salle à l'autre et au fait de venir parfois au tableau, pour certains d'entre eux. Rien d'étonnant à ce que le trop plein d'énergie non utilisée se disperse parfois en indiscipline. Rendre les élèves actifs, en les impliquant physiquement va être l'objet de cette section. On va voir comment multiplier les occasions de déplacements des élèves pendant le cours en faisant en sorte qu'ils aient lieu dans le calme et sans perte de temps. On verra aussi comment les impliquer physiquement dans des activités manuelles ou gestuelles.

LES DÉPLACEMENTS D'ÉLÈVES

De même que nous nous étions interrogé sur les déplacements du professeur, on envisagera cette question à propos des élèves, en considérant ce qui se pratique, comment et pour quelles activités on peut mettre en place des déplacements bien régulés et quels avantages les élèves vont en tirer.

OÙ ET QUAND SE DÉPLACENT-ILS HABITUELLEMENT ?

Le tableau est le lieu qui vient immédiatement à l'esprit quand on réfléchit aux déplacements des élèves. Les jeunes enfants sont enthousiastes pour venir au tableau ; c'est l'occasion de quitter sa place et, pour eux, prendre la craie ou les crayons Véléda c'est toujours un peu magique. Ils s'y rendent pour écrire ou dessiner :

- écrire une lettre de l'alphabet (jeu du pendu, sigles, initiales...)
- écrire un nombre (vérifier la connaissance des nombres, écrire le numéro de la page du manuel que l'on va étudier, écrire la date/sa date de naissance...)
- écrire un mot (compléter une phrase à trous, vérifier l'orthographe...)
- écrire une phrase ou un morceau de phrase (dictée, correction d'exercice...)
- dessiner (illustrer un mot, faire un portrait, reconstituer un tableau, reproduire des panneaux du code de la route...)

COMMENT SONT GÉRÉS CES DÉPLACEMENTS ?

En règle générale, un élève se déplace à la demande du professeur, exécute ce qui lui est demandé et regagne sa place. Une fois qu'il est assis, un autre élève éventuellement vient à son tour au tableau. Le professeur envoie donc au tableau un élève qui s'est porté volontaire ou qu'il a désigné. On attend que l'élève soit au tableau pour lui dicter l'énoncé ; pour peu que l'élève vienne du fond et de la classe et/ou ne soit pas très dynamique, l'attente est longue. On attend ensuite qu'il ait fini d'écrire pour faire des commentaires ; si cet élève a du mal à écrire – difficultés de graphie – ou qu'il a du mal à réaliser ce qu'on lui a demandé, la classe est à nouveau soumise à un temps mort souvent irritant, et propice à l'agitation.

Certains professeurs pallient ces difficultés en n'envoyant au tableau que les élèves des premiers rangs, réduisant ainsi les temps de déplacement, ou que les bons élèves, s'assurant de la sorte que l'énoncé sera écrit rapidement et sans fautes.

COMMENT FAIRE AUTREMENT ?

La réflexion va s'articuler autour de deux axes : comment solliciter tous les élèves sans que leur emplacement dans la classe ou leurs aptitudes en anglais soient des critères décisifs, comment réduire les temps morts passés en déplacement. Il s'agit de mettre en place des techniques qui permettront à tous, forts ou faibles, rapides ou lents, de venir écrire au tableau, sans que cela soit une source d'ennui pour le reste de la classe.

Une solution consiste à envoyer à chaque fois, non pas un, mais plusieurs élèves exécuter la même tâche au tableau en même temps. Nous allons étudier plus en détail deux cas : les corrections de dictée et ce qui relève du dessin. Les déplacements vers le tableau de feutre, les déplacements en masse seront aussi évoqués au cours de ces pages.

LES CORRECTIONS DE DICTÉE

Multiplier le nombre d'élèves habituellement appelés à se déplacer semble particulièrement indiqué pour tous les exercices de correction de dictées ou d'exercices : cela permet de tester dans un même laps de temps plusieurs productions et non une, et de les comparer.

L'activité se déroule de la façon suivante : trois élèves, volontaires ou désignés, viennent au tableau, chacun écrivant sur un tableau différent, si la salle est dotée de plusieurs tableaux, ou se tenant à distance de ses deux autres camarades, si la salle ne comprend qu'un seul et unique tableau.

S'il s'agit d'une dictée, ils doivent écrire sans regarder ce qu'écrivent les deux autres pendant que le reste de la classe copie au brouillon les phrases dictées, sans non plus – en principe – lever les yeux. S'il s'agit d'une correction d'exercices, le reste de la classe a sa propre version devant les yeux. Dans les deux cas personne ne doit intervenir pour signaler des erreurs au tableau tant qu'un élève n'a pas fini d'écrire.

Dès qu'un élève a terminé sa phrase, la classe décide si oui ou non cet énoncé est correct en indiquant le nombre d'erreurs *(no mistakes/one mistake/two mistakes)*, ce qui laisse généralement le temps à l'un au moins des deux autres élèves de finir son énoncé et de voir à son tour sa production évaluer. On peut aussi attendre que le dernier ait fini pour évaluer ce que chacun a écrit.

L'expérience montre que l'écriture de trois phrases ne prend pas plus de temps que le temps mis par le plus lent des trois pour écrire. D'autre part, l'activité a été bien supérieure : la classe a de quoi occuper son attention. Qui va finir le premier ? Qui ne va pas se tromper ? Va-t-on bien repérer les erreurs ? A-t-on écrit soi-même une de ces différentes versions ? A-t-on une autre version à proposer ? Les élèves sont sollicités pour un rôle d'évaluateur, au lieu d'attendre dans l'ennui qu'un élève lent ait fini.

Quand à ce dernier, il est moins stressé que lorsqu'il sent piaffer ses camarades. Et s'il est vraiment en difficulté, personne ne lui en voudra de jeter un petit coup d'œil – le professeur lui proposera d'ailleurs, ainsi qu'au reste de la classe, de choisir parmi les énoncés inscrits celui qui lui semble correct.

INTRODUCTION D'UN ÉLÉMENT DE COMPÉTITION

La correction d'une dictée peut aussi prendre un aspect compétitif. Il suffit de diviser la classe en trois équipes. L'objectif est de produire en groupe un texte définitif dont chaque équipe s'estime satisfaite.

Dans un premier temps chaque élève, individuellement, prend en note sa dictée. Puis, à l'issue de la dictée, le signal de la correction au tableau est donné. Les élèves se déplacent alors librement, chaque équipe s'étant vu attribuer un tableau, ou, à défaut, une partie du tableau. Ils viennent à tour de rôle recopier la dictée. Libre à chacun de corriger la production d'un autre membre de son équipe ou d'ajouter des erreurs à un énoncé correctement écrit, comme c'est parfois le cas. Quand une équipe s'estime satisfaite de sa version, le signal de l'arrêt de l'activité pour tous est donné. Le professeur peut aussi décider au départ d'un temps pour l'activité. L'évaluation de chaque dictée a alors lieu: on compte le nombre d'erreurs commises dans chaque version.

Si l'on craint que ce soit toujours les mêmes élèves qui se déplacent et que la passivité des autres passe inaperçue, on peut alors instaurer des points de malus: autant de points de malus que d'élèves n'ayant pas participé à l'activité. Le professeur restant extérieur à l'activité peut utiliser sa liste d'élèves et cocher le nom des élèves s'étant déplacés pour savoir combien par équipe n'ont pas quitté leurs places. Le contrôle peut aussi être pris en charge par les élèves et s'effectuer à l'aide de feuilles d'émargement: l'élève qui vient d'écrire met un *tick* en face de son nom. La vérification peut aussi prendre la forme de jetons: des jetons de couleur différente sont distribués à chaque équipe, un par élève, qu'il doit déposer à un endroit déterminé lors de son déplacement.

Autre inquiétude: les élèves vont copier! Certes, mais s'ils le font ils perdent du temps, et ils risquent par ailleurs de reproduire les erreurs de leurs adversaires. Ils arrivent d'eux-mêmes à ces constatations formatrices qui leur feront abandonner cette pratique. Le professeur n'a pas à craindre le risque qu'ils copient quand les élèves prennent conscience que copier présente un risque.

Une telle activité engendre du désordre mais peut néanmoins se réguler par une règle simple: interdiction à tout élève de se lever tant que le membre de son équipe qui était au tableau ne s'est pas rassis. Il n'y a ainsi que trois élèves au maximum qui se déplacent à la fois. En fait de régulation, cette règle pousse les élèves à se déplacer rapidement, et accroît le bruit et l'excitation, mais n'est-ce pas préférable à l'absence de tonicité et de dynamisme que bien des professeurs reprochent à leurs classes?

VARIANTE

On peut aussi distribuer à chaque équipe un crayon feutre à pointe large et une grande feuille de papier où les élèves écrivent leur version. Ce procédé a comme avantage de maintenir secret la production de chacun, et comme inconvénients tout d'abord de ne pas favoriser le déplacement sportif au tableau mais aussi de produire un engorgement au-dessus des feuilles. Cette variante ne sera choisie que si l'on décide de faire une compétition entre un nombre accru de groupes de dimension restreinte. Les élèves viennent ensuite afficher leurs dictées au tableau, à l'aide d'aimants, et aux murs à l'aide de *Blu-Tack*. Ils circulent ensuite librement dans la classe pour décider du nombre et de la nature des erreurs de chaque version.

LES INTÉRÊTS D'UNE TELLE ACTIVITÉ

Nous distinguerons deux sortes d'intérêt : un intérêt relevant du domaine de la motivation, et un intérêt d'ordre linguistique.

La motivation des élèves a dû apparaître lors de la description de l'activité. Par rapport à une correction traditionnelle, la première version présente l'avantage d'un déplacement physique accru dans un temps donné identique, tout en se régulant aisément, c'était l'objectif qu'on s'était fixé dans l'introduction.

Les variantes compétitives introduisent des éléments nouveaux en matière de motivation : elles plaisent aux élèves qui aiment se mesurer aux autres et travailler en groupe, et aux professeurs qui souhaitent développer plus d'autonomie chez leurs élèves. Dans la version sportive, la course pour venir écrire sans perdre de temps est un facteur d'amusement indéniable. L'autre approche aiguise la curiosité des élèves et les engage dans une activité physique différente : on se déplace partout dans la classe, à son rythme.

Un autre intérêt, linguistique cette fois, commun à ces trois versions, vient du rapprochement de productions différentes et de la réflexion que la comparaison va susciter. Et c'est ici le second avantage de cette technique : les énoncés erronés et corrects le semblent d'autant plus qu'ils sont mis en parallèle.

Le travail d'évaluation et de correction est fait au sein de la classe, par la classe et non par le professeur. Les élèves doivent se déterminer sur la justesse ou non d'un énoncé, se justifier et expliciter. En quoi cet énoncé est-il faux ? Pourquoi cette erreur n'aurait-elle pas dû être faite ? Pourquoi a-t-elle été faite ?

Par cette dernière question, nous entendons faire apparaître les raisons qui ont abouti à telle ou telle erreur : proximité graphique, distracteur phonique, calque sur le français. L'erreur c'est souvent l'expression, la marque, le témoin visible d'un système rationnel, cohérent pour l'enfant, mais erroné. Il importe ici de faire resurgir les représentations, les conceptions que les élèves ont de la langue cible et de leur faire dire ce qu'ils voulaient dire. Plus il y a d'énoncés, plus il y a de divergences et donc matière à réflexion. En ayant trois productions et non une, on multiplie les occasions d'erreurs, et donc de correction ; l'hétérogénéité des candidats devient un élément positif.

PROBLÈMES RELATIFS À LA PRISE EN NOTES D'UN CORRIGÉ

On constate souvent la difficulté des élèves à bien prendre une correction. Le corrigé est écrit au tableau et les cahiers sont pleins d'erreurs non corrigées. C'est que nos propres erreurs ne nous apparaissent pas aisément : si tel était le cas peut-être ne les ferions-nous pas. Prenons-en pour exemple les coquilles, les oublis de mots qui ne nous gênent en rien mais qui sautent aux yeux d'un tiers.

Par contre, on se met à mieux voir son erreur si un autre aussi l'a faite. Ou du moins, on voit l'erreur de l'autre, et l'on constate après coup que l'on a fait pareil. Le même mécanisme ne s'opère pas quand on a devant soi un produit fini. Le sien l'étant aussi par définition, on repère beaucoup plus difficilement ce qui sépare son énoncé de l'énoncé correct.

On a longtemps pensé qu'il ne fallait rien écrire d'incorrect au tableau, qu'il ne fallait surtout pas mettre l'élève en présence d'erreurs car elles allaient infailliblement se graver dans leur mémoire. C'est faire bien grande confiance aux capacités de mémorisation et d'assimilation des élèves : si tout ce qui est dit en classe était enregistré par tous dans l'instant, les programmes seraient couverts en quelques semaines ! Mais c'est aussi ne pas croire que l'erreur est un puissant moyen de progrès.

QUE FAIRE SI LES ÉNONCÉS PRODUITS SONT SANS ERREURS ?

Et si maintenant les élèves au tableau n'avaient fait aucune erreur ? Cela bien sûr se produit, ce qui ne veut pas dire qu'il en soit de même pour le reste de la classe. Il importe alors de demander quelles erreurs auraient pu être faites. Ainsi devant l'énoncé correct *Mrs Tune wants to buy new jeans for her son* les élèves indiqueront qu'il ne faut pas d'élément de conjugaison entre *Mrs Tune* et le verbe, que ce dernier prend un « s » et pourquoi, qu'il ne faut pas oublier *to* et pourquoi, et que l'on ne dit pas *a jeans* et pourquoi, que l'on a mis *her* et pas *his* et pourquoi... Ce qui se concrétise au tableau : le professeur ajoute d'une autre couleur des erreurs et les raye ou les entoure, les souligne. Selon le niveau de la classe, selon l'expérience que l'on a des erreurs de ses élèves, on va consacrer plus ou moins de temps à cette réflexion. On peut choisir de ne mettre en avant qu'un ou deux risques d'erreur car, à trop signaler, on tombe dans le défaut de ne plus rien mettre en valeur du tout.

ÉCHANGER SES CORRIGÉS

Un autre moyen de s'assurer que la correction est bien prise, compte tenu de ce qui a été dit plus haut sur la difficulté à voir ses propres erreurs, est de demander aux élèves d'échanger leurs cahiers. Dans les cas où les voisins sont de force égale et d'un niveau correct, l'intérêt relève du domaine de la motivation car avoir accès à la production d'autrui répond à une curiosité naturelle. Quand les paires sont très hétérogènes, il s'agit à la fois d'efficacité et de motivation : l'élève qui a bien réussi et risquerait de s'ennuyer lors de la correction doit alors rester en éveil et exercer sa vigilance ; l'élève en difficulté aura sa propre production bien corrigée et saura rectifier les erreurs commises par son voisin, car elles seront rares.

LES DESSINS AU TABLEAU

Envoyer plusieurs élèves à la fois au tableau s'avère très amusant quand il est question de dessiner quelque chose. Beaucoup de structures de langue peuvent être, grâce à cela, soit présentées, soit réactivées.

LES DESSINS LIBRES

Envoyons par exemple 4 élèves de 6e au tableau, chacun avec une craie ou un crayon Véléda de couleur différente, dessiner un chat.

Une fois les dessins achevés, on peut lancer *I prefer the* (adjectif de couleur) *cat. What about you?*, et travailler l'expression de la préférence en insistant sur l'accentuation de l'adjectif. On peut introduire le génitif ou le rebrasser s'il a déjà été étudié : *I prefer X's cat. What about you?* Il ne faudra pas oublier de leur demander de justifier leur préférence.

On peut aussi leur demander de dessiner l'animal de leur choix, leur animal préféré. Selon la consigne de départ on va exploiter telle ou telle notion. La variété des réalisations est toujours surprenante : les tailles varient, certains élèves sont de véritables artistes, d'autres moins, mais l'absence de fidélité est source d'amusement, tel cet élève dont l'alligator a été pris pour un chien : - *I like your dog! - It's not a dog, it's an alligator!* Il faut bien sûr que l'artiste soit le premier à rire ou du moins qu'il ne sente pas de moquerie.

Ces dessins permettent d'introduire :

- la préférence, l'appréciation, le génitif, les comparaisons :

  X's cat is *(+ adjectif de couleur, de taille, d'appréciation...)* (6e)
- le verbe *have got* :

  X has got a *(adj. + animal)*. Have you got a ... ? (6e)
- les adjectifs composés (4e)
- le souhait :

  I'd like to have a ... (5e)
  I wish I were a ... (3e)

En 6e les dessins de monstres sont toujours source d'amusement. On enverra les élèves plus âgés faire des portraits, des caricatures. On peut ainsi avoir des supports pour l'introduction ou la fixation des adjectifs composés par exemple. Les dessins libres peuvent recouvrir un champ autre que la description de gens ou d'animaux. On peut demander aux élèves d'aller dessiner des panneaux routiers, des pancartes d'interdiction ou de conseil, des plans...

LES DESSINS DICTÉS

Le dessin peut servir à évaluer la pertinence de la compréhension orale. Le professeur décrit un dessin qu'il tient caché, la classe doit le reproduire, plusieurs d'entre eux le faisant au tableau. Certains dessins humoristiques s'y prêtent bien. Le document suivant a été proposé à une classe de 4e anglais renforcé, à l'époque d'*Halloween*. La maquette du dessin a été reproduite sur trois tableaux, chaque élève l'a noté sur une feuille. Le professeur décrit chaque vignette l'une après l'autre en insistant sur les emplacements des personnages, leurs positions, leurs activités et les sentiments exprimés. L'intérêt de ce document est que certaines vignettes se font écho avec de légères variantes. A chaque vignette, trois dessinateurs sont envoyés au tableau. Ce qui permet à la classe entière de passer au tableau, et à chacun d'avoir en trace le document entier moins une vignette. A la suite de l'activité on remet à tous le document original et on commente les divergences au tableau. Déterminer les écarts entre son propre dessin et l'original peut constituer un prolongement écrit.

COMMENT GÉRER LES DÉPLACEMENTS

Les déplacements doivent être canalisés et avoir lieu dans le calme et sans lenteur : rien de plus fatigant pour tous que des bousculades ou que d'attendre qu'arrive au tableau un élève nonchalant, surtout s'il vient du fond de la classe ! Orchestrer les déplacements implique de prendre en compte le temps nécessaire à la venue au tableau. Si on appelle un élève une fois qu'un autre a regagné sa place il y aura globalement plus de temps passé en attente qu'en activité. Pour qu'il n'y ait pas d'interruption dans l'activité, les élèves doivent savoir à l'avance qu'ils auront à se déplacer, et parvenir au tableau juste avant que leur camarade ne s'en éloigne.

On peut envisager deux cas, les élèves sont désignés par le professeur ou gèrent eux-mêmes leurs déplacements :

LE PROFESSEUR DÉSIGNE LES ÉLÈVES

Le professeur peut désigner un élève avant que celui qui est au tableau ait fini, et le faire s'avancer. Mais il risque de donner l'impression de se désintéresser de ce qui se passe au tableau. Le professeur peut choisir de faire venir d'emblée au tableau non pas 3 élèves mais 3 groupes de 3. Dès qu'un élève regagne sa place, un camarade est là pour le remplacer. L'inconvénient est un risque d'encombrement, et donc d'occultation du tableau. C'est néanmoins tout à fait gérable si la classe possède plusieurs tableaux et si les élèves sont attentifs à ne pas gêner le reste de la classe. On ne choisira pas ce mode si l'on souhaite que les élèves aient une trace de l'activité, car ils seraient immobilisés au tableau trop longtemps.

LES ÉLÈVES S'AUTODÉTERMINENT

Si on attend que les élèves aient regagné leur place pour en faire venir d'autres au tableau, on perd en rythme. Si on invite les élèves à manifester leur envie d'aller au tableau alors que leurs camarades y sont encore, on peut être sûr que la classe ne va guère prêter attention à ce qui se passe au tableau et que leur unique souci sera d'être élu par le professeur. Leur enthousiasme peut alors devenir envahissant. L'idéal serait de laisser les élèves gérer eux-mêmes les déplacements sans que le professeur ait à désigner quiconque. On va voir comment on peut instituer une méthode leur permettant de le faire dans le calme, et quand on peut envisager des déplacements en toute liberté.

DIFFÉRENTS TYPES DE DÉPLACEMENTS

DÉPLACEMENTS EN CHAÎNE

Sans que les élèves ne lèvent la main, sans que le professeur ne les désigne, comment savoir qui va se déplacer et quand ? Une première possibilité est le déplacement en chaîne ou en cascade : les élèves se lèvent les uns après les autres, par rangées, chacun ne se levant que quand le camarade de la rangée est assis ; ou on se lève quand le camarade quitte le tableau, et donc on se croise.

DÉPLACEMENTS AU MÉRITE

La deuxième solution est la suivante : se déplace l'élève qui vient d'apporter sa contribution à l'activité en cours. Dans le cas de la dictée évoqué plus haut, l'élève qui aurait corrigé une erreur viendrait au tableau, sur un signe de tête du professeur ; ou celui qui aurait dit *2 mistakes*, si c'est bien le bon nombre d'erreurs. On parlera alors de déplacement au mérite.

Si on se déplace quand on a bien parlé, ne risque-t-on pas alors de favoriser les bons élèves ? Cette question mérite notre attention. Dans le cas d'une correction, d'exercices ou de dictées, on remarque que les bons élèves sont souvent les premiers à s'ennuyer : ils ne se sont pas trompés, ces exercices sont souvent menés trop lentement pour eux. Qu'ils soient au contraire motivés par une approche différente est bénéfique pour tous, car quand les élèves leaders ne jouent plus leur rôle, tous ont à y perdre.

Mais il faut bien sûr envisager tous les moyens de stimuler les élèves plus faibles. On peut choisir de leur donner la préférence lorsque l'on demande trois volontaires au début de l'activité ou les désigner. Mais il ne faut pas non plus sous-estimer leurs possibilités. Leur envie de venir au tableau est forte, et cette motivation suffit souvent à leur faire dire ce qu'en d'autres moments ils ne chercheraient pas à trouver ; au professeur aussi de repérer à quel moment un élève en difficulté à des chances de bien réussir.

La même technique de rotation de déplacement a lieu au tableau de feutre. Au point de départ de l'activité trois élèves se proposent ou sont désignés et vont s'installer à côté du tableau. Le premier de ces élèves réagit en fonction d'un énoncé produit dans la classe et va ensuite se rasseoir. Quant à l'élève qui a prononcé cet énoncé, il se lève aussitôt sa phrase dite et se dirige à son tour vers le tableau de feutre, à moins que sa phrase n'ait été incorrecte, sans rapport avec ce qui est au tableau de feutre, ou déjà dite. Dans ce cas son énoncé ne serait pas recevable et l'élève ne serait pas autorisé à se lever.

Imaginons, en guise d'illustration, la phase d'une leçon de 6e dont l'objectif est la fixation de l'acquisition de *I've got/I haven't got*. Au tableau de feutre sont placées des figurines liées au thème des possessions : différents *pets*, un vélo, une moto, une piscine, un grand jardin, un petit jardin, une grande maison, une petite maison. Désignons par A, B et C les élèves installés au tableau de feutre et par E les élèves de la classe. E1 dit *I've got a big garden* et se lève, pendant que A enlève la figurine représentant un grand jardin et regagne sa place. E2 enchaîne *I haven't got a motorbike* et se déplace pendant que B cherche la moto, la trouve et va s'asseoir. Les élèves E1 et E2 sont devenus A et B.

Pourquoi trois élèves et non pas un seul ? Parce qu'une certaine flexibilité est nécessaire en raison de l'éloignement des élèves par rapport au tableau de feutre et à cause du plus ou moins grand dynamisme des élèves qui se déplacent. Avoir trois élèves au départ permet que l'activité se déroule avec fluidité en facilitant par ailleurs la correction des erreurs : si A fait une erreur, B la rectifie, laissant à C le temps d'arriver au tableau. L'élève au tableau qui se trompe ne regagne pas sa place, il retente sa chance, plusieurs fois si nécessaire.

On peut qualifier ce mode de déplacement de « déplacement au mérite », le déplacement servant de récompense à une participation attentive et efficace. Il a l'avantage de motiver tous les élèves, d'impulser un bon rythme à l'activité, d'être très facile à gérer, d'associer parole et écoute, production et compréhension, et de permettre aux élèves de se dégourdir les jambes... à condition de s'être dégourdi la langue d'abord !

Dans l'exemple du tableau de feutre, tous les élèves, qu'ils soient bons ou moins bons, sont amenés à se déplacer. Seulement, l'élève dont le bagage lexical est plus pauvre sent bien qu'il doit se manifester sans attendre, s'il ne veut pas courir le risque de voir « sa » figurine décrochée au profit d'un camarade. Ce type de déplacement contient donc en lui sa propre incitation à la parole : l'élève perçoit bien qu'il a intérêt à parler s'il veut bouger, qu'il y va de son intérêt qu'il le fasse le plus tôt possible, sans que le professeur n'ait jamais à le lui dire. Peut-on d'ailleurs jamais convaincre quiconque de l'intérêt d'une activité scolaire par la seule magie du verbe, si l'intéressé n'y trouve pas lui-même une satisfaction personnelle ?

Rentre aussi dans ce type de déplacement une pratique appréciée des élèves et qui rend de grands services au professeur. Il s'agit de leur demander de nous aider dans notre tâche de vérification des exercices individuels. Un exercice a été donné à la classe ; les réponses attendues sont standardisées. Dès qu'un élève a fini, il nous appelle. Si son exercice est correct, il se lève et va aller apprécier le travail de ses camarades. Il se dirige vers ceux qui, ayant fini, lèvent la main. Il souligne les erreurs. Si il n'y en a pas, ce nouvel élève se lève à son tour.

On sent bien l'intérêt que présente la mise en place de cette habitude. Elle permet de faire bon usage de l'hétérogénéité de la classe. Les bons élèves ne s'ennuient plus en attendant que leurs camarades aient fini. Tous les élèves ont à cœur de finir vite, mais de bien faire, condition requise pour être autorisé à se déplacer. Les élèves sont fiers de pouvoir suppléer le professeur. Grâce à tous ses assistants, le professeur sait que la production de chacun sera vérifié.

DÉPLACEMENTS EN LIBERTÉ

Imaginer que les élèves se déplacent à leur gré est tentant quant à l'autonomie des élèves que cela implique, mais loin d'être réalisable – réaliste – dans tous les cas. On visualise sans peine les bousculades que cela peut entraîner !

Déplacement de plusieurs élèves ensemble

C'est cependant tout à fait possible dans des cas particuliers comme dans l'exemple de la dictée compétitive décrite plus haut où les élèves choisissent de se déplacer comme bon leur semble pour venir écrire une phrase ou corriger les productions de leurs camarades. Ce n'est évidemment pas le silence et le calme, mais l'amusement est garanti, et les plus nonchalants se prennent parfois au jeu et se mettent à nous prouver que bien motivés, ils peuvent nous surprendre par une tonicité insoupçonnée.

Les déplacements au gré des élèves auront lieu quand on leur donne comme consigne d'aller écrire au tableau un maximum de mots sur un thème donné, dans le cas d'un *brainstorming* par exemple, ou que l'on teste leurs aptitudes à orthographier un mot nouveau que l'on vient de prononcer. On fait voir les crayons Véléda : c'est le signe d'appel à candidatures. Se lève alors qui veut, sans que le professeur ne désigne personne.

Tout ce qui relève de classement, d'appariement s'y prête. On leur demande de venir classer des cartes affichées dans le désordre au tableau : des verbes en «-ed» qu'il faut venir affecter à [ɪd], [t] ou [d] ; des cartes de personnages célèbres dont il faut déterminer s'ils sont vivants ou décédés et qu'il faut ranger dans les colonnes appropriées ; des cartes montrant des dessins d'activités sportives qu'il faut placer avec *go, do* ou *play* ; des amorces de suggestions à apparier avec des constructions en *to* + V ou V + -ING ; des symboles de mots questions à venir associer avec le mot qui correspond. On demande des volontaires et on attend qu'ils se déplacent.

La première fois que l'on fait cette proposition aux élèves, la surprise a un effet paralysant : personne n'ose se lever, tant cette consigne va à l'encontre de leurs habitudes. On encouragera les élèves que l'on sent prêts à bouger :

> Come on Sarah!
> Thank you Kevin!
> Yes, Gavin, you're welcome too!

et l'on attend ensuite que l'activité se déroule, sans plus intervenir pour nommer quiconque dès que la classe est sortie de son inhibition.

Cette pratique est d'autant plus intéressante que l'on veut voir le tableau noirci de mots au plus vite, c'est le cas des *brainstormings* ; ou qu'il y a beaucoup de cartes à déplacer. On pourrait bien sûr utiliser le déplacement en chaîne, mais ce mode de déplacement responsabilise les élèves : ils font d'eux-mêmes le choix de s'impliquer au cours et mettent en application la formule qui veut que « l'apprentissage dépend autant de l'élève lui-même que du professeur ».

Déplacements de tous en même temps

On a vu lors d'une variante de correction de dictée que l'on peut inviter les élèves à se déplacer librement dans la classe pour aller lire des productions affichées en divers endroits de la classe. Dans le cadre du développement de la compréhension de l'écrit on aura aussi recours à ce procédé. Chaque élève a produit un collage où il s'est mis en scène à l'aide de dessins et papiers collés ; il y évoque ses goûts, ses loisirs, sa famille. Chaque collage est remis à un tiers qui rédige un texte. Les textes et les collages sont ensuite collectés. Les collages sont affichés partout dans la classe, les textes sont redistribués. Chaque élève doit aller rechercher le collage qui correspond au texte qui vient de lui être distribué. Ce faisant, il a accès aux créations artistiques de ses camarades. On peut procéder de façon inverse : les textes sont affichés et les collages redistribués. On encourage ainsi la lecture de textes différents et le professeur n'est plus le seul à être dans le secret de ce que chacun produit.

On leur proposera aussi à tous de se déplacer dans le cas d'enquêtes. Chaque élève a en main un document du type *Find someone who* ... Tous se lèvent et s'interrogent mutuellement. Si la consigne est de ne jamais citer deux fois le même camarade, ils auront à interpeller un grand nombre de personnes, le professeur y compris.

EN RÉSUMÉ

On a pu voir au cours de ces pages que l'on pouvait donner bien des occasions à l'élève de ne pas rester assis à sa table, et que les déplacements ne sont pas synonymes de désordre, mais d'activité régulée. Se déplacer détend, les déplacements à plusieurs donnent un rythme à des activités qui risqueraient sinon de verser dans la nonchalance, et le plaisir de se déplacer va venir renforcer la motivation linguistique. Etre actif, c'est donc aussi être physiquement impliqué. Nous allons voir maintenant comment impliquer les élèves physiquement toujours, mais dans des activités gestuelles ou manuelles.

ACTIVITÉS MANUELLES

DÉCOUPAGE : EXERCICE DE MOTS MÊLÉS

Remettre en ordre des mots, des phrases ou des paragraphes mêlés est un exercice traditionnel que proposent les manuels. Cet exercice est simple pour le concepteur, et semble motivant car ludique : ne s'agit-il pas de reconstituer un puzzle ? Réussir à bien cet exercice est beaucoup moins évident qu'il n'en parait. Pourrait-on réussir un puzzle sans en déplacer les pièces ? On facilitera donc la tâche de l'élève en lui demandant de recopier en assez gros caractères le message et d'en découper les éléments. Il s'agit alors de mettre bout à bout les morceaux. L'activité manuelle collabore à l'activité intellectuelle. La correction en est par ailleurs facilitée : le professeur, en passant dans les rangs, déplace les morceaux de papier mal assortis et l'élève procède à un nouveau choix. Quand il a correctement reconstitué le message, il ne lui reste plus qu'à coller ces petits bouts de papier dans son cahier, ou à recopier les phrases.

ACTIVITÉS DE COMPRÉHENSION ÉCRITE OU DE PRODUCTION ORALE LIÉES À UNE ACTIVITÉ MANUELLE

Les activités qui suivent s'apparentent à des activités d'apprentissage de l'anglais en école primaire. On ne voit pas pourquoi le collège se priverait de cette association des activités linguistiques et des activités de découpage ou de coloriage. Les premières activités manuelles proposées ici entrent dans des études des fêtes anglophones, la dernière s'inscrit dans le programme linguistique de 5e.

• Concours de citrouilles de *Halloween*

On donne à chaque élève une citrouille dessinée en grand sur un papier blanc et on leur demande de la décorer à leur guise, en évoquant la fête de *Halloween*. Selon les élèves les citrouilles se transforment en fantômes, en sorcières, ou se colorent de façon originale. Les dessins sont ensuite affichés dans la classe. On peut les exploiter linguistiquement en attribuant des prix qui doivent être justifiés.

• Fabriquer des décorations pour la classe ou pour soi

Pour préparer *Thanksgiving*, on donne à la classe des textes à lire permettant la fabrication de décorations : guirlandes de feuilles mortes et de dindes, cartes d'invitation. Bien les réaliser implique de suivre des consignes, de lire de l'anglais. La classe est ensuite décorée des productions des élèves.

• Cartes de Noël

A Noël, on leur fera aussi fabriquer des cartes de vœux, ou des cartes de placement de table humoristiques, après en avoir montré tout un échantillon. Ils emmèneront chez eux leurs productions, ou elles serviront à la décoration de la classe.

• Se fabriquer un *snapdragon*

Au moment de l'apprentissage du futur, ce jeu de papier plié permettant de faire des prédictions est bienvenu. L'activité commence par de la compréhension écrite : on donne en anglais une notice de fabrication. L'élève qui aura correctement plié sa feuille de papier prouve ses capacités à comprendre un message écrit. On a ensuite une phase courte de production écrite : les élèves écrivent des prédictions. Ils jouent ensuite à deux ou à plusieurs :

É1 : Give me a number from one to five.
É2 : Two!
É1 : One, two : red or blue?
É2 : Blue.
É1 : Oh! You'll travel a lot.

ACTIVITÉS MANUELLES ET GESTUELLES

En classe, les enfants réfléchissent, mais comment voir ce qui se passe dans leurs têtes ? On ne peut interroger simultanément tous les élèves. Comment savoir si celui que je n'interroge pas savait lui aussi ? Quand ils écrivent dans leurs cahiers de brouillon, je ne peux pas vérifier en une seconde la production de tous. La réponse est à chercher dans l'arsenal du passé : on va s'inspirer de l'usage de l'ardoise d'école primaire que les élèves brandissent tous ensemble.

FABRICATION DE CARTES À MANIPULER

On va s'en inspirer en leur demandant de se fabriquer des cartons : des cartons pour les prononciations du «-ed» du prétérit ; pour les trois formes de *be* au présent ; pour les mots interrogatifs ; pour ce que peut recouvrir un «s» par exemple. On va, lors d'exercices de discrimination, pouvoir savoir s'ils savent. Le professeur énonce *Ben's got a blue bike*, les élèves choisissent entre le carton *is*, le carton *has* et le carton «génitif» et le font voir bien haut. Le professeur a lui aussi des cartons identiques et fait voir la bonne réponse.

L'intérêt est multiple. Les élèves sont tous impliqués : ne pas faire voir le carton se voit, on ne peut pas esquiver l'activité. Ils n'ont pas envie de le faire d'ailleurs car le fait d'avoir à choisir un carton parmi trois maintient leur attention, et les élèves de 6e et de 5e apprécient cette activité. Elle permet au professeur de tester les acquis de tous les élèves en même temps. Un test formatif écrit lui apporterait les mêmes renseignements. Mais cette activité permet en plus à l'élève de progresser en cours d'apprentissage : il fait moins d'erreurs à la fin de l'exercice de discrimination qu'au début, car chaque énoncé a été suivi immédiatement de sa correction.

CARTES POUR ENQUÊTE

On peut interroger les élèves sur leurs goûts et obtenir de tous une réponse silencieuse simultanée en ayant recours à ces cartons. Chaque élève s'en est en fabriqué trois symbolisant les formes affirmative, négative de *like* (un cœur, un cœur rayé) et le verbe *hate* (deux cœurs rayés). Le professeur lance *classical music* et la classe réagit en levant un des cartons. Les élèves ont alors matière à commentaire et peuvent dire si leurs camarades aiment ou non :

John likes classical music but Ian doesn't.
Laura and Sue both hate it.
I don't like it but Liz does.

En 4e et 3e on obtiendrait l'expression de « moi aussi/moi non plus/pas moi/moi si », on pourrait aussi faire des commentaires statistiques :

Three of us like it.

EXERCICES DE CONJUGAISON

On peut faire des exercices de conjugaison en ayant recours à ces supports. Imaginons un travail sur les formes affirmative, négative et interrogative de *like* au présent et au prétérit. L'élève recopie sur 6 bandes différentes de papier 6 schémas que le professeur présente au tableau : un cœur, un cœur barré, un cœur avec une croix. Trois cartes ont une flèche rouge vers la gauche, symbole du prétérit, les trois autres ont un serpent, symbole de la troisième personne du singulier. L'exercice peut être dirigé par le professeur qui énonce une phrase *He likes films*, les élèves font voir la carte correspondante. Il s'agit là de tester leur compréhension orale de la phrase.

La même chose peut être faite en interactivité : un élève montre à la classe un de ses cartons, un autre élève réagit. Compréhension et production sont alors mises en œuvre. Si l'exercice est mené sur un bon rythme, pendant un temps court, les élèves ont là l'occasion de faire de la gymnastique de conjugaison efficace et amusante.

EN RÉSUMÉ

Les exemples proposés sont un échantillon de ce que l'on peut proposer aux élèves en matière d'activité manuelle en cours d'anglais. En étant physiquement sollicité l'élève y gagne en motivation. Ces différents procédés facilitent sa concentration et ont en plus le mérite de rendre observable le travail de réflexion de l'élève au cours de l'apprentissage.

9

IMPLIQUER L'ÉLÈVE INTELLECTUELLEMENT : LA PRATIQUE RAISONNÉE DE LA LANGUE

Le chapitre précédent a présenté des techniques ou pistes de réflexion veillant à impliquer l'élève physiquement dans le cours. Les pages qui suivent vont aborder un autre aspect de l'implication de l'élève dans son apprentissage en traitant d'un aspect sur lequel les *Instructions Officielles* insistent particulièrement, mais qui reste encore parfois lettre morte dans les pratiques des enseignants : la pratique raisonnée de la langue (PRL).

PRL : EXTRAITS DES INSTRUCTIONS OFFICIELLES DU COLLÈGE

« La pratique raisonnée d'une langue étrangère intègre une réflexion grammaticale directement utile à la formation intellectuelle. Elle renforce et explicite la compétence du français et rend plus aisé et efficace l'apprentissage d'autres langues étrangères. » (*Instructions officielles du collège,* 1985 ; p. 11 : objectifs généraux)

« Grâce à la pratique raisonnée de la langue, l'élève atteint aussi un troisième objectif. Il exerce sa réflexion sur les grands principes du fonctionnement de l'anglais : sa compétence en langue maternelle s'en trouve partiellement explicitée et l'appropriation d'autres langues facilitée. » (p. 12)

« La compréhension du fonctionnement de la langue, dûment explicitée à chaque étape, apporte à une pratique fréquente, régulière et en situation, l'indispensable fixation des acquis et la meilleure garantie d'un apprentissage cumulatif. » (p. 17 : classe de 6e)

« Apprendre l'anglais, c'est aussi comprendre le fonctionnement d'un autre système linguistique, par référence implicite ou explicite au fonctionnement de sa langue maternelle. » (p. 18)

« La pratique raisonnée de la langue implique une réflexion a posteriori sur des faits de langue déjà largement mis en pratique dans des situations de communication. » (p. 28 : classe de 5e)

« La référence au passé se fait en choisissant pertinemment entre le *simple past* et le *present perfect* dont la similitude de construction avec notre passé composé et les différences radicales d'emploi sont source de difficultés et fournissent une occasion, parmi d'autres, de faire réfléchir utilement aux différences de fonctionnement des deux systèmes linguistiques. » (p. 29 : classe de 4e)

« Pour consolider le prétérit à l'occasion de la mise en place du *present perfect* (...) ce sont les élèves qui inventeront des phrases correctes et qui, au moment opportun choisi pour la "réflexion sur la langue", démonteront le mécanisme du fonctionnement des deux temps avec leurs différences aspectuelles. » (p. 33 : classes de 4e et 3e)

Ce qui est annoncé dès la première page des objectifs généraux est, comme on le voit, systématiquement repris pour chaque niveau du collège. Repris et présenté sous une forme différente afin d'expliciter, de préciser, de développer ce que l'on entend par objectif conceptuel. Cependant, des observations de classe montrent qu'il est encore peu ou mal mis en pratique dans de nombreuses classes de collège. Plusieurs raisons peuvent être invoquées.

LIMITES DES INSTRUCTIONS OFFICIELLES

Les *Instructions Officielles* énoncent clairement la fonction de la réflexion sur la langue mais s'inscrivent dans un cadre théorique et général. Elles insistent particulièrement sur l'intérêt que cette activité représente pour l'élève : elle engage toute son intelligence, elle l'aide à mieux fixer les acquis de l'anglais, elle le fait réfléchir aussi à sa langue maternelle et des jalons sont posés pour l'apprentissage d'autres langues. Ces pages nous disent bien « pourquoi » mettre en place cette réflexion, mais non pas « comment » s'y prendre.

On peut remarquer qu'un seul exemple du champ d'application de la pratique raisonnée est cité, à propos de la 4e, que le même exemple est repris pour la classe de 3e... Le professeur de collège désireux d'en savoir plus long reste sur sa faim. S'il lisait les *Instructions Officelles* de seconde il appréhenderait mieux la nature des tâches proposées aux élèves. « Il s'agit de guider l'élève vers une prise de conscience des concepts sous-jacents à l'activité de langage. A travers la pratique de la langue, observer, décrire, classer, analyser, comparer les faits, rendre compte des régularités ou irrégularités contribue à cette prise de conscience. » (I.O. lycée p. 22) Nous pouvons aussi lui conseiller la lecture de toute la partie consacrée au « Développement de la capacité conceptuelle » dans ces mêmes instructions (pp. 47-48).

Il reste à chaque professeur d'intégrer ces recommandations et de les mettre en pratique dans son enseignement, ce que la formation initiale de certains ne les a pas habitués à faire. L'absence de formation continue explique pourquoi, plus de dix ans après leur parution, subsistent encore des pratiques qui ne sont pas en conformité avec les recommandations ministérielles.

ACTIVITÉS DE RÉFLEXION DANS LES MANUELS

Bien que les *Instructions Officielles* citées plus haut datent de 1985, bien des manuels postérieurs à cette date, dont certains fort récents, passent totalement sous silence l'objectif conceptuel. C'est en particulier le cas pour les manuels de maisons d'édition anglaises. D'autres ne l'abordent que de temps à autre seulement, de façon totalement arbitraire, négligeant la réflexion « à chaque étape », sans que l'on sente clairement les raisons des choix, comme s'il ne s'agissait que de faire parfois une concession aux instructions officielles.

Et encore faut-il être sûr que ce qui est proposé relève vraiment d'activités de réflexion. Sous couvert de cet intitulé, on ne trouve souvent qu'un habillage un peu moderne de ce qui s'avère être une présentation traditionnelle de la grammaire. Sous l'appellation *Think* qui semble prometteuse d'activité de réflexion, on propose fréquemment à l'élève des exercices classiques d'application du fait de langue étudié, et non pas la mise à plat de son mécanisme de fonctionnement.

Ailleurs il ne s'agit que d'ébauches, d'embryons d'une démarche dont on peut se demander comment l'élève pourra la mener à bien faute de guidage ou de corpus approprié. Certains manuels pêchent par excès inverse : l'avant-propos annonce que les élèves vont se livrer à des enquêtes sur les faits de langue rencontrés dans les leçons, mais force est de constater que l'enquête tourne bien court et que la solution leur est livrée sans trop attendre. En matière de réflexion sur la langue, rares sont les manuels en conformité avec les recommandations ministérielles. Rares sont ceux qui proposent de réelles activités de réflexion, régulières, rigoureuses, bien pensées, efficaces.

LES HABITUDES DES ENSEIGNANTS

Les habitudes des enseignants sont aussi en cause. Les méthodes audio-orales prônaient un apprentissage implicite de la grammaire. Avant elles, la grammaire normative était de rigueur. Ces héritages continuent à peser bien des années après que ces méthodes aient été abandonnées. La pratique raisonnée est rejetée par certains car jugée consommatrice de temps : donner une règle et la faire appliquer, ou ne pas donner de règle du tout, cela va tellement plus vite ! Certains craignent que la réflexion ne se fasse au détriment de la pratique de la langue, et qu'il soit consacré plus de temps à parler sur la langue qu'à la mettre en pratique, ce qui est parfois, il est vrai, une réalité pédagogique. Enfin, donner à l'élève les moyens de découvrir le fonctionnement de la langue présuppose chez l'enseignant une maîtrise de ce fonctionnement ainsi que du fonctionnement du français, ce qui fait parfois défaut.

On va, dans un premier temps, essayer de montrer ce qu'est la pratique raisonnée et ce qu'elle n'est pas, en s'appuyant sur les extraits des *Instructions Officielles*. Nous montrerons ensuite en quoi le terme de réflexion sur la langue nous semble préférable au concept de pratique raisonnée, avant de donner quelques exemples de phases de réflexion dans la classe.

PRL : DÉFINITION DES INSTRUCTIONS OFFICIELLES

Pratique – Raisonnée – Langue. A quoi renvoie chacun de ces trois mots dans les extraits des *Instructions Officielles* cités plus haut ?

Pratique : pratiquer une langue c'est l'utiliser en situation de communication ;

Raisonnée : il s'agit là d'une activité de réflexion conduite par l'élève ;

Langue : c'est l'objet d'étude, la langue anglaise que l'élève est amené éventuellement à comparer avec sa langue maternelle.

OÙ A LIEU CETTE ACTIVITÉ DE RÉFLEXION ?

On pourrait penser que cette réflexion, venant en prolongement de la pratique, relève d'un travail individuel fait à la maison. Les

Instructions Officielles ne disent pas explicitement qu'il s'agit d'un travail mené en classe. Il faut s'attacher à l'esprit qui gouverne cette activité pour en conclure qu'il ne peut pas en être autrement. Laisser l'élève réfléchir seul, chez lui, ce serait perdre tout l'aspect novateur et intellectuellement stimulant de cette approche. Ce qui en fait l'intérêt c'est la découverte collective. Grâce à l'explicitation orale, la verbalisation, chacun peut confronter ses hypothèses avec celles du groupe, l'idée de l'un rebondit et fait avancer la recherche de tous.

On peut remarquer que dans certains cahiers d'activités la réflexion est donnée en *homework*. Il reste à espérer, pour les raisons citées plus haut, qu'il y aura mise en commun en classe, des hypothèses émises par chacun.

QUAND A LIEU CETTE ACTIVITÉ ?

Nous lisons dans les *Instructions Officielles* que le professeur choisit le « moment opportun » pour faire de la PRL, qu'il « fournit l'occasion » d'en faire. C'est donc lui qui donne le signal de l'activité quand il le juge utile. Un meilleur moment est-il recommandé ?

Les *Instructions Officelles* parlent de « réflexion a posteriori ». Il s'agit pour l'élève de découvrir le fonctionnement d'un fait de langue, d'en démonter le mécanisme après coup. Après que les notions aient été introduites en situation et pratiquées par les élèves, on les invite à réfléchir aux structures nouvelles qu'ils viennent d'utiliser. Les phrases, énoncées par eux, qui contiennent le nouveau fait de langue seront l'objet d'étude, le terrain sur lequel portera la réflexion.

On peut émettre plusieurs remarques sur cet « a posteriori ». Une mise en garde d'abord. Il ne faudrait pas attendre les dernières minutes du cours pour faire cette pause de réflexion pour deux raisons. La réflexion permet de comprendre, et il n'est jamais souhaitable de laisser l'élève longtemps dans le flou. D'autre part, si la réflexion se nourrit de pratique, la réflexion en retour nourrit l'expression : l'élève qui est parvenu à démonter un mécanisme linguistique est plus à même de le maîtriser, il ne faut donc pas trop différer la pause de réflexion pour laisser du temps à l'exploitation de la réflexion.

Maintenant, on peut aussi s'interroger sur le bien-fondé de cet « a posteriori ». Disons qu'il s'agit d'un cadre général mais non unique, et que nous allons considérer les occasions où la réflexion ne suivra pas la pratique, mais la précédera ou sera conduite en simultané. Il y aura en effet des cas où une pause de réflexion sera nécessaire sans qu'il y ait eu pratique préalable car elle répondra à un besoin exprimé par un élève dont on ne différera pas l'attente. A d'autres occasions, la pratique se réduira à un énoncé d'élève qui aura fait une erreur jugée intéressante et que l'on considérera « opportun » d'analyser sur le champ. Dans ces deux cas, le terme « pause de réflexion » est plus appropriée que « pratique raisonnée ».

Enfin, certaines notions appellent de commencer par une mise à plat de la langue maternelle et la réflexion sera alors nourrie de français et non de la pratique de l'anglais. Pensons en particulier à l'intérêt d'un travail sur le présent mené dans ce sens.

Une première approche consiste à étudier le présent simple dont on s'attache à mettre en évidence les particularités syntaxiques puis, avant l'étude de *be* + ING, à présenter un corpus de phrases françaises où les valeurs du présent apparaissent. Notons à titre d'exemple :

Chut ! Je travaille.
Laisse-moi tranquille ! Je travaille.
Je travaille tard tous les soirs.
Je travaille chez Bull.

Les élèves réfléchissent aux différences et peuvent dire lesquelles de ces phrases ils sont en mesure de traduire et pour lesquelles leurs outils linguistiques sont inappropriés. On commence ensuite l'étude de *be* + ING.

Mais il semble encore plus « opportun » de planter tout de suite la différence entre les deux systèmes de langue en présentant aux élèves ce corpus de phrases françaises au présent, d'emblée, avant de commencer l'étude du présent simple. On leur demandera qui peut dire ces phrases, où, quand, à qui, pour leur faire prendre conscience de la dimension du présent français et évoquer le système anglais, et l'existence à la fois du présent simple et de *be* + ING. Ce qui justifiera d'insister sur les valeurs du présent simple quand nous l'étudierons.

Certains manuels insistent sur les valeurs du présent simple alors que l'existence de *be* + ING dans la langue anglaise n'a pas été signalée. « Routine », « Caractéristique du sujet », « Vérité universelle » : ces termes n'ont d'intérêt que parce qu'il y a *be* + ING. Sans *be* + ING, se soucierait-on de faire ces distinctions ? Assurément pas. En disant d'entrée de jeu que *be* + ING existe, en préalable de l'étude du présent simple, on justifie les activités de réflexion sur le présent simple, on fait saisir aux enfants la portée de l'enjeu de la réflexion.

La réflexion sur le prétérit peut se conduire sans référence immédiate au *present perfect* car le français et l'anglais diverge sur le plan de la formation du passé composé français – temps composé – et du prétérit anglais - temps simple. Mais on ne perd rien non plus à faire réfléchir au préalable à la différence entre «j'ai lavé la voiture» (Regarde comme elle est propre!) et «j'ai lavé la voiture hier» (mais elle est de nouveau sale) et indiquer que, comme pour le présent, l'anglais fera la différence entre ces deux situations.

SUR QUOI PORTE LA RÉFLEXION ?

A chaque fois que les deux systèmes de langue divergent il convient de faire comprendre à l'élève en quoi et pourquoi les langues diffèrent. Le calque avec le français est un réflexe instinctif chez l'élève qui ne conçoit pas que l'on puisse dire autrement que dans sa propre langue. Il admet que l'on utilise d'autres mots, des mots étrangers, mais il a du mal à entrer dans un autre système de pensée, à concevoir qu'un autre système de pensée puisse exister. Or, l'anglais et le français fonctionnent bien souvent différemment.

La liste des points de divergence est longue mais viennent immédiatement à l'esprit un certain nombre de structures que l'élève va découvrir au cours de ses quatre années de collège et qui vont le surprendre :

- la détermination : *a/an* dans un premier temps puis la discrimination *the*/article zéro
- le pronom *it*
- l'adjectif
- le génitif et les adjectifs *his/her*
- le mécanisme du questionnement
- le système des temps, avec des «paires» *be* + ING/présent simple ; prétérit/*present perfect* ; prétérit/*was* + ING
- la modalité
- la proposition infinitive
- etc...

En dehors de toute comparaison avec la langue française, mais en se situant maintenant à l'intérieur de la langue anglaise, il va falloir que l'élève découvre pourquoi il en va ainsi et pas autrement. Pensons par exemple à la prononciation de la marque «-ed» du prétérit ou à la prononciation de la marque du pluriel des noms, au recours à des opérateurs identiques pour des structures que l'élève ne penserait pas à rapprocher d'emblée (*want to* + verbe; *going to* + verbe). Il doit établir des réseaux de cohérence d'une notion à une autre. Il va donc être amené à un va-et-vient non seulement entre l'anglais et le français, mais aussi entre l'anglais et l'anglais.

On ne s'est longtemps soucié que de décrire la langue, que de donner des règles de formation grammaticale. «Pour former le ... , il faut ... ». Les méthodes actuelles engagent l'enfant à être curieux: «Pourquoi met-on ça et pas ça?» et plutôt que de lui répondre: «Tu n'as pas besoin de le savoir/ça ne te servira à rien/tu l'apprendras plus tard/ne te pose donc pas de questions» on va l'engager à émettre des hypothèses, à justifier un fonctionnement linguistique, on va l'engager à être intellectuellement actif.

LA PART DU FRANÇAIS

Les *Instructions Officielles* mentionnent les comparaisons avec la langue maternelle, mais ne semblent pas en faire une composante incontournable des activités de réflexion. Personnellement, il ne nous semble guère envisageable de faire l'impasse de la traduction des structures nouvelles étudiées. Comment être sûr que chaque élève a une conscience claire du sens de la structure en question sinon? Comment mener à bien des activités de comparaison? Comment percevoir les écarts entre les deux langues et mettre en garde contre les tentations de calque? Loin de représenter un quelconque danger, le passage par le français apporte des garanties d'élucidation du sens, et fournit matière à réflexion linguistique. Pensons à la profusion des équivalents français en matière de modalité. Les faire dire, montrer le point commun de sens entre ces structures françaises différentes, leur faire trouver toutes les façons de rendre *you needn't* par exemple, et en ajouter au besoin, nous semble constituer pour l'élève une aide dans son apprentissage.

QUI FAIT QUOI ?

Les *Instructions Officelles* de collège ne nous renseignent guère à ce sujet. Les cahiers d'exercices des manuels qui font faire de réelles activités de réflexion sont plus explicites en ce qui concerne les tâches des élèves. Il est tout d'abord engagé dans une activité d'observation. Il lit une série de mots, de groupes de mots, de phrases données – un corpus – et effectue une tâche elle-même observable : il coche, classe, souligne, entoure. Il va ensuite établir des comparaisons, émettre des hypothèses : il écrit, il dit. L'activité intellectuelle se donne à voir, se fait entendre. C'est à travers la verbalisation que l'on tend à l'explicitation.

Et le professeur ? On peut indiquer en parallèle ce qu'il fait et ce qu'il ne fait pas. Il ne donne pas la règle mais aide à la faire découvrir : « Observez, commentez !/Quelles remarques pouvez-vous faire ? ». Il ne répond pas à l'élève qui se pose une question d'ordre linguistique mais se tourne vers la classe : « Pouvez-vous lui répondre ?/Avons-nous des éléments de réponse ? ». Il ne prend pas position, ne décide pas si l'hypothèse émise est correcte ou non, mais relance l'activité en demandant à la classe de donner son avis : « Qu'en pensez-vous ? ».

Bien gérer une activité de réflexion n'est pas si simple. Pour que l'élève découvre une règle, il faut lui donner les moyens de le faire, lui donner assez d'éléments pour nourrir sa réflexion. Pensons par exemple à la découverte du quand et du pourquoi des prononciations [t], [d], [ɪd] de la marque «-ed» du prétérit. L'élève n'émettra des hypothèses que si le corpus donné lui permet de le faire. Il faudra par exemple un nombre suffisant de verbes dont la base se termine par les sons [t] ou [d] pour qu'il puisse dire quand « -ed » se prononcera [id]. Il faudra ensuite lui demander de prononcer *want* + [t] ou *want* + [d] pour qu'il se rende compte que ce n'est pas réalisable phonologiquement et qu'il comprenne pourquoi il a fallu ajouter un son voyelle. Cette démarche est donc très exigeante en matière de rigueur et de réflexion préalable de la part du professeur.

Il doit avoir présent à l'esprit la richesse de chaque langue et penser toujours aussi en termes de passage d'une langue à l'autre. Un autre exemple pour illustrer ce propos : si l'on veut éviter que l'élève ne traduise un passé composé français qui implique un prétérit anglais par *was* ou *have* + -EN, il faut lui faire comprendre d'où vient ce réflexe. Le calque avec le français en est la cause. Il faut donc lui faire découvrir pourquoi le calque n'est pas opératoire. *He washed the car last weekend* = « il a lavé la voiture » mais *Then, he washed his hands* = « et puis, il s'est lavé les mains ». Le même verbe anglais, et deux acceptions en français. Un temps simple en anglais, un temps composé en français. Pas d'auxiliaire d'un côté, deux auxiliaires de l'autre. (Le lecteur curieux de savoir dans quel cas l'auxiliaire « être » remplace l'auxiliaire « avoir » verra sa curioisité satisfaite dans l'ouvrage de D. Girard *Enseigner les langues : méthodes et pratiques* [Bordas, 1995, p. 71]. Il serait regrettable de limiter la lecture de cet ouvrage à cette seule page !) Ce sont ces commentaires qui constitueront la trace écrite, trace écrite qui consiste en une mise en garde contre les tentations de calque.

Difficile aussi est la mise en place d'un réel dialogue de réflexion. Il faut choisir ses questions avec rigueur car il ne s'agit pas de poser des questions qui contiennent en elles la réponse. Le professeur, donc, les guide dans cette découverte mais il ne donne pas la « solution du problème ». Tentation contre laquelle il doit lutter. Les élèves cherchent, et ils trouvent ! Mais ils vont aussi parfois avoir des idées inattendues, et il va falloir réagir à cet imprévu, en apportant de nouveaux éléments qui leur permettent de rectifier ces hypothèses erronées.

En lisant ce qui précède, on pourrait en conclure que maintenant, quand un point de grammaire est analysé, le professeur n'a plus qu'un rôle d'observateur, qu'il ne donne plus aucun élément de savoir grammatical à ses élèves, qu'il ne doit pas le faire. Méfions-nous des excès et des interdits. Le bon sens est là pour venir corriger cette tendance. Nous avons dit que le professeur ne donnait pas la solution du problème. Ce propos demande à être mesuré. S'il existe bien des points que les élèves peuvent découvrir, il en reste bien d'autres où le professeur sera amené à les faire profiter de son savoir, et il serait fâcheux qu'il ne le fasse pas.

Citons quelques exemples. Les élèves de 6e peuvent découvrir quand on emploie *an* et non *a*. Ils constateront que *an* précède une voyelle, mais ils ne sauront pas dire que *an* s'emploie devant un son voyelle. C'est le professeur qui apportera ce complément de savoir. S'ils peuvent trouver comment se forme une structure modale, et s'ils peuvent trouver le sens des modaux, il faudra une intervention du professeur pour préciser que le modal consiste en l'intrusion du point de vue du locuteur. Que certains modaux portent sur le sujet et que d'autres portent sur la phrase, là aussi on gagnera tous en temps et en clarté à ce que ces points soient énoncés par le professeur.

Une fois trouvé ce qui leur était possible de découvrir, le professeur va apporter quelques corrections ou précisions avant de demander à la classe de faire le bilan, la synthèse de ce qui a été trouvé, de dégager une règle. Il peut aussi donner la règle en synthèse et leur demander de la redire avec leurs propres mots. Cela permet de mesurer quels sont les termes qu'ils parviennent à s'approprier et ceux sur lesquels ils butent. On les guide vers plus de concision, plus de précision, mais en gardant présent à l'esprit ce souci d'une terminologie accessible pour eux. Cette règle est ensuite notée dans le cahier ; elle est à apprendre au même titre que le reste de la leçon et se prêtera aussi à évaluation. Une couleur spécifique peut être réservée à ce qui relève des conclusions de la démarche de réflexion.

On n'hésitera pas à noter dans le cahier « on ne dit pas ... parce que ... » Noter ce qui est correct ne suffit pas à faire reculer les erreurs : c'est en notant les erreurs possibles qu'on les rend manifestes et qu'on permet aux élèves de les éviter.

EXEMPLES DE MOMENTS DE RÉFLEXION SUR LA LANGUE

A/AN

Très tôt en 6e une première divergence entre nos deux langues apparaît avec ces deux déterminants. En fait, pour eux, c'est tout simple. Le français dispose des articles « un/une », l'anglais dit *a/an*. Deux termes dans une langue, deux termes dans l'autre, il y a forcément corrélation terme à terme : *a* ce doit être « un » et *an* ce doit être « une », à moins que ce ne soit l'inverse. Tout le travail de réflexion va tendre à lutter contre cet ethnocentrisme linguistique. L'objectif de la réflexion sur *a/an* va être de leur faire découvrir ce que *a/an* recouvrent et dans quel cas on emploie *an* et non *a*. On sera rigoureux en ne se contentant pas de parler de « *an* devant un mot commençant par une voyelle » mais de « *an* devant un mot commençant par un son voyelle », supplément de savoir que le professeur leur donnera.

Un manuel révolutionnaire en son temps, mais qui appartient maintenant à une époque révolue, proposait une situation où ces déterminants étaient présentés avec beaucoup de naturel. Un petit Américain arrivant à Londres pour la première fois s'étonnait de voir tant de grosses voitures noires :

What's that, mum?
It's a taxi.
A taxi??
Yes, it's an English taxi.

Et sa surprise continuait :

Hey, mummy, what's this?
It's a pillar-box.
A pillar-box??
Yes, it's an English letter-box.

Certains lecteurs auront reconnu une des premières pages d'OK 6e (1981). La réflexion linguistique était à l'opposé des présupposés théoriques des méthodes audio-orales, mais on peut, à titre d'exemple et de démonstration, présenter un travail de réflexion s'appuyant sur cette situation de départ. Le thème lexical retenu est celui des moyens de transport de pays différents.

On veut que l'élève découvre l'inadéquation de *a* = « un » ; *an* = « une ». Il faut donc prévoir des moyens de transport qui, en français, soient masculins et féminins. *Train, car, bus, plane, motorbike* offrent cet éventail. On a besoin de quelques adjectifs de nationalité. Pour ne pas alourdir la charge lexicale les mots transparents sont bienvenus : *American, Australian, Italian*. On complètera plus tard en phase d'exploitation avec *French, Greek*. On veillera à chaque fois à bien en fixer la prononciation.

On aura besoin de dessins ou photos appropriés : au départ, en phase 1, un simple dessin stylisé illustrant ces transports, et en phase d'exploitation des photos diverses : un bus anglais, un taxi américain, le Concorde, le TGV, un autobus scolaire américain et des dessins ou photos de voitures ou motos vues de dos portant l'initiale représentative de leur pays d'origine. Le mot *bike* aurait été intéressant car se traduisant par un vélo ou une bicyclette, mais s'affecte difficilement d'une nationalité.

Phase 1 : écoute du dialogue et élucidation du sens

L'écoute du dialogue cité plus haut est proposée aux élèves, et on leur distribue les images qui l'accompagnent : on y voit un petit garçon et sa mère, dans un aéroport. L'enfant montre du doigt un taxi. Avant l'écoute, on précisera, à propos du petit garçon : *He's American/He's from New-York/They're in London* que l'on demandera de traduire. Les mots-clé *American, New-York, London* pouvant être notés au tableau.

Après une première écoute, on demande aux élèves de dire en français ce qu'ils ont compris de la situation. Les intonations de surprise sont un élément linguistique intéressant et une aide à la compréhension. On souhaite là que les élèves évoquent l'étonnement du petit garçon.

Mais tout n'est pas évident pour des jeunes Français de 6e qui n'ont sans doute jamais vu de taxi new-yorkais, ou en ont peut-être vu dans des films sans savoir ce que c'était. Qui ne savent pas qu'une boîte à lettres américaine ressemble à s'y méprendre à une poubelle. Pour leur faire comprendre la raison de cette surprise, il faudra leur faire voir un taxi américain *(It's an American taxi)* et un taxi anglais *(It's an English taxi)*, une boîte à lettres française, anglaise, américaine. Ils seront alors en mesure de dire que « ce petit garçon voit pour la première fois/n'a jamais vu/ne sait pas ce qu'est cette voiture noire/un taxi anglais/une boîte à lettres anglaise ».

Cette phase permet de ne laisser personne dans le doute quant au sens du dialogue : les élèves ont écouté de l'anglais et on teste leur compréhension en leur laissant s'exprimer librement en français.

Phase 2 : pratiquer la langue en situation

Sur une affiche sont écrits les noms des moyens de transport que l'on fait répéter en leur montrant à chaque fois un dessin correspondant : *a car, a bus*, etc. On distribue ensuite des feuilles blanches aux élèves en leur demandant de dessiner un moyen de transport. Au bout d'un temps volontairement court, avant qu'ils n'aient fini, on les interrompt pour leur demander *Hey, X, what's this?* et obtenir *a* ... Leur dessin étant incomplet, on peut s'étonner : *A ... ?*. Après quelques exemples, la classe prend le relais et deux mini-dialogues sont notés : on veille à ce qu'y figurent des mots de genre différent en français.

On leur propose ensuite une nouvelle affiche lexicale présentant trois nationalités affectées d'initiales : *English - GB, American - USA, Australian, AUS.* Les mots *French* et *Greek* ne sont volontairement pas donnés à ce stade pour forcer la production d'énoncés contenant *an*. Les élèves répètent les adjectifs proposés. On leur demande ensuite de compléter leur dessin et d'y noter une initiale. Le professeur circule et complimente les élèves sur leurs dessins :

> **Ah, it's an English car. Well done/Excellent/You're an artist!**

L'énoncé *It's an English car* est répété, écrit au tableau et les élèves se l'approprient en commentant les dessins de leurs camarades : *It's an* ... On écrit au tableau un exemple de nom masculin et un exemple de nom féminin. Le moment de la pause de réflexion est venu.

Phase 3 : pause de réflexion

Les élèves ont sous les yeux au tableau un corpus de plusieurs énoncés dont :

a car
an English car
a taxi
an American taxi

Le professeur souligne les *a* et *an* dans chaque phrase et induit volontairement les élèves dans la voie de l'erreur en demandant de traduire *a taxi* et *an American car.* Les traductions françaises sont écrites, d'une couleur différente. On demande aux élèves de donner le sens de *a* puis celui de *an*. Ils répondent bien sûr respectivement « un » et « une ». C'est l'erreur courante des jeunes français : on a voulu qu'ils l'oralisent et on note sur un autre tableau :

1. a = un   an = une

On leur demande ensuite de traduire deux autres phrases : *a car* (= « une voiture ») et *an American taxi* (= « un taxi américain »), et de donner le sens respectif de *a/an*. On aboutit à une traduction contradictoire que l'on note aussi :

2. a = une   an = un

C'est alors que la réflexion proprement dite commence :

Observez bien les règles 1 et 2. *(tableau de droite)* Que remarquez-vous ?

Il s'agit de résoudre un problème. Ici, c'est une équation mathématique à laquelle on va aboutir : *a* = « une/un » ; *an* = « un/une » soit *a* = *an* = « un/une » (et non pas *a* = « une » ; *an* = « un » ou l'inverse). Premier pas de géant. Le tout est noté sous le titre : Règles 1 et 2 – Première Conclusion.

Mais maintenant il faut continuer à s'interroger :

Relisez les phrases. *(tableau de gauche)* A votre avis, dans quel cas j'emploie *a* et dans quel cas j'emploie *an* ?

On leur demande de réfléchir en silence et de noter par écrit une, ou plusieurs, hypothèses de réponse. Le professeur circule et prend note mentalement de leurs idées, de façon à savoir qui interroger. Il serait dommage que la bonne solution soit donnée (attention aux redoublants) avant que la classe n'ait eu l'occasion d'affiner sa réflexion.

Que peuvent-ils trouver ?

- on met *a* quand il y a un mot et *an* quand il y en a deux.

Sans réfuter cette remarque de bonne observation, on va les interroger sur la nature des mots (adjectif/nom) et les pousser à une règle plausible : « *a* devant un nom ; *an* devant un adjectif ». Règle notée n° 3. Il faut augmenter le corpus, et le professeur ajoute au tableau : *You're an artist* qu'il soumet à la classe. « Ah, ben, ça va pas ! » Auprès de la règle 3, on écrit : Faux. « Ah ! Je sais ! On met *an* si le mot qui suit finit aussi en *-an.* » (sic). On demande à la classe ce qu'elle en pense. « Non, parce qu'on dit : *an English car.* »

• on met *an* quand le mot qui suit *a* une majuscule.

Le professeur écrit : *a French car*. Déception de l'élève. Comme ils émettent des hypothèses évoquant le mot qui suit on peut leur dire alors : « cela dépend en effet du mot qui suit » avant de leur proposer d'autres phrases : *You're an excellent artist/you're a good artist/you're a very good artist/you're an extraordinarily good artist.*

La classe est de plus en plus perplexe, et c'est l'effet désiré. Au lieu de les laisser penser que tout va de soi, on cherche à éduquer chez eux le sens du doute, de l'interrogation. Si personne à ce stade n'approche de la solution, on leur donne un repère visuel sous forme de liaison entre *an* et les mots qui suivent. On aboutit à la deuxième conclusion :

• on met *an* devant un mot commençant par une voyelle.

« Pourquoi ? » « Pour faire la liaison/pour prononcer plus facilement », conclusion à laquelle ils aboutissent après avoir pratiqué *a orange/an orange*. Il ne reste plus qu'à préciser aux élèves qu'il s'agit en fait de sons voyelle et non de voyelles alphabétiques en leur donnant l'exemple *a yellow car*.

On note ensuite dans les cahiers le dialogue initial et les conclusions auxquelles la réflexion a permis d'aboutir en notant également les erreurs à ne pas faire sur *a/an* :

• 1. *a* = *an* = « un » ou « une » = 1

Erreurs à éviter : *a* ne veut pas dire uniquement « un » ; *an* ne veut pas dire uniquement « une ». Pas comme le français.

• 2. *an* remplace *a* devant un son voyelle, permet de faire la liaison.

Erreur à éviter : non pas simplement voyelle mais son voyelle. Ex : *a yellow car*.

On teste ensuite l'appropriation de la règle en proposant un exercice d'application : articles à ajouter, erreurs à repérer.

Phase 4 : exploitation

On va se servir des images évoquées en introduction pour leur faire pratiquer cette nouvelle notion. La situation sera celle du départ : surprise d'un jeune enfant devant l'inconnu. Le ton devra indiquer l'âge de l'enfant pour que la conversation soit plausible. On pratique dans un premier temps classe entière. Puis, les élèves travaillent en groupe, chaque groupe ayant un paquet de photos qu'ils commentent.

En *homework* on peut leur demander de faire des dessins illustrés d'une légende.

LE GÉNITIF

Nous n'allons plus maintenant donner intégralement la présentation du cours qui amène à une phase de réflexion mais indiquer sur quels points centrer sa vigilance, ce que l'on souhaite que l'élève découvre, et donner des exemples de démarche.

Lors de sa préparation, le professeur réfléchit aux erreurs courantes pour les élèves francophones. Voir ce qui leur pose problème passe par la comparaison entre l'expression anglaise et l'équivalent français. Toutes les différences sont sources d'erreurs.

Concernant le génitif on peut s'attendre aux erreurs suivantes :
- ordre des mots calqué sur le français
- oubli du *'s*
- abus d'articles

Il faut ensuite réfléchir aux risques de confusion entraînés par d'autres notions connues dans la langue anglaise. Ici :
- l'élève prend le *'s* du génitif pour le verbe *be*

On peut maintenant essayer de trouver des éléments qui peuvent faciliter l'apprentissage en essayant de voir dans quel cadre plus général, déjà maîtrisé par l'élève, s'inscrit la notion. Ici :
- le génitif rentre dans le cadre général de la détermination : il occupe la même place que le déterminant.

C'est en ayant présents à l'esprit tous ces points que l'on va élaborer la séance. Après avoir présenté et fait pratiquer le génitif, on demande à la classe de traduire un exemple noté au tableau, et de comparer la version anglaise et la version française. Ils vont signaler les différences. La règle de formation du génitif anglais est écrite au tableau. Les différences entre l'anglais et le français sont mises en valeur.

On peut ensuite leur proposer l'exercice suivant. Il s'agit d'un exercice de traduction qu'il prendront en note directement dans leur cahier. Phrases de départ en vert (couleur du français), phrases d'arrivée à l'encre. Le rouge servira à la correction. On dicte une première expression française qu'on leur demande de noter, et de traduire, et que l'on corrige immédiatement : « un livre ». La traduction est écrite au tableau sur la même ligne que l'expression française. La seconde expression est notée sous la première « le livre » et on allonge la colonne : « ce livre », « mon livre ». Jusque là, pas de problème de traduction.

Avec « mon livre à moi » les hésitations commencent. De nombreux élèves sont tentés par le calque et veulent exprimer la redondance par des mots *my book of me/at me**. On les aide de la façon suivante : on tend son propre livre à un élève et on lui reprend vivement des mains en disant, avec geste et intonation à l'appui : *Hey! It's <u>my</u> book!* qu'on leur demande de traduire. Ils comprennent le sens emphatique de ce *my*.

On propose ensuite « le livre de John » et on demande à la classe sa traduction. On notera au tableau toutes les versions sans faire le moindre commentaire, en les numérotant : « Qui a mis autre chose ? ». On obtiendra sans doute des calques *the book of John*/at John** et des embryons de bonne réponse *the book's John*/book's John*/the John book*/the John's book** et aussi la bonne réponse *John's book*.

On demande maintenant à la classe de se déterminer sur la présence éventuelle et le nombre éventuel de bonnes réponses « Y a-t-il aucune, une ou plusieurs bonnes réponses ? » Les élèves échangent leurs commentaires, se justifient. Certains vont évoquer un exemple pratiqué au cours de la présentation de la notion : « la n° ... est bonne, c'est comme pour dire ... ». Et toujours, la classe est invitée à prendre parti : « Etes-vous d'accord ? ». Le consensus établi, on entoure cette phrase. On analyse alors les écarts entre la version correcte et les versions erronées.

On leur demande maintenant d'observer la liste au tableau, de comparer le français et l'anglais et de faire des commentaires. On précise : « Observez l'ordre des mots dans les deux langues ». On parvient à leur faire découvrir que les déterminants se mettent toujours devant le nom anglais, mais qu'en français ils peuvent se mettre à la fois à gauche et à droite du nom. S'ils n'emploient pas le mot déterminant on le donne. La règle est écrite.

On procède maintenant à une autre démonstration, sur un autre tableau. On dit « un livre », on note *book a* et on leur demande si c'est correct. «Non!» «Pourquoi?» «*A* se met devant le nom/le déterminant se met avant le nom». Et on procède ainsi pour plusieurs exemples. Ils estiment nos traductions aberrantes! Quand on arrive à «le livre de John» et que l'on note *book's John* ils sont moins sûrs d'eux, mais l'idée commence à faire son chemin: cette traduction est tout aussi fantaisiste que les autres. On les renvoie au premier tableau: c'était pourtant ce que certains avaient proposé.

Nous n'avons pas encore abordé le fait que ce *'s* n'est ni la contraction de *is*, ni celle de *has*. On peut choisir de le faire découvrir au moment de la comparaison entre les deux énoncés de départ, ou bien ne le traiter que maintenant. On l'aura fait plus tôt si un élève s'étonne «mais c'est la contraction de *is*!». Pour leur faire comprendre que ce *'s* n'a rien à voir avec *be*, on isolera le génitif dans des énoncés ne comportant pas ce verbe: *Give me John's book/Look at John's bag*, énoncés dont la traduction ne fait pas apparaître le verbe «être». Des exercices de discrimination entre ce que représente *'s* (*is/has* ou génitif) permettent de tester leur compréhension de la notion. De nombreux manuels en proposent.

La trace écrite devra indiquer comment se forme le génitif anglais, en quoi il diffère du français, quelles sont donc les erreurs à éviter. La règle de la place du déterminant anglais devra figurer aussi, exemples et contre-exemples à l'appui: on dit *John's book* et pas *book's John** comme on dit *a book* et pas *book a**, parce que le déterminant se place avant le nom et que le génitif occupe la place du déterminant.

◪ *HIS/HER*

Ces deux mots sont une source d'erreur si tenace qu'il faut être particulièrement rigoureux en apprentissage initial. Pour lutter contre l'adéquation *his* = «son» et *her* = «sa», on aura intérêt à leur donner la traduction emphatique «son, sa, ses ... à lui/son, sa, ses ... à elle» et à les contraindre à toujours le préciser. Un repère mnémotechnique leur est fourni: *h**i**s* = «son ... à lu**i**»; *h**e**r* = «son ... à **elle**».

De nombreux exercices de repérage permettent de s'assurer de la compréhension de ces termes. Parmi ceux qui motivent les jeunes élèves citons les exercices de dessin ou de coloriage, ou les dessins coloriés auxquels il faut affecter des légendes données. On va par exemple leur proposer de compléter deux visages en suivant les instructions fournies: *his eyes are blue/her eyes are green; her hair is red/his hair is dark; his nose is long/her nose is short; her mouth is small/his mouth is big*. Le choix lexical permet de faire apparaître les trois formes de l'adjectif possessif français. Dans un type d'exercice inverse, on propose des dessins de jumeaux garçon/fille et des légendes qu'il faut replacer sous le bon personnage.

Moins ludiques, mais non moins efficaces, sont les traductions où l'on joue sur le calque possible : nom masculin français affecté à une fille et nom féminin français affecté à un garçon : « sa mère à lui » ; « son père à elle » etc. ; « elle est avec son père » ; « il est avec sa sœur », etc. Et on ajoutera des expressions où le calque fonctionne « sa mère à elle », etc. En effet, tant que l'on ne propose que des cas où le calque avec le français est opératoire (« il est avec son père » ; « elle est avec sa mère »), ou que des cas inverses, on peut ne pas se rendre compte de la non-maîtrise de cette notion et l'élève n'a pas accès à la particularité de ce fait de langue. Réfléchir aux exemples dont on aura besoin pour rendre possible la découverte par l'élève du phénomène linguistique exige de la part du professeur beaucoup de rigueur au moment de sa préparation.

• Évaluation des acquis

En 6e, à chaque devoir, et jusqu'à ce qu'on constate que ce point est assimilé par tous, on fera resurgir cette notion en leur demandant des traductions minimales : « Comment dit-on son frère à lui/son ... à elle ? », « Que veut dire *his/her* ? », des traductions d'expressions « son frère à elle », *his grandmother* ou tout autre exercice visant à s'assurer de la maîtrise de ces mots. En début de 5e, on vérifiera que les élèves savent la différence entre *his* et *her* et on procédera éventuellement à des remédiations en s'appuyant sur ce qui a été dit plus haut.

LE PRONOM COMPLÉMENT : PLACE ET CHOIX

Là aussi, le français joue des tours à nos élèves « Je la vois ! » ou « Emmène-le ! » posent bien des problèmes. De sens, d'abord : *it/her/him* ? Et puis de syntaxe. La place du complément anglais est contrainte : on ne glisse pas de complément entre le sujet et le verbe, ce que le français peut faire.

Channel 5e proposait un *Jazz Chant* tonique, riche en intonations porteuses de sens, s'inscrivant dans la fixation du prétérit de *be* et des trois formes affirmative, négative et interrogative de *like* au prétérit. La situation était la suivante : deux personnes sont allées voir une comédie musicale, mais n'en pensent pas du tout la même chose :

A: The film was great!
B: No, it wasn't. I didn't like it.
A: The songs were good!

B: No, they weren't. I didn't like them.
A: I liked the story.
B: The story was awful.
A: Did you like anything?
B: Yes, I did. I liked my chocolate ice-cream.

Bien que l'objectif soit celui annoncé plus haut, ce dialogue peut être un bon support à une remédiation des pronoms compléments en 5e.

On ajoutera des énoncés supplémentaires, en restant dans le même thème :

The actress? I liked her.
The actor? I liked him.

Il est intéressant de traduire ces deux dernières phrases ainsi que *The film? I didn't like it* et de comparer les versions françaises et anglaises. Pour mettre les élèves sur la voie de l'objet d'étude pertinent, on souligne les pronoms compléments dans les deux langues et on attend leurs remarques.

On a le choix entre deux dispositions au tableau. Si les phrases anglaises sont en colonnes à gauche, et leurs traductions en colonnes à droite, on visualise vite les constantes de chaque langue et en particulier la place des mots dans chaque langue. Si chaque traduction est sous la phrase cible, on peut mieux voir les équivalents pour les pronoms d'une langue à l'autre, et on peut s'aider de flèche pour visualiser la différence de place de ces mots.

Les élèves vont constater que là où le français peut n'utiliser qu'un même pronom, l'anglais a recours à trois pronoms différents. Aucune ambiguïté n'est possible en anglais, ce sera la première règle à dégager. En français, à l'oral, aucune différence n'apparaît et cette ambiguïté n'est levée qu'à l'écrit, d'où l'intérêt des accords du participe passé dans leur langue maternelle... Je ne dis pas la même chose avec « je l'ai aimé » et « je l'ai aimée », l'anglais nous le prouve. Comme les *Instructions Officielles* le signalaient, la réflexion sur l'anglais apporte un autre éclairage à leur connaissance du français.

Ils vont bien sûr remarquer la différence de place de ces pronoms. On ajoutera de nouvelles phrases *Take him away! Take her away!* La deuxième règle à découvrir sera que le français peut placer le complément avant ou après le verbe, mais que l'anglais attribue une place figée au complément : juste après le verbe.

On va maintenant tester leur capacité à se plier à ces règles en leur proposant de traduire de nouvelles phrases. « L'actrice ? Je ne l'ai pas beaucoup aimée. » « Ma glace ? Je l'ai beaucoup aimée ». On va voir s'ils savent apprécier le « l' » français et s'ils savent donc appliquer la règle n° 1. S'ils ne cèdent pas à la tentation de séparer verbe/complément, erreur courante des élèves francophones, c'est qu'ils ont tenu compte de la règle n° 2. S'ils calquent l'ordre des mots français, on les renverra à cette règle.

Alors que le passage de « Je l'ai beaucoup aimée » à *I liked her a lot* semble si simple à qui maîtrise l'anglais, il implique en fait des ajustements de tous les instants : formation du temps passé, choix et place du pronom complément, place de l'adverbe ; seul le pronom sujet ne pose pas de problèmes de traduction ! Ne nous étonnons pas de voir des erreurs sur de tels énoncés. Leur faire découvrir les règles relatives aux pronoms compléments ne va pas, comme par miracle, supprimer toutes les erreurs sur ce point, mais nous pourrons renvoyer à ces règles tout élève qui se trompe. Il saura pourquoi il s'est trompé – il a imité le français – et qu'il lui faut rentrer dans un autre système de pensée – on lui aura donné des atouts pour le faire.

LA PROPOSITION INFINITIVE

Le passage de l'impératif *Stop it!* au commentaire qui fait appel à la proposition infinitive *She wants him/her to stop it* est naturel. C'est le choix de bien des manuels. A titre d'exemple nous pouvons montrer comment introduire cette structure à l'aide du document suivant extrait de *Sketchtime One,* page 28 (Belin 1982).

Cette mère de famille a bien des soucis avec ses enfants insupportables et on laissera les élèves s'exprimer librement sur le document.

Pour introduire la proposition infinitive on peut reproduire sur des feuilles A4 de grandes bulles dans lesquelles on inscrit des ordres à raison d'une bulle par feuille : *Susan, stop it!, Susan and Harry, stop it!, Get down, Susan!, Get down, Susan and Harry!* Sur trois autres feuilles on note trois phrases de commentaires correspondantes : *Mrs Badluck wants Susan to stop it/She wants her to stop it/She wants them to stop it.* Toutes ce feuilles ne seront affichées qu'au fur et à mesure de l'étude.

Le professeur affiche la première bulle et fait le premier commentaire : *Mrs Badluck wants Susan to stop it*, phrase répétée puis affichée. Deux autres bulles sont proposées aux élèves : *Susan and Harry, stop it!, Get down, Harry!,* dont le commentaire n'implique qu'un simple travail de substitution.

Si maintenant on change l'ordre des bulles, on va être amené à des changements linguistiques : des pronoms vont être nécessaires pour éviter de répéter les prénoms. On repropose la bulle *Stop it, Susan!* suivie maintenant de *Get down, Susan!* et on dit aux élèves *Don't repeat Susan!* Quand la bonne réponse est trouvée on affiche le second commentaire : *She wants her to get down.* Ils vont maintenant pouvoir faire des commentaires sur tous les impératifs cités plus haut. Selon l'ordre des bulles, il devront choisir entre le prénom et le pronom. On leur propose ensuite de produire des énoncés de leur choix s'appliquant à l'image.

On peut maintenant faire une pause de réflexion. Elle va s'appuyer sur les acquis des élèves : *want + to* ne leur est pas inconnu. Bien avant d'étudier *she wants them to...* les élèves auront appris *want to* et ils auront réfléchi à la notion de visée contenue dans ce *to*. On leur aura peut-être appris « Qui dit *want* dit *to* + verbe ». On aura peut-être, de façon imagée, parlé d'association *want/to*, d'inséparables. Si l'on a choisi de dernier terme que qu'on ait également choisi cette image pour le couple verbe/complément, on va avoir une bonne base de réflexion pour la proposition infinitive.

Les élèves vont tout d'abord redire tout ce qu'ils savent de *want* : « *want + to* + verbe/qui dit *want* dit *to*/visée/*want + to* = les inséparables... » Une fois interrogés sur la nature de *her/them* qu'ils désignent comme des pronoms compléments, on fait aussi resurgir des acquis : « COD après le verbe/verbe + COD = les inséparables ».

Après avoir traduit les phrases qui ont servi d'exemples, on aboutit à de nombreux commentaires :

• notion de visée exprimée par to ; en français : « que + subjonctif »

- *want* + *to* + verbe ; en français : subjonctif
- après le verbe, un COD = *she wants them*, pas *she wants they**; en français : « ils » est sujet
- deux couples d'inséparables anglais *want* + *to*, verbe + COD = problème
- solution du problème = séparer *want* de *to*
- *them* se trouve ne position de COD de *want* (après *want*) et de sujet de *stop* (avant *stop*)

Pour vérifier leur aptitude à bien construire une proposition infinitive, un certain nombre d'exercices d'application sont possibles. Passage de l'impératif à la proposition infinitive, mots mêlés, exercices de traduction semblent les plus appropriées à la difficulté rencontrée par un francophone quand il aborde ce fait de langue. Le premier type d'exercice est une application directe de la démarche d'exposition du nouveau fait de langue, et le lui fait manipuler. Les mots mêlés contraignent l'élève à réfléchir à l'ordre des mots, ce qui est ici capital. La traduction teste sa prise de conscience du décalage entre les deux langues.

TERMINOLOGIE GRAMMATICALE

En matière de terminologie grammaticale, les français sont, dès un âge bien trop précoce, surchargés d'étiquettes grammaticales qu'ils confondent joyeusement comme nous le constatons dès qu'on les interroge sur la nature des mots. Cette abondance de termes qui leur sont inculqués aboutit à ce qu'un grand nombre d'élèves ne maîtrisent pas les termes de base qui nous sont indispensables : déterminant, adjectif, nom, verbe, pronom. Ces termes suffisent à bien des activités de réflexion linguistique.

Malgré notre souci de ne pas encombrer inutilement leur mémoire, on ne pourra faire l'économie de termes spécifiques, dont nous avons besoin lors de l'étude de la langue anglaise : génitif, auxiliaire de modalité, visée.

La métalangue n'est une aide véritable que si les élèves se l'approprient parfaitement. Pour faciliter la maîtrise de ces nouveaux termes on pourra demander aux élèves de réfléchir à la meilleure façon de nommer certains faits de langue, ou de se déterminer sur le choix d'une terminologie. Les exemples qui suivent tendent à entraîner l'adhésion des élèves sur une terminologie, pour les aider à mieux l'intégrer.

Auxiliaire *do/does*

Pour l'auxiliaire *do/does* on peut leur proposer plusieurs possibilités et les laisser opter pour ce qu'ils préfèrent. On peut proposer le terme de béquille (il empêche la question d'être bancale) celui d'aimant (il aspire, il attire à lui la marque du temps), celui d'auxiliaire (c'est un outil qui aide à la formation de la question) ou celui d'opérateur. Selon l'âge des élèves, selon leur tournure d'esprit, telle ou telle terminologie sera plus évocatrice et leur permettra de mieux appréhender la notion.

Le nom verbal

Une fois de plus, on a recours à la traduction pour expliciter la notion. Que le français ait recours tantôt à un verbe, tantôt à un nom est le point de départ de la réflexion. Encore faut-il que les exemples proposés permettent de faire surgir ces deux manières de traduire. On sera donc vigilant dans le choix des exemples qui seront l'objet d'étude. Les élèves traduisent *I like swimming* plus naturellement par «j'aime nager» que par «j'aime la natation». Pour faire apparaître le mot «natation», il convient de changer de structure. *Are you good at swimming?* ne va pas être traduit par «Es-tu bon en nager?» Le mot «natation» s'impose à eux d'emblée: «T'es bon en natation?».

Le terme «nom verbal» n'a jamais été vu en français puisque sans équivalent dans cette langue. On va leur demander comment ils appelleraient cette forme. Ils vont utiliser leurs mots et on va les pousser vers plus de précision «un verbe en -ING/un nom formé sur un verbe/un nom formé sur un verbe auquel on ajoute -ING/un verbe qui a la fonction d'un nom». On peut leur proposer plusieurs étiquettes et leur demander de choisir et de justifier leurs choix: «verbe en -ING/ nom verbal/nom en -ING/verbe faisant fonction de nom/nominalisation en -ING».

La maîtrise de l'étiquette ne signifie pas maîtrise de la notion. L'erreur fréquente est l'oubli du -ING final. On peut leur faire prendre conscience de la différence en leur proposant des phrases également correctes, en leur précisant qu'aucune n'est incorrecte mais que le sens diffère: *I like fish/I like fishing*; *There's too much smoke in here/There's too much smoking in here*. Il faut qu'ils trouvent le message véhiculé par chacune des phrases. La notion d'activité inhérente à ce -ING sera évoquée. Quand, plus tard, ils se tromperont mais produiront une phrase correcte comme dans les cas cités plus haut, on leur fera préciser ce que leur phrase transmet comme message «j'ai dit que ... mais, en fait, je voulais dire que... »

INVERSION SUJET/AUXILIAIRE

Pour faire comprendre que le principe du questionnement anglais joue sur l'inversion sujet/auxiliaire et non sujet/verbe, une activité de réflexion sera aussi nécessaire. Dès la 6e, avec l'apprentissage de *have got*, cette difficulté apparaît. Jusque là les élèves ont pratiqué le verbe *be*, et ont inversé sujet/verbe pour fabriquer une question. La notion d'auxiliaire n'est pas encore apparue.

On va comparer deux énoncés *They've got a big house* et *Have they got a big garden?* en leur demandant comment on est passé de la forme affirmative à la forme interrogative. Leur réponse est que l'on a inversé sujet/verbe, remarque qu'ils ont l'habitude de formuler à propos de *be*, et qui est souvent valable pour le questionnement en français.

On leur demande alors quel est le verbe – «*Have got*!» – et on procède à l'inversion dont ils ont parlé. On écrit au tableau: *Have got they a big garden?**, et on attend leurs remarques. «C'est pas ça!» «Alors?». Ils vont observer qu'on a inversé une partie du verbe. «Laquelle?» C'est à ce stade qu'on parlera d'auxiliaire. On aboutira à la règle du questionnement: «Qui dit question dit ...» «Inversion.» – règle jusqu'alors acquise – «Inversion de quoi?» «De l'auxiliaire et du sujet.»

On procéderait de façon identique quand, sur un énoncé contenant un modal, on leur demande d'énoncer la règle du questionnement et qu'ils répondent «inversion sujet/verbe». Soit l'énoncé *They can travel by train*. On leur fait nommer le verbe et on écrit *Travel they can by train?** C'est en donnant à voir à l'élève à quoi correspond ce qu'il dit qu'on parvient à lui faire prendre conscience qu'il se trompe. C'est à force de lui faire redire le principe du questionnement anglais qu'il intègre une structure à laquelle sa propre langue ne l'a pas habitué.

CONFUSION *IS/DOES* OU *WAS/DID* DANS LES QUESTIONS

Voilà encore un point sur lequel bien des élèves achoppent. Ils savent qu'il faut commencer par un auxiliaire, mais ils ont bien du mal à choisir le bon. L'exercice suivant peut les aider. On dresse au préalable avec eux l'inventaire des auxiliaires qu'ils connaissent: auxiliaires de conjugaison, *be/have*, auxiliaires de modalité. On leur propose ensuite ce corpus relatif à Shakespeare. La consigne sera a) de souligner les auxiliaires; b) d'entourer dans les autres phrases les marques de temps:

1. He is famous all over the world.
2. Everybody know[s] his name.
3. He was born in 1564.
4. He live[d] in the 16th century.
5. He marri[ed] Anne Hathaway.
6. He die[d] in 1616.
7. He [wrote] 37 plays.
8. His plays are translated into many languages.
9. You can find his plays in all the bookshops.
10. They will sell for ages.

Savent-ils repérer les auxiliaires ? Ils notent leur score de réussite (repérage des auxiliaires : .../5). Savent-ils repérer les marques de temps ? Deuxième score (repérage des marques de temps : .../5). On leur demande la règle du questionnement. Pour quelles phrases la règle est-elle immédiatement applicable ? Troisième score. Pour les phrases où l'auxiliaire est invisible ils doivent noter le temps. Autre score.

Une fois le temps repéré, il leur reste à se déterminer entre *does* et *did*, ce qui, à ce stade, ne pose plus problème. La dernière erreur possible concerne la construction du verbe. On les laisse transformer ces cinq phrases et au moment de la correction on fait rappeler la règle : « Inversion de l'auxiliaire et du sujet, suivi de la base verbale », et on leur demande de commenter leurs erreurs « Moi, je croyais que ... ». Le dernier score concerne ce dernier point (Base verbale .../5).

Grâce à ces scores, on parvient à savoir où commencent leurs difficultés, où les confusions sont les plus grandes ; ils prennent conscience des points sur lesquels ils font erreur. A l'issue de ce travail chaque élève fait un bilan écrit de ce qu'il maîtrise et de ce qu'il ne maîtrise pas : « je sais ... mais je ne sais pas encore ... ». Bilan noté sur le cahier. Chaque élève a donc une idée claire du chemin qu'il lui reste à parcourir pour parvenir à la maîtrise du questionnement. Avant un devoir, on lui demande de se reporter à ses fiches-bilan, afin qu'il exerce sa vigilance sur les points qui représentent des difficultés pour lui.

On proposera à différents moments de l'année des exercices similaires. On peut lui demander de transcrire sur un graphique ses performances. Les scores sont ramenés en pourcentage, ce qu'un corpus de 5 ou 10 phrases facilite. Il note ainsi, au fil de l'année, ses progrès.

LA MODALITÉ

Faire dire aux élèves ce qu'ils ont donné comme message et leur demander si telle était leur intention sera une démarche courante. « Qu'as-tu dit ? Ce que tu as dit se dirait quand ? Que voulais-tu dire ? Comment dire cela ? ». Ceci s'avère particulièrement indispensable dès que les modaux sont en jeu. Plus que jamais l'usage du français est impératif. Pour des raisons de sens et de formation syntaxique.

Quand, en 4e, on revoit et approfondit la modalité, on confrontera sans attendre le français au français. On les amènera à renvoyer à des notions données (interdiction/permission/nécessité/absence de nécessité/obligation) des phrases françaises dont on leur fournit un corpus. Leur sens du français est souvent flou. On constate qu'ils sont capables de trouver à quelle notion et à quel temps correspond telle phrase anglaise mais butent sur la façon de les traduire. Pour exemples, ces erreurs dans une classe de 4e à qui on demande d'indiquer, avant de traduire chaque phrase anglaise, la notion à laquelle elle renvoie et le temps utilisé : *When I was younger I wasn't allowed to go to bed late* est bien saisi comme une interdiction du passé, mais l'équivalent proposé devient « Je ne me couchais pas tard » ; *She'll have to get up early* est rendu par « Il faudrait qu'elle se lève tôt » alors que l'élève avait noté l'obligation du futur. Ils ont du mal à renvoyer à la même notion d'absence d'obligation des phrases comme : « tu n'as pas besoin de le faire/tu n'as pas à le faire/ce n'est pas la peine que tu le fasses/tu n'es pas obligé de le faire ». Sans une conscience nette de ce que ces phrases françaises veulent dire, il n'est pas étonnant que l'expression anglaise soit confuse.

Les amener à réfléchir sur le français semble donc la première étape. On proposera une notion et un temps en demandant de produire une phrase française et ce n'est qu'après plusieurs reformulations en français de cette phrase française que l'on demandera un équivalent anglais. On fera aussi l'exercice inverse qui consiste à faire analyser une phrase française, c'est à dire à en dégager la notion et le temps, avant de la faire traduire.

Réfléchir à la construction syntaxique sera bien sûr un élément important de l'activité. La cohérence de la construction anglaise leur apparaîtra devant un corpus de phrases anglaises en colonnes. Les élèves aboutiront à la règle de construction : « sujet + modal + base verbale ».

Pour bien montrer le recours courant du français aux tournures impersonnelles, et le choix de l'anglais pour des sujets personnels, on choisira le sujet « elle » ou « tu » et non pas « il ». Dans « il faut qu'il vienne sans faute » = *he must come,* les élèves ne seront pas sensibles à la différence des « il », qui leur deviendra évidente avec « il faut qu'elle vienne sans faute » = *she must come*.

Dans des phrases françaises à tournure impersonnelle, on leur demandera d'entourer les sujets physiques, évoquant une personne en chair et en os. Le travail de réflexion comportera aussi l'analyse de phrases erronées où on partira de leurs erreurs courantes : erreurs de syntaxe, erreurs de sens.

La réflexion a ses limites. L'élève va pouvoir découvrir la cohérence syntaxique, mais sans intervention magistrale du professeur il risquerait de ne jamais savoir ce qu'un modal représente. Nous disions plus haut qu'on ne sépare pas le sujet du verbe. S'ils sont séparés là, c'est que le locuteur veut justement s'immiscer dans la relation prédicative, qu'il veut donner son point de vue.

On peut l'expliciter de façon imagée et gestuelle. Soit l'énoncé *You can't play here*, visible au tableau. De la main gauche, le professeur pointe vers un élève et lui dit « toi », de la droite il fait le signe symbolique du verbe (un V) en disant « jouer ici » et puis il avance la tête qui entre dans le plan des deux mains, fait alors non de la tête et dit : « pas possible ». Gestes synchronisés à l'appui, il donne la phrase anglaise : *You/can't/play here*. Il explique alors : « moi qui parle, je viens de faire un commentaire sur la relation "toi/jouer", je vous ai donné mon point de vue, ce point de vue s'est introduit dans la phrase ». Cette représentation visuelle est susceptible de frapper les élèves et d'ancrer dans leur mémoire la construction de la phrase modale qu'un schéma évoque :

Si l'élève de 4e retient bien le schéma, somme toute fort simple, de la phrase modale anglaise, s'il sait faire la distinction de sens entre les différents modaux et qu'il a pris l'habitude de réfléchir au sens des phrases françaises, le travail qui l'attend en 3e et en second cycle où il abordera des structures modales plus complexes sera grandement facilité.

LES MODAUX ÉPISTÉMIQUES EN 3e : TRAVAIL SUR LE FRANÇAIS

Nous allons montrer ici une activité de réflexion sur la valeur épistémique des modaux en 3e. La tâche à résoudre consiste à analyser une douzaine de phrases françaises, pour chacune desquelles on demande aux élèves de décider du modal anglais correspondant. On sera étonné de voir comment des expressions qui nous semblent évidentes comme « il y a de fortes chances que » ne sont pas perçues par tous comme l'expression de la quasi-certitude. Le document qui suit propose aux élèves de réfléchir au sens des phrases françaises, après lecture d'une série de phrases anglaises. Il se présente sous forme d'un tableau (A) qui leur servira de référence, et d'une liste de phrases françaises assortie de consignes de travail (B). A ce stade de l'apprentissage on peut choisir de ne pas différencier *could* et *might*. On simplifiera en conséquence le tableau A et la consigne de B.

A.

Adjectifs ou adverbes de modalité	Degrés de certitude	Auxiliaires modaux
1. I'm quite certain she's English. I'm quite sure she's English. She's certainly English.	She must be English.	Yes: 90%
2. Maybe she's English. She's probably English.	She may be English.	Yes: 50%
3. I'm not at all sure she's English.	She could be English.	Yes: 30%
4. I'm even less sure of it.	She might be English.	Yes: 20%
5. I'm quite certain she's not English.	She can't be English.	No: 90%

B. *Chacune des phrases qui suit correspond à un des 5 cas cités plus haut. Discute avec ton voisin et indique entre parenthèses le n° du cas dont il s'agit.*

Elle n'est sûrement pas anglaise (...)
Elle doit être anglaise (...)
Il se pourrait qu'elle soit anglaise (...)
Il ne se peut pas qu'elle soit anglaise (...)
Elle est certainement anglaise (...)
Il y a de fortes chances qu'elle soit anglaise (...)
Il se peut qu'elle soit anglaise (...)
Peut-être bien qu'elle est anglaise (...)
Il se pourrait bien qu'elle soit anglaise (...)
Il y a de grandes chances qu'elle soit anglaise (...)
Il est impossible qu'elle soit anglaise (...)
Ce n'est pas possible qu'elle soit anglaise (...)

C. *Avec ton voisin compare les phrases anglaises et les phrases françaises :*

1. Compare les sujets français et anglais. Note tes remarques par écrit.
2. Note par écrit le genre de tournure française le plus éloigné de l'anglais.

La comparaison doit mettre en avant que le modal anglais appelle toujours un sujet personnel : un seul sujet dans le cas des modaux et des adverbes, un sujet différent de celui de la proposition qui suit mais néanmoins personnel, dans le cas des adjectifs de modalité. C'est ce qui a déterminé le choix de *she* dans ces exemples ; *he* n'aurait pas pu faire apparaître de façon éclatante les fluctuations entre le personnel et l'impersonnel en français. Il ne suffit pas de faire trouver comment se forme telle ou telle notion, il faut aussi faire remarquer comment elle ne se construit pas, en insistant sur la fréquence d'usage respective de chaque langue. Ici la réflexion guidée par des consignes précises a dû les conduire à noter que les constructions impersonnelles ne s'emploient pas en anglais. Il faudra indiquer sous forme schématique ce que chaque langue privilégie :

- en anglais : sujet personnel + modal + verbe
- en français : sujet impersonnel + modalité + sujet personnel + subjonctif

La concision de l'anglais apparaît nettement ici, point à faire observer.

DÉCOUVERTE DE LA VALEUR ÉPISTÉMIQUE DES MODAUX EN 3e

S'ils connaissent sans le savoir un modal dans sa valeur épistémique *may*, les autres modaux leur sont connus dans leur valeur radicale. Dans l'exemple précédent le professeur remettait à sa classe le sens des modaux épistémiques. On peut aussi avoir envie de leur laisser découvrir le fait que les modaux ont deux valeurs, radicale et épistémique, et leur faire inférer la différence de sens. Sans utiliser les termes « radical/épistémique » on pourra parler de modalité de sujet ou de modalité de phrase à l'issue de la séance.

On part du connu : un tour de table permet d'obtenir un rappel de la signification qu'ils attribuent à *can/can't/could/must/may* et à *have to*. Leurs valeurs sont notées au tableau. On remet ensuite à la classe un document en leur demandant de chercher à deux et de noter par écrit :

a) le n° des énoncés qui ne se conforment pas aux valeurs données ;

b) le sens du modal dans ces énoncés en s'aidant du contexte.

Le texte qui suit s'inscrit dans le cadre du travail proposé dans une classe donnée. Il est aisément transposable, nous le présentons à titre d'exemple.

Last week, we watched a passage from a musical by Stanley Donen called *Singing in the Rain* with Gene Kelly, Debbie Reynolds and Donald O'Connor. To act in a musical, actors have to sing (1) and dance very well. They must work very hard (2) for hours every day. Many actors can't either dance (3) or sing and couldn't act (4) in a musical. When I was younger I could easily touch (5) my toes but I don't think I could ever be (6) good enough to become a tap-dancer – it must be (7) such a difficult job! Gene Kelly is one of the most athletic dancers I've ever seen! As he's quite tall he may weigh (8) 70 or 75 kgs. How good-looking he is in that film! He's got short brown hair and though I can't say (9) for sure I think he must also have (10) brown eyes. If I ever meet him, I'll ask «May I have (11) your autograph?» But he can't be (12) young now. He must be (13) quite an old man. He could be (14) 80 years old, or he may even be (15) dead by now.

Ce document peut servir à faire découvrir aux élèves que des termes qu'ils pensaient bien maîtriser – *can't/could/must/may* – ont une richesse qu'ils ne soupçonnaient pas. Dans un premier temps ils doivent aller à la recherche de ce qu'ils savent, repérer les expressions où les modaux ont un sens connu, pour se concentrer ensuite sur les phrases ne vérifiant pas le postulat de départ et dont ils doivent écrire le n°.

Avant qu'ils ne passent à la deuxième question on vérifiera qu'ils ont tous noté les bons numéros. Puis, grâce au contexte, ils devraient avoir l'intuition du sens du modal; on le vérifiera en leur demandant une traduction écrite. La contrainte de l'écrit oblige les élèves à prendre position: ils ne peuvent se retrancher, comme à l'oral, derrière ce qui vient d'être dit en disant qu'ils pensent de même. On leur demandera au contraire de porter un jugement sur leurs hypothèses: dans quelle mesure sont-ils sûrs de ce qu'ils écrivent? Ce jugement auto-pondéré oblige les élèves à plus de concentration et renseigne le professeur sur ce qui est plus évident et ce qui demeure flou pour eux.

Une fois mises en commun leurs hypothèses, les élèves vont organiser ce nouveau savoir pour aboutir à la rédaction de schémas, de règles, de commentaires. Selon les classes, l'intervention du professeur se fera plus ou moins sentir. Les aider, ce n'est pas leur donner la solution, c'est les mettre en condition de la trouver, c'est leur donner les éléments permettant de l'appréhender. Il ne faudrait pas penser que les élèves trouvent tout, ex nihilo: le professeur va exercer une médiation entre eux et le savoir. Cette médiation implique que le professeur ait une idée précise de ce qu'il souhaite faire découvrir aux élèves et qu'il opère les choix leur permettant d'y parvenir.

Il va souvent les amener à une première série d'hypothèses qui semblent s'avérer justes, et apporter d'autres éléments qui invalident ces hypothèses ou du moins les forcent à nuancer leur jugement. Si l'on demande à l'élève de donner la valeur de *can't* dans l'énoncé *I can't dance as well as Gene Kelly* et qu'il réponde « incapacité, impossibilité, inaptitude » on lui demandera une règle. Cette tâche semble simple, il dira « *Can't* exprime l'incapacité ». Si on lui propose ensuite sans commentaires l'énoncé *Gene Kelly can't be young now*, on attend de lui qu'il vérifie son hypothèse à partir de ce nouvel exemple. Il aura tendance à réfuter sa première version « Ah ! non, c'est pas ça ! » En fait, c'était ça, mais ce n'était pas que ça...

POUR CONCLURE

Ces différentes pages n'ont pas la prétention d'épuiser le champ d'application de la réflexion sur la langue. Toute notion nouvelle qui fait apparaître des divergences entre les deux langues se prête à une activité de réflexion. Les cas évoqués sont des exemples de la façon dont on peut conduire ce travail au sein d'une classe d'anglais et une invitation à explorer ce domaine pour ceux qui n'en seraient pas adeptes. Faire réfléchir les élèves, engager leur intelligence est une activité aussi gratifiante pour les élèves que pour le professeur. Loin d'être élitiste, elle permet à chaque élève, s'il est bien guidé, de donner le meilleur de lui-même. Activité exaltante que d'assister à ces ébullitions à l'intérieur de ces petites têtes !

Il ne s'agit cependant pas de devenir des inconditionnels de la réflexion sur la langue en refusant toute intervention magistrale du professeur en matière d'apprentissage grammatical. Ce qu'est un modal, la notion de visée, pour ne citer que deux exemples, les élèves ne l'inventeront pas d'eux-mêmes : l'intuition a ses limites ! Nous rappellerons aussi l'avertissement formulé en introduction : l'exaltation de la réflexion linguistique ne doit pas se faire au détriment de la pratique de la langue. Les *Instructions Officelles* de seconde mettent en garde contre « la jubilation de la découverte ». Sur ce point, comme sur tous les aspects de l'apprentissage de l'anglais, le bon sens pédagogique est question de mesure. Il s'agit d'intégrer harmonieusement cette activité dans le déroulement du cours d'anglais, pour la bonne garantie d'un apprentissage réussi.

10

MOTIVER L'ÉLÈVE PAR DES SUPPORTS CULTURELS

Nous avons vu qu'un élève physiquement ou intellectuellement actif risque moins de subir le cours avec ennui. Sa motivation va être aussi renforcée si l'on fait appel à son intelligence lors des activités de réflexion linguistique. Un autre atout pour susciter chez l'élève de l'intérêt pour l'anglais consiste à ancrer cet enseignement dans un contexte culturel. Pour associer ce souci du culturel à celui de la mise en place d'activités nous avons imaginé de faire élaborer par nos classes des jeux de *Trivial Pursuit*. L'aspect motivant de ce jeu de questions qui fait appel à des connaissances culturelles en fait un bon support pour fixer des notions linguistiques. D'actif, l'élève devient créatif, et c'est le thème que ce chapitre va développer.

Nous allons voir comment faire concevoir ce jeu à partir de données culturelles variées, comment le fabriquer, comment l'utiliser en classe. Compte tenu de l'âge de nos élèves le contenu historique ou géographique reste évidemment modeste : évocation des personnages célèbres du passés, données géographiques de base du monde anglo-saxon. Les supports littéraires retenus ici ont pour objectif de faire entrer les jeunes français dans un monde familier à leurs homologues anglais. Nous avons choisi de présenter l'étude de *nursery rhymes*, proposés aux plus jeunes élèves, et pour les plus âgés celle des *limericks*.

TRIVIAL PURSUIT

Faire élaborer un jeu de *Trivial Pursuit* et l'exploiter en classe va mettre en œuvre un certain nombre de savoir-faire et de compétences : rédiger, lire, comprendre l'énoncé lu par un tiers et y répondre, mobiliser et élargir des connaissances culturelles, lexicales et syntaxiques. Concevoir des devinettes améliorera la maîtrise du questionnement.

Chaque élève est invité à produire un énoncé et le fruit du travail de chacun est valorisé au bénéfice de tous puisque transformé en un véritable jeu de société. Jeu de société : motivation et sociabilisation sont au cœur de l'appellation.

JEUX COMMERCIALISÉS ET JEUX CONÇUS PAR LES ÉLÈVES

Les jeux de *Trivial Pursuit* en vente en Grande-Bretagne ont le mérite de l'authenticité mais sont souvent d'un niveau culturel et linguistique trop complexe pour nos élèves. En matière de savoir-faire, ils font par ailleurs surtout appel à la compréhension.

Si le jeu est élaboré par la classe la production sera autant sollicitée que la compréhension. Travailler à partir de ce que propose soit un manuel, soit le professeur, c'est ce qui se passe habituellement dans les cours. Travailler à partir de ce que les élèves ont eux-mêmes conçu et fabriqué, voilà qui apporte un piment supplémentaire à l'activité.

Dans les jeux du commerce les thèmes s'entrecroisent. Des questions d'histoire, de géographie, de littérature ou de sciences se succèdent. Doit-on procéder ainsi en classe ? Il semble préférable, dans un premier temps du moins, de guider, canaliser leur production en fonction du programme linguistique de leur classe, le *Trivial Pursuit* venant renforcer les notions acquises. Les élèves ne créeront donc pas d'emblée un jeu comparable à ceux du commerce car leurs questions seront ciblées selon les consignes du professeur ; la notion linguistique est donnée et le domaine est défini.

Mais ce cloisonnement des thèmes et des structures ne sera que temporaire. Dans un premier temps la classe est certes enfermée dans le premier sujet que le professeur a choisi ; puis vient un autre moment de l'année où le programme se prête bien à une nouvelle activité de *Trivial Pursuit*. Ainsi, au fur et à mesure que se déroule l'année et que de nouvelles cartes de *Trivial Pursuit* apparaissent, le jeu s'apparente peu à peu à un jeu réel. Les cartes créées en début d'année sont rebrassées et on peut imaginer en fin d'année un *quiz* digne de jeux radiophoniques ou télévisés.

COMMENT S'ARTICULENT LES NOTIONS LINGUISTIQUES ET LES THÈMES ?

Certaines notions linguistiques s'emploient naturellement pour des thèmes particuliers de *Trivial Pursuit*, et l'on peut en dresser une liste :

- *be, have got*, présent simple, la détermination
  - personnages célèbres du présent : description, statut, caractéristiques
  - les animaux : description, habitudes alimentaires, modes de vie, habitat
  - les caractéristiques des métiers
- le prétérit, les dates
  - personnages célèbres du passé
  - personnages de contes ou de nursery rhymes

- comparatifs, superlatifs
  - les records
  - les données géographiques : géographie humaine ou physique
- les relatifs, le but, *have to*
  - les objets usuels : définition, fonction
  - les noms de métiers
- le passif
  - les inventions célèbres
- la modalité : *can, must, mustn't, needn't, have to*
  - le code de la route
  - les règles de jeu : sports ou jeux de société

LES QUESTIONS POSÉES VONT-ELLES RELEVER DE CULTURE FRANÇAISE, INTERNATIONALE OU ANGLO-SAXONNE ?

Il serait dommage de se cantonner à la culture française sous prétexte que les élèves disposent en principe d'un bagage culturel plus large dans ce domaine, mais on ne va pas pour autant l'exclure. La culture générale, internationale, va être bien sûr mobilisée, quand il est question d'hommes célèbres par exemple.

On s'efforcera cependant d'évoquer le monde anglo-saxon à travers tous ces thèmes. Le monde politique, sportif ou cinématographique de la Grande-Bretagne et des États-Unis est riche en personnages connus de nos élèves, ou qu'on leur fera découvrir. L'étude de la faune du monde anglophone présentera à nos élèves des animaux qui sont déjà familiers à leurs homologues australiens ou américains. Quant aux comparatifs et superlatifs, autant les ancrer dans des données géographiques de ces pays. En associant un point linguistique à un registre culturel la motivation de l'élève est soutenu, il a la juste impression de ne pas faire que de la grammaire.

QUELLES VONT ÊTRE LES SOURCES D'INSPIRATION DES ÉLÈVES ?

La plupart des manuels contiennent des sections, souvent en fin d'unité, où l'on trouve des documents culturels, des dossiers de civilisation. Ces pages pourront être exploitées en classe dans l'optique de ce jeu. Dans le cadre d'un travail autonome les élèves y puiseront des idées.

Si le manuel de la classe ne contient pas d'éléments de civilisation exploitables pour ce jeu, le professeur devra apporter des documents à sa classe. Il trouvera bien du matériau dans les publications destinées aux élèves, comme celles de *Mary Glasgow Publications*. S'il y fait abonner le CDI, il encouragera les élèves à utiliser ces ressources.

LES ÉLÈVES TRAVAILLENT-ILS SUR LES MÊMES DOCUMENTS ?

Nous pouvons imaginer trois cas : les élèves travaillent sur des documents différents, sur des documents qui se recoupent ou sur des documents identiques. Quels sont les avantages et inconvénients de chaque approche ?

Si les documents n'ont en commun que leur thème général – personnages célèbres par exemple, chaque groupe ayant une monographie d'un grand personnage – on fait appel à la culture des élèves, ce qui ne peut être stimulant que dans les très bonnes classes. Dans les autres, le découragement les gagnerait vite. Si la culture générale n'est pas leur fort, les questions posées risquent de ne pas trouver de réponses, à part de ceux qui les ont conçues. On se trouve alors dans une situation qui n'est pas sans rappeler celle où le professeur posait des questions dont lui seul détenait les réponses. Il faudra attendre que les cartes soient réactivées pour que les élèves aient plus de chances de participer activement.

Ma préférence va pour les deux cas suivants. Si chaque groupe a un document différent, mais que tous les documents se complètent – documents différents sur l'enfance de Charles Dickens par exemple – la situation change. Comme certaines informations s'y recouperont, les questions posées par un groupe ne resteront pas toutes sans réponse. Par ailleurs, l'envie d'en savoir plus long est un élément de motivation. Mais pour avoir cette curiosité-là, il faut qu'il y ait déjà des bases d'un savoir.

Quand les élèves élaborent des questions à partir des mêmes documents, en classe ou à la maison, nous nous trouvons dans un troisième cas de figure. Ils sont poussés à produire des énoncés originaux, pour essayer de « coller » leurs camarades, ce qui exige une lecture attentive. Cette lecture minutieuse va d'ailleurs leur permettre de mémoriser plus d'éléments, ce qui les aidera ultérieurement à trouver les réponses posées par leurs camarades.

Pour qu'un *quiz* soit réussi, il faut en effet que le public parvienne à répondre, sinon à chaque question, du moins assez fréquemment pour que la motivation soit maintenue. On peut objecter que l'on risque de rentrer dans le domaine du par cœur. Ce ne sera pas le cas si le document est suffisamment riche, tous n'auront pas pu prêter attention à tout. Il y a réelle réactivation de la mémoire quand cette réponse que l'on a oubliée on sait qu'on l'a vue quelque part. Il y a en revanche démobilisation de l'attention si la question posée n'éveille aucun écho en nous.

QUESTIONS OU AFFIRMATIONS ?

Va-t-on demander plutôt des questions, plutôt des énoncés affirmatifs, ou doit-on laisser les élèves décider d'eux-mêmes ? C'est en fait la progression dans l'apprentissage de la notion qui est déterminante. En ce qui concerne le thème *celebrities from the past* qui permet en 5e une bonne fixation du passé on fera élaborer d'abord des devinettes reposant sur des énoncés affirmatifs et le verbe *be*, puis sur des énoncés affirmatifs avec des verbes réguliers et irréguliers car ces points apparaissent successivement dans cet ordre ; dès que le mécanisme de la question du passé est connu, le *Trivial Pursuit* s'enrichira d'énoncés interrogatifs.

En ce qui concerne les records, les énoncés affirmatifs et interrogatifs peuvent être d'emblée mêlés, la nouveauté, et donc la difficulté linguistique ne reposant pas ici dans la maîtrise des questions. On obtiendra, selon les élèves, des énoncés basiques comme *It's the highest mountain in Scotland*, des questions plus ou moins élaborées allant de : *What's the name of the highest mountain in Scotland?* à *Can you name the highest mountain ... ?* mais encore *Which is the highest mountain in Great-Britain: Ben Nevis or Mount Snowdon?* Les élèves auront ainsi un registre de moyens d'expression assez large pour que chacun puisse participer selon ses aptitudes à l'œuvre collective. Ces différences linguistiques introduisent des variétés dans le jeu, ce qui est salutaire. Imaginons comme serait monotone et donc lassant un jeu fondé uniquement sur le modèle de la dernière question citée plus haut ... l'hétérogénéité a donc du bon !

Nous nommerons devinettes ou questions de jeu les cartes de *Trivial Pursuit*, qu'elles soient interrogatives ou non.

SUR QUEL SUPPORT RÉDIGER LES QUESTIONS DU *TRIVIAL PURSUIT* ?

Il faut que ce jeu donne vraiment l'impression d'un produit fini de qualité, on veillera donc à ce que la taille des supports soit rigoureusement identique. La devinette doit être écrite avec soin, sans erreurs. Elle sera d'abord rédigée au brouillon puis recopiée sur un autre support. Les petits papiers de couleurs qui se vendent sous forme de bloc-notes téléphonique font parfaitement l'affaire.

Ces petites fiches sont de couleurs différentes. Pourquoi ne pas choisir une couleur par thème? Vert pour la biologie, bleu pour la géographie, rouge ou rose pour les personnages du passé ... Cela permet après au professeur de distinguer à quel champ appartient chaque question, en vue d'un rebrassage ciblé. On peut aussi imaginer, comme dans les jeux radiophoniques ou télévisés, que l'on demande aux élèves sur quel thème ils veulent être interrogés. La couleur des papiers permet de trouver sans délai une question qui correspond au choix énoncé par l'élève.

Au moment où le professeur rend à l'élève sa production corrigée, il lui remet autant de papiers de couleur que de devinettes produites, le choix de la couleur dépendant du thème choisi par l'élève. On peut aussi bien sûr demander aux élèves de fournir le matériel qui sert à la version définitive du jeu.

COMMENT PROCÉDER LA PREMIÈRE FOIS?

Le professeur apporte à la classe des devinettes renforçant un fait de langue nouveau et les leur soumet. Un travail collectif permet ensuite de mettre en place ce que l'on attend des élèves, de leur montrer comment procéder. Nous verrons plus loin plusieurs exemples de mise en place de l'activité.

QUELLE EST LA PART DU TRAVAIL À LA MAISON?

Le *homework* consécutif à ce travail en classe consistera en la rédaction de deux devinettes que les élèves apporteront le cours suivant. Dès que le professeur les a corrigées, il remet à chaque élève sa production que celui-ci recopie pour le cours d'après. Puis, le jeu sera peu à peu élaboré au gré des cours, parfois en classe, parfois en autonomie sur la base du volontariat ou imposé à tous, en suivant le même principe: l'élève rédige, le professeur corrige, la devinette est recopiée et rapportée au cours suivant.

QUE FAIT-ON UNE FOIS LES CARTES RÉALISÉES?

Le professeur stocke les cartes qui lui sont rapportées. Compte tenu du *homework* demandé le premier jour, il est vite en possession d'un nombre de cartes deux fois supérieur au nombre des élèves. Il opère une sélection et choisit de ne rapporter au cours suivant qu'un nombre délimité de celles qui lui semblent les plus intéressantes. Il ne faudrait pas proposer toutes les cartes d'un coup: le jeu s'éterniserait et perdrait de son intérêt. En classe, il donne à un élève une carte à lire; le premier qui trouve la réponse reçoit la deuxième carte, et ainsi de suite jusqu'à épuisement du nombre de cartes choisies ce jour-là. Le lendemain il propose d'autres cartes.

On peut concevoir une activité compétitive, comme à la télévision. Elle sera surtout intéressante quand le paquet de cartes s'étoffera. La classe est divisée en deux équipes, et chacune d'elles désigne ou tire au sort 2 à 3 candidats. Nous avons déjà évoqué ce tirage au sort; il suffit d'avoir en permanence, dans une petite boîte, les noms des élèves.

Dans le cadre d'une activité de nature compétitive, c'est le professeur qui cette fois lit les questions de façon à ce qu'aucun candidat ne soit pénalisé par une mauvaise lecture. L'équipe gagnante est celle dont les candidats ont répondu au plus grand nombre de questions. Si une réponse est soufflée par la classe, le point va immédiatement à l'équipe adverse. On peut choisir de demander aux candidats leur thème préféré: on leur donnera soit la notion linguistique – *preterite or superlative?* – soit le thème – *celebrities from the past or records?*

Les cartes jugées moins réussies ne sont pas jetées, à moins d'avoir été rédigées avec un manque manifeste de soin, et il convient de le signaler à l'auteur. Elles serviront quand on choisira de faire l'activité en groupes car il faudra ce jour-là un nombre bien plus considérable de questions à poser.

DÉROULEMENT DE L'ACTIVITÉ EN GROUPE

Des groupes de 4 à 6 joueurs sont formés. Des paquets de cartes, d'un nombre égal par groupe, leur sont remis.

Plusieurs choix sont possibles quant au déroulement de l'activité:
- chaque élève à tour de rôle pioche une carte, et la lit au groupe. Il la remet au premier qui a trouvé la réponse. Le gagnant est celui qui a le plus de cartes. Quand le paquet est épuisé, on récupère les cartes que l'on échange avec celles d'un groupe qui a également terminé et on continue à jouer jusqu'à la fin du temps imparti.
- Le groupe, ou le professeur, désigne un *quizmaster* qui lit les cartes une par une et les remet au joueur qui a le premier trouvé la réponse. Choisir un bon élève comme quizmaster a plusieurs avantages:

  – cet élève n'aura pas de difficulté de lecture, et donc engagera ses camarades dans une meilleure compréhension;

– il sera valorisé par ce rôle : nos bons élèves sont souvent frustrés de ne pas être assez sollicités ;
– les autres aussi y verront un avantage : le bon élève en anglais, c'est souvent celui qui répond le premier aux questions ; qu'il joue le rôle d'animateur laisse à chacun sa chance.

À QUELLE FRÉQUENCE FAUT-IL AVOIR RECOURS À CE JEU ?

Lors de la fixation d'une notion, il est bon de prévoir quelques minutes quotidiennes de ce jeu. Les élèves ne s'en lassent pas, à l'instar sans doute des fidèles auditeurs du jeu des 1 000 francs qui remporte en France la palme de la longévité. Mais il faut qu'ils en fassent la demande. Le professeur brandit une *flashcard* de grand format sur laquelle on peut lire *Trivial Pursuit* et les élèves réagissent en mobilisant des expressions qu'ils connaissent :

Can we play Trivial Pursuit now?
Are we going to play Trivial Pursuit today?
We didn't play yesterday.

On leur enseignera d'autres notions. Les suggestions sont tout à fait appropriées :

Let's play Trivial Pursuit, Miss/Sir!
Shall we play Trivial Pursuit now?
What about playing now?

Ainsi que les réactions de joie :

Great!
Fantastic!
I love the game!

mais aussi le dépit quand le professeur a décidé de ne pas les laisser jouer, ce qui bien sûr arrive aussi :

Too bad!
What a shame/pity!

FAUT-IL SOUMETTRE CE JEU À UNE ÉVALUATION ?

Ce jeu se prête bien à une évaluation classe entière, orale ou écrite dont les modalités peuvent être très diverses.

Évaluation de leurs acquis culturels : chaque élève écrit en français les réponses aux questions en français que le professeur lit ou qu'il a rédigées par écrit.

Évaluation de la compréhension écrite ou orale et de leurs connaissances culturelles : le professeur pose les questions en anglais ou les a rédigées par écrit. Dans ces deux cas il s'agit de tester l'impact du jeu sur leur compréhension et leur rétention de certains faits culturels et non leur capacité à écrire. Ils peuvent répondre en anglais, ou en français. Les erreurs linguistiques ne sont pas pénalisées.

On peut aussi tester leurs capacités à produire. La démarche est inverse : on propose un mot, et l'élève doit réagir comme il l'entend ou se conformer aux exigences du professeur quant au nombre d'énoncés à produire, la consigne dépendant de l'entraînement de la classe :

P : Shakespeare!
É : He was a playwright/He wrote Hamlet/He died in 1616/He is the most famous playwright in Britain.
P : 1616!
É : Shakespeare died in 1616/That's when Shakespeare died.
P : The Severn!
É : It's the longest river in Britain.

On peut aussi donner en français une consigne que l'élève doit respecter :

P : Donne les dates de naissance et de mort de Shakespeare.
É : 1564-1616.
P : Rédige 2 énoncés en anglais donnant les dates de naissance et de mort de Shakespeare.
É : He was born in 1564 and he died in 1616.

Si l'on donne les consignes en anglais, on doit savoir que l'on teste d'abord leurs capacités en compréhension orale ou écrite, ce qui peut constituer un handicap pour certains élèves qui peuvent échouer à donner des renseignements qu'en fait ils connaissent. On saura que l'élève qui a bien répondu a compris l'énoncé et qu'il connaît le fait culturel. On ne saura jamais si une absence de réponse tient à des lacunes culturelles, ou à des faiblesses en compréhension. L'évaluation est-elle alors fiable ?

LE *TRIVIAL PURSUIT* EN OBJECTIF DE REBRASSAGE DE BASES MAL ACQUISES

Revenir sur les premières bases mal acquises par des élèves âgés est toujours délicat. On peut dans des classes de 4e et 3e faibles leur donner l'objectif de la réalisation de *Trivial Pursuit* à l'usage des élèves de 6e ou 5e, ce qui permet de faire des révisions des notions de base. On leur donne le programme grammatical des classes concernées et des fiches de révision de ces notions ; leurs cartes devront tenir compte des capacités de compréhension des jeunes élèves. Par ce biais on peut leur faire travailler et produire des énoncés simples sans les gêner psychologiquement.

En préparant des cartes pour des 6e on rebrasse le génitif/les adjectifs possessifs/*have got*:

> What colour is Lucky Luke's horse?
> What's the name of Asterix's friend?
> Asterix has got a friend. What's his name?

Le présent simple:

> What do cows eat?
> They eat grass.
> What do cows give us?
> They give milk.

Fabriquer un jeu pour les 5e permettra d'aborder à nouveau le mécanisme du comparatif et du superlatif, de revenir sur le prétérit. Sur ce dernier point on s'inspirera du travail qui est présenté plus loin à propos des célébrités du passé.

Les élèves apprécient cette activité où les révisions se déguisent. Il leur arrive aussi de demander à jouer avec le jeu qu'ils ont élaboré, plaisir dont on ne saurait les priver.

RÉACTIONS DES ÉLÈVES

Ce jeu remporte auprès des élèves un franc succès. C'est un jeu en soi motivant et là c'est leur jeu, conçu et fabriqué par eux. C'est en classe de 5e que les occasions d'élaborer des cartes sont les plus nombreuses, mais les plus grands élèves ne se font pas prier pour en concevoir aussi. On peut d'ailleurs échanger des jeux entre nos classes: montrer aux 3e de quoi les petits 5e sont capables, faire jouer les petits avec un jeu conçu par les grands, chacun y puisera un plaisir accru.

LES *NURSERY RHYMES* EN 5^{e}

Les *nursery rhymes* permettent un bon ancrage du prétérit tout en offrant un intérêt phonologique et culturel certain. Leur appartenance au patrimoine culturel de la langue cible, leurs rythmes, leurs rimes, l'aspect souvent surréaliste de certaines d'entre elles justifient que l'on propose à nos élèves de les étudier. Bien qu'elles soient conçues pour de très jeunes enfants, elles sont en fait éternelles, et les élèves de 5e sont sensibles à leur charme.

Les comptines, cela s'apprend, se récite, se retient toute une vie. Qui ne se souvient pas des comptines de son enfance ? On pourra en classe de langue donner à nos élèves un peu du bagage culturel que chaque anglais possède.

LESQUELLES CHOISIR ?

On n'a que l'embarras du choix devant les recueils de comptines. Le support choisi ici n'est tiré d'aucun livre, mais s'avère être le dos de la pochette d'une frise de nursery rhymes qui décore la classe (voir p. 232). Travailler sur ce qui ne constituait jusque-là qu'un décor, rendre explicite une toile de fond familière, voilà les raisons qui ont présidé ce choix.

QUELS OBJECTIFS LINGUISTIQUES POURSUIVRE ?

On remarque que les comptines sont absentes de la majorité des manuels, ou n'y figurent qu'à titre de document supplémentaire, facultatif, et ne constituent pas à proprement parler d'objet d'étude. En plus de l'objectif culturel et phonologique évoqué plus haut nous nous proposons ici de voir comment on peut les travailler aussi sous un angle linguistique. Deux des comptines figurant dans ce document présentent des occurrences du but. Si ce point n'a pas encore été travaillé, il peut constituer un des objectifs. La version intégrale de *Old Mother Hubbard* permet elle de travailler *was* + -ING, en fin de 5e ou en 4e. Dans l'optique de l'élaboration de cartes de *Trivial Pursuit*, les comptines fournissent un bon support pour faire travailler le questionnement et réfléchir aux règles qui le régissent.

INTRODUCTION DE L'EXPRESSION DU BUT

Si la classe ne maîtrise pas encore l'expression du but et la question *What for?*, la comptine *Jack and Jill* peut ancrer ce fait de langue. Elle en contient deux occurrences : *Jack and Jill went up the hill* ***to fetch*** *a pail of water/he went to bed* ***to mend*** *his head with vinegar and brown paper.* On retrouve cette structure dans Old Mother Hubbard : *She went to the cupboard* ***to get*** *her poor dog a bone*. Si cette notion a déjà été étudiée, ce travail préalable n'a évidemment pas lieu d'être et les comptines sont alors présentées globalement comme on va le voir maintenant.

ÉTUDE DU DOCUMENT

Le document remis aux élèves et présenté ci-contre contient 12 comptines dont 9 mettent en œuvre le prétérit, ce sont elles que nous avons choisi d'étudier avec les élèves de 5e. L'objectif linguistique retenu est la fixation du questionnement, et la discrimination entre les questions où le mot interrogatif est complément, et celles où il est sujet.

Ces comptines sont d'abord lues à voix haute aux élèves qui suivent en lisant ; il ne s'agit pas d'un travail de compréhension mais d'une sensibilisation phonologique. Ils cochent quand une comptine est lue, cela leur permet de signaler quelles sont les trois comptines qui ne l'ont pas été. Le professeur explique que le travail portera sur ces 9 comptines.

Les noms des héros sont ensuite redits, dans le désordre, et les élèves doivent les chercher, un peu comme au cinéma, quand, dans les rares salles qui s'y prêtent encore, on s'amuse à trouver des mots sur les rideaux couverts de publicités. Chercher, c'est avec les yeux, et le professeur ne peut savoir où les yeux s'arrêtent. Il demande donc aux élèves de mettre le doigt sur le nom dès qu'ils l'ont trouvé. Ces noms sont répétés classe entière, lus et mémorisés ; ils constituent la base du travail qui va suivre. On vérifie la mémorisation en montrant les personnages sur la frise murale où ils figurent en grand et les élèves les nomment. On peut aussi projeter ce document au rétroprojecteur, ou simplement numéroter les comptines du document et interroger les élèves :

P : Number one?
É : Tom, the piper's son.
P : Show me Miss Muffet. *(etc.)*

On élucide ensuite les problèmes de compréhension en montrant certains détails des images *(the dish, the spoon, his thumb, fiddlers)*, en mimant des verbes *(steal/stole, pulled out)* ou en traduisant *(plum, broth)*. Au fur et à mesure que le professeur explique un mot, l'élève le passe au fluo dans son document. On peut ensuite, classe entière, traduire intégralement chacune des comptines.

L'objectif du cours sera que les élèves élaborent, par écrit, des questions sur ces comptines qui serviront au jeu de *Trivial Pursuit*, l'objectif linguistique étant la maîtrise du questionnement en « Wh », avec des mots questions sujets ou compléments.

LISTE DES QUESTIONS POSSIBLES À PARTIR DE CES COMPTINES

On peut obtenir des séries de *Who* + verbe au prétérit :

Who sat on a wall?
Who had a carving knife? *(etc.)*

de *Who did* :

Who did Old King Cole call for?
Who did the old woman whip? *(etc.)*

de *What did* :

What did Little Jack Horner pull out?
What did Tom steal? *(etc.)*

de *Where did* :

Where did the old woman live?
Where did Jack Horner sit? *(etc)*

et de *What* + verbe au prétérit :

What frightened Miss Muffet away?
What ran away with the spoon? *(etc.)*

et aussi une série de *What happened*:

What happened to the three blind mice? *(etc.)*

ainsi que d'autres questions mettant en jeu d'autres mots interrogatifs:

How many children did the old woman have?
What did old Mother Hubbard go to the cupboard for? *(etc.)*

COMMENT LES ÉLÈVES SONT-ILS GUIDÉS DANS LEUR PRODUCTION?

Ce qui est intéressant ici sur le plan linguistique, c'est le contraste entre les questions qui suivent la règle commune de l'inversion de l'auxiliaire et du sujet, et celles où le mot question étant sujet l'inversion ne peut s'opérer. C'est un des points qu'on peut faire découvrir, ou retravailler.

On va écrire au tableau une question et proposer aux élèves d'en trouver d'autres sur le même modèle, dans un temps donné. Exemple: *Who sat on a wall?* Les élèves travaillent à deux. A la fin du temps délimité, les élèves vont tester les connaissances du professeur en lui soumettant leurs questions. Ils cochent une question posée si elle figure sur leur feuille, de façon à soutenir leur attention et éviter qu'une même question ne soit posée deux fois. On veillera à ne pas épuiser le champ des questions. Le professeur note quelques exemples au tableau.

On procède de même pour une question en *What happened ... ?*, puis on leur soumet un modèle en *Where did ... ?* et *What did ... ?*. Le corpus est maintenant suffisant pour qu'une pause de réflexion ait lieu.

COMMENT PROCÉDER POUR LA PAUSE DE RÉFLEXION?

On revient sur le mécanisme du questionnement: « Qui dit question dit ... » «Inversion auxiliaire/sujet + base verbale». La règle est notée au tableau sous forme de schéma contenant quatre mots-clé: mot *WH*/auxiliaire/sujet/base verbale. On va maintenant vérifier si la règle s'applique à nos exemples. On commence par *Where did ... ?* en demandant aux élèves d'analyser par exemple *Where did Jack Horner sit?*. Un élève vient au tableau pointer sur les mots de cette question au fur et à mesure qu'un autre rappelle les mots-clé de la règle. Pour *Where did ... ?* la règle est opératoire. Elle l'est aussi pour *What did ... ?*.

On va maintenant vérifier s'il en va de même pour *Who sat on a wall?* Les élèves doivent alors dire ce qui ne va pas : « Il n'y a pas *did*/il n'y a pas de sujet/le verbe est conjugué ». Nous sommes bien loin de la règle ! Ces 3 remarques sont elles aussi notées, sans commentaires.

Il faut maintenant découvrir la raison de cette irrégularité, et on les met sur la voie en notant deux échanges qu'on va analyser :

– Humpty Dumpty sat on a wall.
– Pardon? Who sat on a wall?

– Who did Old King Cole call for?
– He called for his fiddlers

Le choix de poser la première question après l'énoncé affirmatif s'explique par un souci de plausibilité communicationnelle : on n'obtiendrait pas un énoncé complet en réponse à la question, mais seulement *Humpty Dumpty*. Or, nous avons besoin de l'énoncé complet pour mener à bien la comparaison.

La présentation graphique a son importance ; elle met en évidence la fonction grammaticale de *Who*, sujet dans un cas, complément dans l'autre. Leur demander la fonction de *Humpty Dumpty* et de *fiddlers* est plus simple que de leur demander la fonction des deux opérateurs de questionnement, qu'ils trouveront par analogie, fonction que l'on écrit au-dessus de chacun de ces mots. On peut maintenant leur faire relire la règle et leurs remarques précédentes et on attend leurs commentaires. S'ils ne parviennent pas à expliquer le mécanisme de fonctionnement de la première question on les aide par un dialogue de réflexion :

P : Résumons ! devant le sujet on met ... ?
É : L'auxiliaire.
P : Où faudrait-il mettre l'auxiliaire ici ?
É : Devant Who.
P : Une WH question commence par ?
É : un mot en WH.
P : Commentaire ?/Donc ici ?
É : On ne peut pas faire l'inversion/L'inversion est impossible.
P : Pourquoi ?
É : Le mot question est sujet/Le sujet est dans le mot question.
P : Solution ?
É : La question suit l'ordre de la phrase affirmative.

On obtient une règle n° 2 : l'inversion n'a pas lieu quand le mot question est sujet. On va observer la question « *What* + verbe au prétérit» pour constater que cette deuxième règle s'applique ici aussi, et qu'il en va de même pour *What happened?*. On s'assure ensuite qu'ils maîtrisent le questionnement en leur proposant un exercice d'application.

ÉLABORATION DE CARTES

Ils peuvent maintenant se remettre deux par deux et rédiger des questions-devinettes au brouillon. Le professeur circule dans la classe et corrige. Les élèves travaillant à deux, le travail de correction du professeur prend deux fois moins de temps. Si chaque élève devait écrire son énoncé, la tâche de vérification serait difficile à gérer. On voit bien l'avantage du *pairwork* ici. Cela fonctionne sans heurt à condition d'avoir bien précisé en début d'activité que les élèves d'une même paire doivent transcrire exactement la même chose. On insistera sur le fait qu'ils doivent s'en assurer avant de demander au professeur de venir vérifier leur production.

Si, en confrontant leurs productions, les élèves y constatent des divergences d'orthographe, de syntaxe, ils vont être amenés à réfléchir à deux et devront opter pour une des deux solutions, qu'ils soumettront au professeur. Le professeur se déplace pour vérifier au fur et à mesure que les élèves ont fini au moins deux devinettes et l'appellent. Comme il est bien rare qu'ils finissent tous ensemble, l'attente de chacun devrait être de courte durée !

Les premiers qui ont été corrigés continuent à produire d'autres devinettes jusqu'à ce que le professeur ait fini son tour de classe. Il distribue alors aux élèves des papiers de couleur où les élèves recopient proprement les seules devinettes qui ont été corrigées, à raison d'une devinette par papier, et que le professeur collecte.

Si le temps le permet, on procède à une phase de jeu classe entière. Cette activité est sinon reportée au cours suivant où, si le nombre de devinettes produites le permet, on peut jouer en groupes. Ceci implique que le professeur fasse le tri, et prépare chez lui des paquets de questions où il veille à ne pas mettre de questions identiques.

Les brouillons non corrigés sont remis au professeur qui les vérifiera et les remettra à leurs auteurs avec de nouveaux papiers de couleur, pour qu'ils les recopient.

VA-T-ON LEUR DEMANDER DE MÉMORISER CES COMPTINES ?

Il serait bien dommage de ne pas ancrer dans leur mémoire ces textes qui se prêtent tant à mémorisation. Comme ces *nursery rhymes* seront évoquées de cours en cours au gré du tirage des cartes du jeu de *Trivial Pursuit*, il est préférable qu'ils les connaissent bien pour que le jeu fonctionne. Le travail de mémorisation sera fractionné : apprendre un jour les deux premières lignes de trois comptines de leur choix, apprendre un autre jour quatre lignes de deux comptines, puis apprendre la fin d'une comptine dont ils avaient appris le début. Et ensuite en apprendre une autre, puis une autre ... toujours en leur laissant le choix de celles qu'ils veulent retenir. Tant que les comptines sont peu sues, ils sont autorisés à sortir leur document au moment du jeu de *Trivial Pursuit* ; ce retour au document est une autre façon d'en assurer la mémorisation.

COMMENT VA-T-ON LEUR FAIRE RÉCITER CES COMPTINES ?

En début de cours on peut demander aux élèves de réciter leur morceau choisi, comme on récite une poésie en français. Mais on peut aussi varier les modes de récitation et faire de la récitation éclatée. Au tout début de la mémorisation, on ne leur demande que la moitié d'une ligne qu'un autre élève doit compléter. Et on allonge peu à peu la récitation au fil des cours : un élève propose la première ligne d'une comptine, dont un autre doit donner la ligne suivante ; un élève récite et s'arrête avant le dernier mot de chaque ligne que la classe donne en chœur ; le récitant choisit de s'arrêter où il veut et la classe réagit.

On peut procéder de façon semblable, mais à l'écrit : chaque élève écrit sur un petit bout de papier une partie seulement de ce qu'il a appris et on fait circuler les papiers pour que le voisin complète. Si le voisin ne sait pas, il fait passer au suivant après avoir lu le papier. Cette activité de lecture aura de toute façon procédé à la mémorisation. Quand le travail de mémorisation est plus avancé, on peut leur demander d'écrire ce qu'ils savent de leur comptine, mais en introduisant volontairement deux ou trois erreurs de contenu que les camarades devront souligner quand on fera circuler les papiers. Chacun ne souligne qu'une erreur, ce qui permet de faire circuler les papiers autant de fois qu'il y a d'erreurs, il suffit que le professeur en ait précisé le nombre.

ET POUR ALLER PLUS LOIN ?

Parmi les dessins animés de Tex Avery figure une version iconoclaste des contes de la Mère l'Oie les plus célèbres. Le dessin animé s'intitule *A Gander at Mother Goose*. La comptine commence toujours comme le veut la tradition, seule la fin diffère, et avec Tex Avery on peut s'attendre à des chutes cocasses. Quatre des comptines étudiés plus haut y sont évoquées : *Humpty Dumpty, Jack and Jill, Little Miss Muffet* et *There was an Old Woman.*

Après l'étude des comptines en 5ᵉ, on peut leur proposer un travail d'expression écrite qui consiste à imaginer une fin différente à chacune de ces cinq comptines. On fait ensuite visionner à la classe une seule des comptines revues et corrigées par Tex Avery, et on leur demande d'imaginer ce qu'il aurait pu trouver comme fin pour les autres comptines.

A l'issue du travail d'écriture, le visionnement du dessin animé est proposé aux élèves. Ils seront en mesure d'apprécier ce dessin animé qui est sinon incompréhensible pour tout français qui ne connaîtrait pas les références culturelles sur lesquelles il s'appuie.

ÉTUDE DE LA VERSION INTÉGRALE DE *OLD MOTHER HUBBARD*

OLD MOTHER HUBBARD

1. Old Mother Hubbard
   Went to the cupboard
   To get her poor dog a bone.
   But when she got there
   the cupboard was bare
   And so the poor dog had none.

2. She went to the butcher's
   To get him some tripe.
   But when she came back
   He was smoking a pipe.

3. She went to the fishmonger's
To buy him some fish.
But when she came back
He was licking the dish.

4. She went to the tavern
For white wine and red.
But when she came back
He stood on his head.

5. She went to the fruiterer's
To buy him some fruit.
But when she came back
He was playing the flute.

6. She went to the tailor's
To buy him a coat.
But when she came back
He was riding a goat.

7. She went to the hatter's
To buy him a hat.
But when she came back
He was feeding the cat.

8. She went to the baker's
To buy him some bread.
But when she came back
The poor dog was dead.

Les déboires que Madame Hubbard connaît avec son chien permettent d'ancrer la structure «*was* + -ING» que l'on étudie en fin de 5e ou en classe de 4e. Au lieu de donner le document intégral à la classe tel qu'on le trouve ci-dessus, on remet à la classe les huit images dans l'ordre. Sous la première on peut lire le texte correspondant à la première strophe. Sous la seconde, seule l'ossature de la strophe est donnée:

She went to the..............
To....................................
But when she came back
....

Sous les images 3 à 8, quatre lignes sont laissées en blanc. On donne par ailleurs aux élèves le texte de l'histoire dont les phrases ont été regroupées sous trois rubriques *Where did she go?, What for?* et *What was wrong when she came back?*

Old Mother Hubbard And Her Dog

Where did she go? **N°**

to the fruiterer's ___
to the fishmonger's ___
to the butcher's ___
to the hatter's ___
to the undertaker's ___
to the tailor's ___
to the tavern ___

What for?

to buy him some bread ___
to buy him a coat ___
to buy him a coffin ___
to buy him a hat ___
for white wine and red ___
to buy him some fruit ___
to buy him some fish ___

What was wrong when she came back?

the poor dog was dead ___
he was feeding the cat ___
he was playing the flute ___
he stood on his head ___
the poor dog was laughing ___
he was riding a goat ___
he was licking the dish ___

1. Old Mother Hubbard
Went to the cupboard
To get her poor dog a bone.
But when she got there
the cupboard was bare
And so the poor dog had none.

2. She went to the ____________
To ____________________
But when she came back
____

3.

4.

5.

6.

7.

8.

Il s'agit pour l'élève d'un travail de repérage à l'issue duquel il est capable de réécrire le texte correspondant à chaque image.

Faire découvrir une notion nouvelle à l'écrit présente un écueil d'ordre phonologique. Ici, la prononciation de «*was* + -ING» ne pose pas de problèmes car les deux éléments de la structure sont connus. Mais la comptine contient bien des mots inconnus que les élèves ne sauront pas lire et écorcheront dans leur tête. Le professeur ne peut pas lire la comptine, car le travail des élèves n'aurait plus de raison d'être.

En préalable de l'activité, on aura alors intérêt à isoler les mots inconnus que l'on recopie sur une affiche ou que l'on présente au rétroprojecteur et pour lesquels on donne des aides en début de séance. Les mots sont lus, ceux dont l'élève ne peut découvrir seul le sens et que l'on estime entraver la compréhension seront expliqués ou traduits. Ces mots sont ensuite répétés, leur transcription phonologique éventuellement notée au tableau pour que les élèves s'y réfèrent. On choisira de présenter les mots par ordre alphabétique pour deux raisons : on ne donne pas d'indication quant à l'ordre des phrases et grâce à l'ordre alphabétique l'élève retrouve plus vite un mot inconnu. On peut aussi fournir un polycopié à chaque élève reproduisant l'affiche en petit format.

Un travail de réflexion linguistique suivra cette étude. Comme pour les comptines précédentes on demandera ensuite aux élèves de fabriquer des cartes. On travaillera les structures «*Where did she go to* + verbe» *What did she go to the ... for?*, *What was her dog doing when she came back from the ...* . Un travail de mémorisation est aussi demandé.

Pour prolonger ce travail par un travail de création, on proposera à la classe de fabriquer une suite à *Old Mother Hubbard* : d'autres lieux, d'autres mésaventures. On peut les aider en leur donnant des rimes, on peut les laisser créer seuls, sans guidage.

LES *LIMERICKS* EN 3e

Faire découvrir aux élèves de 3e les *limericks*, c'est les faire entrer dans un monde particulièrement anglo-saxon, leur ouvrir une porte sur le *nonsense* cher aux Britanniques. En voici quelques exemples :

> There was an old man of Bengal
> Who went to a fancy-dress ball.
> He went, just for fun,
> Dressed up as a bun
> And a dog ate him up in the hall.
>
> There was an old man of Peru
> Who dreamt he was eating his shoe.
> He woke in the night
> In a terrible fright
> And found it was perfectly true.
>
> There was an old lady from Ryde
> Who ate some green apples and died.
> The apples fermented
> Inside the lamented
> And made cider inside her inside.

Pour leur faire sentir l'incongruité de ces poèmes on leur proposera de compléter un texte à trous :

> There was an old lady who ... , so she hired a lady to help her to...

Leurs suggestions sont de l'ordre de la logique courante :

> who was ill/couldn't do the shopping/do the housework

On leur propose ensuite le dessin tiré de l'édition bilingue des poèmes d'Edward Lear, qui ne va pas manquer de les surprendre : *We didn't expect that!*. Ils vont rectifier :

> who had a very long nose, so she hired a lady to carry it for her.

On leur donne ensuite le poème :

> There was a Young Lady whose nose
> Was so long that it reached to her toes;
> So she hired an old lady
> Whose conduct was steady,
> To carry that wonderful nose.

Traduction, tirée de l'édition bilingue Aubier Flammarion *Poèmes sans sens/Nonsense poems* :

> Il était une jeune dame dont le nez
> Tant s'allongea qu'il lui tombait jusqu'aux pieds ;
> Aussi s'engagea-t-elle une vieille servante,
> Dont la conduite était vertueuse et vaillante,
> Pour l'aider à porter ce gigantesque nez.

Un document comportant un choix de *limericks* leur est alors distribué. On leur demande de réfléchir aux critères de composition. Ils remarqueront le nombre de 5 vers, et la longueur de chaque vers – vers 1, 2 et 5 de même longueur, vers 3 et 4 plus courts ainsi que les rimes 1-2-5 ; 3-4. Sur le plan syntaxique, ils vont repérer un début immuable en *There was a/an* ... , les noms de villes, le relatif, et, souvent chez Edward Lear du moins, le dernier vers introduit par *that*, et faisant écho au premier.

On leur propose ensuite une compréhension écrite. Ils doivent affecter les phrases d'un *True/False* :

What's a limerick?

1. A limerick is a funny poem with special rhymes and a special rhythm.
2. A limerick is a humorous poem which has seven lines or more.
3. The first and second lines rhyme with the next one.
4. The second and third lines have got the same rhyme.
5. The first two lines have three stresses each, exactly like the last line, with which they rhyme.
6. The limericks always begin with «there's».
7. There's the name of a city in most limericks.
8. What the people do in limericks is perfectly natural.

Pour tester leur maîtrise de la forme du *limerick*, on leur en proposera un dont les phrases seront dans le désordre, avec, à l'intérieur de chaque phrase les mots à remettre en ordre. On peut ensuite leur proposer d'en écrire à partir des illustrations du recueil cité. On les aidera en leur donnant des noms de villes. On peut aussi les faire travailler à partir des traductions françaises, en leur donnant la ville anglaise du *limerick*.

DIFFÉRENTES ACTIVITÉS AUTOUR DU THÈME DES PERSONNAGES CÉLÈBRES DU PASSÉ

Avoir recours aux personnages célèbres du passé pour fixer ou rebrasser la notion du prétérit est le choix pertinent de certains manuels. Cela permet de travailler le prétérit de *be* et des verbes réguliers ou irréguliers, de pratiquer les dates et de donner à la pratique de la langue un support culturel. Ce thème se prête particulièrement bien au *Trivial Pursuit*, et nous allons voir ici dans le détail les phases de cours qui aboutissent à l'élaboration de cartes de jeu. On étudiera successivement la présentation et la fixation du prétérit de *be*, le travail sur *was born/died* et les dates, et l'exploitation d'un document sur la vie de Marylin Monroe en 3e.

INTRODUIRE *WAS*

Les supports nécessaires sont des photos de personnages célèbres du passé et du présent et des *flashcards* portant le nom de ces personnages. On s'efforcera de choisir, à chaque fois que c'est possible, des personnages ayant, par groupe de 2 ou 3, un statut ou un métier commun.

OÙ SE PROCURER CES PHOTOS ?

Les manuels ont souvent en miniatures des photos ou portraits de gens célèbres que l'on peut agrandir, les magazines français ou étrangers n'en manquent pas non plus. On peut également solliciter nos collègues d'autres disciplines, professeurs d'histoire, d'art plastique, de sports, de musique.

PHASE 1 : REPÉRAGE

Toutes les photos sont affichées au tableau. On demande aux élèves de réfléchir à des regroupements possibles et d'en dresser la liste : hommes/femmes ; personnages connus/inconnus pour eux ; gens célèbres vivants et morts. Ce dernier classement est retenu. Le professeur enseigne *celebrities from the past/celebrities now* et note les expressions au tableau. Il demande alors aux élèves de venir placer les photos en 2 groupes, selon ces deux critères, à gauche les personnages du passé, à droite les contemporains. Les élèves se déplacent à leur gré.

PHASE 2 : FIXATION DES NOMS

Les élèves donnent les noms des personnages que le professeur désigne ; ou, si la précaution a été prise de mettre un numéro devant chaque photo, ils prennent la parole sans contrainte. Tous ne savent pas tout, chacun sait quelque chose, il faut se dépêcher d'intervenir, donc de lever la main, avant que le camarade ne m'ait soufflé mon idée. Le professeur rectifie la prononciation et affiche le nom des personnages au fur et à mesure. Les personnages ne seront pas tous connus, ou reconnus. Devant les photos mystérieuses les élèves produisent *I don't know him/her* et le professeur donne alors le nom. Ces noms sont tous répétés collectivement et individuellement ; le professeur prend soin de noter quelques aides phonologiques pour éviter qu'ils ne soient écorchés tout au long de la séance.

PHASE 3 : PRÉSENTATION DE *WAS* EN COMPRÉHENSION ORALE

Le professeur formule un énoncé sur un de ces personnages pour en faire deviner le nom à la classe :

P: He was an emperor
Classe : Julius Caesar! Napoleon!
P: He was a composer/a child prodigy.
Classe : Mozart!
P: He was a painter.
Classe : Picasso! Da Vinci!
P: He is a president.
Classe : Clinton!
P: He was a president.
Classe : Kennedy! Mitterrand!
P: She is a queen.
Classe : Elizabeth II!
P: She was a queen.
Classe : Elizabeth I! Victoria!

On commence volontairement par *was*, dans un exemple où n'existe pas de choix présent/prétérit. La discrimination *is/was* vient plus tard. Si les élèves se trompent, le professeur rectifie *No, she isn't a queen now, she was a queen* ou l'inverse.

On revient sur *(s)he is a.../(s)he was a* ... en pointant sur les photos de monarques ou présidents cités dans les quatre derniers exemples. Les structures sont écrites en face des personnages appropriés. Pour s'assurer de la compréhension on a immédiatement recours à la traduction. Les élèves remarquent que *was* est le passé de *is*.

PHASE 4 : RÉACTIVATION DU LEXIQUE ENTENDU LORS DE LA COMPRÉHENSION ORALE

On peut procéder de trois façons différentes :

• Technique n° 1

How do you say "empereur"? La classe essaie de répondre au professeur qui note les mots au fur et à mesure au tableau, corrige éventuellement la prononciation et les fait répéter. On fait ici appel à leur mémoire : certains élèves ont une étonnante capacité de rétention.

• Technique n° 2

Dès qu'ils apparaissent dans les énoncés de la phase 3, les noms de titres et de métiers sont notés au tableau. On les écrit à la main ou on affiche des cartes préparées au préalable. Ces mots sont réactivés comme précédemment, mais les élèves sont guidés par la trace écrite tout au long de l'activité.

• Technique n° 3

Une troisième solution consiste à présenter une affiche avec le lexique choisi et de la fixer au tableau en début de phase 4. On procède alors à une lecture collective pour mettre en place la prononciation et l'on vérifie la compréhension comme précédemment, avec éventuellement la formule *Emperor means "empereur"*.

PHASE 5 : APPROPRIATION DE LA STRUCTURE

Les élèves peuvent maintenant s'approprier la structure et le lexique. Avant de passer aux devinettes on demande à la classe un maximum d'énoncés sur chaque personnage. Le professeur élargit leur choix de production en ajoutant trois cartes au tableau : *nationality, occupation, characteristics*. Bien que les phrases à produire contiennent peu de mots, il faut s'attendre à des erreurs qui ont pour raison majeure le calque sur le français : redoublement du sujet *(Cæsar, he was an emperor*)*, erreur de détermination par absence d'extraction *(he was emperor*)* ou discrimination *a/an* non acquise *(he was a emperor*)*, place incorrecte de l'adjectif *(he was an emperor Roman*)*. Si ces erreurs apparaissent, on sollicitera la réflexion des élèves. S'il n'y a pas d'erreurs on leur demandera de se déterminer par rapport à des énoncés que propose le professeur: « Que préférez-vous: *he was emperor** ou *he was an emperor* ?». Ceci permet une mise au point pour tous; les erreurs possibles sont notées sous la forme *He was an emperor* (extraction) et pas: *He was emperor**.

Comment les inciter à fournir un maximum d'énoncés?

Pour pousser à un maximum d'énoncés on peut introduire un élément stimulant qui consiste, pour le professeur, à compter sur ses doigts le nombre d'énoncés produits et à commenter le score *Four: very good, Five: great!, More than five: terrific!*. Il s'agit à chaque fois d'un record à battre. On peut aussi fixer un temps par personnage, enfin on peut alterner ces différentes techniques pour éviter que l'activité ne sombre dans la monotonie.

On risque de déflorer le sujet, pourquoi ne pas passer directement à leurs devinettes?

Tout d'abord, parce que certains élèves manquent d'idées. Le *brainstorming* précédent va leur en fournir et, qui sait, les mettre sur la voie d'autres énoncés à produire.

Et ensuite, pour une meilleure gestion des erreurs: dans les petites classes, il faut s'assurer de la fixation de la notion par tous avant de les laisser l'exploiter. Si l'on passe immédiatement à la phase de production écrite (phase 6 ici) certaines productions d'élèves risquent d'être de piètre qualité linguistique. Mettre au préalable l'accent sur les erreurs auxquelles on s'attend permet d'en réduire le nombre, ou d'en favoriser l'autocorrection.

PHASE 6: PRODUCTION ÉCRITE

Les élèves vont maintenant rédiger une devinette de plusieurs énoncés, qu'ils échangent avec leurs camarades, une fois qu'elle a été vérifiée par le professeur.

Ils peuvent produire quelques énoncés simples, à la forme affirmative, seule forme actuellement connue d'eux, s'appliquant aux personnages affichés au tableau dans un premier temps: en restreignant leur choix on rend la réponse à la devinette possible.

Ils peuvent produire à propos de Marilyn Monroe :

> She was very pretty. She was blond(e)/Her hair was blond(e). She was a film star/an American film star/a famous film star. What's her name?

Dans un deuxième temps ils pourront s'ils le souhaitent rédiger une devinette sur des personnages de leur choix. Ils devront veiller à donner suffisamment de renseignements pour mettre leurs camarades sur la voie. On peut leur conseiller de graduer leurs énoncés : du plus général au plus précis. A propos de (Oliver) Hardy :

> He was American. He was a comedian. He was very fat. He was funny. His friend Laurel was funny too. Do you know him?

PHASE 7 : ÉCHANGE DES DEVINETTES

L'échange se fait sur le mode du premier fini, premier à échanger ; le rythme de chacun est ainsi respecté. Comme les premiers élèves à avoir fini ne sont pas forcément assis les uns à côté des autres, ils seront donc amenés à se déplacer pour cet échange. Dans le cas d'une classe trop exiguë, le professeur sera contraint de faire circuler les productions lui-même, mais les élèves perdront alors une occasion de bouger ; ils perdront aussi la possibilité de choisir leurs lecteurs.

Une fois les devinettes échangées les élèves vont maintenant lire la production de leurs camarades et vont s'efforcer de répondre par écrit à la question qui leur a été posée. A deux ils ont plus de chances de trouver et s'ils ne voient pas répondent *We don't know*. Puis, ils en rédigent une nouvelle.

L'hétérogénéité de la classe est prise en compte. Certains sont des écrivains plus rapides que d'autres ... Les paires d'élèves qui auront déjà échangé une devinette viendront prendre chacun un autre petit bout de papier blanc et rédigeront une nouvelle devinette qu'ils apporteront au bureau. Si à la fin de l'activité certains élèves ne sont pas parvenus à bout d'une rédaction, ces devinettes supplémentaires leur seront attribuées en priorité. Ils en emporteront chez eux chacun une, qu'ils colleront dans leurs cahiers.

Les autres seront conservées par le professeur et exploitées en lecture oralisée par les élèves au cours suivant. On mesure ici l'intérêt d'avoir écrit sur des papiers isolés et non sur le brouillon.

QUELQUES PISTES POUR LE TRAVAIL SUR *WERE/WEREN'T*

On peut travailler *were/weren't* dans le même esprit, avec les mêmes supports, à condition d'avoir prévu plusieurs personnages d'un même statut ou de même nationalité. On peut aussi apporter de nouvelles photos de couple ou familles célèbres : Laurel et Hardy, les Marx Brothers, Bonnie et Clyde, les Dalton.

Le travail de compréhension peut-être le suivant ; le professeur énonce un fait et la classe réagit :

P : They were brothers.
É : The Marx Brothers! The Daltons!
P : They were comedians and they were brothers.
É : The Marx Brothers!
P : They were comedians but they weren't brothers.
É : Laurel and Hardy!
P : They were gangsters and they were brothers.
É : The Daltons...

On demande ensuite aux élèves d'indiquer les points communs entre les personnages qu'on cite : – *Caesar and Napoleon?* – *They were emperors.* Les activités suivantes sont celles vues plus haut.

Dans des classes de bon niveau on peut bien sûr présenter au cours de la même séance *was/were* et leurs formes négatives et aboutir plus vite à un jeu de devinettes diversifiées.

FIXER *WAS BORN/DIED* ; SAVOIR DIRE UNE DATE

On considère ici que le mécanisme du prétérit est connu, que les élèves maîtrisent *be* et les verbes réguliers. L'objectif du cours est d'apprendre à dire ou demander les dates de naissance et de mort de personnages du passé.

Les supports nécessaires sont des photos de ces personnalités et des *flashcards* réversibles : au recto le nom du personnage, au verso ses dates de naissance et de mort, avec, dans un coin de la carte, un point rose pour les personnages féminins, un point bleu pour les personnages masculins. Ces points, d'une taille suffisante pour être vus de loin, permettent de signaler à la classe le sexe du personnage dont le nom est caché au verso. On verra dans les pages suivantes l'intérêt de cette précaution.

Comme c'était le cas pour l'introduction du passé de *be*, le cours peut commencer par une activité de repérage où les élèves sont invités à nommer les personnages, puis à un *brainstorming*, pour leur faire dire un maximum de choses sur ces personnalités, rebrassant ainsi le passé des verbes. Les noms sont affichés près des photos au fur et à mesure que les élèves évoquent ces personnages.

L'introduction et la fixation de la notion nouvelle peuvent ensuite avoir lieu. On les analysera sous l'angle de deux approches.

• Approche structurale

Le professeur retourne les cartes et en présente la face où sont écrites les dates qu'il lit et fait répéter dans un premier temps. Les structures sont ensuite introduites, et fixées l'une après l'autre, en procédant ainsi : *Shakespeare was born in 1564, Victoria was born in* ... . Donnant le modèle d'abord, il demande ensuite à la classe de le reproduire, après l'avoir fait répéter. Cette démarche fondée sur la répétition et l'imitation relève de l'approche structurale.

• Approche « communicationnelle »

Le professeur retire les cartes et les replace, côté dates cette fois, dans le désordre et à l'écart des personnages. Il lit les dates sur une des cartes et demande aux élèves de qui il s'agit, à leur avis : *He was born in 1564 and he died in 1616*. Les élèves soumettent des hypothèses de réponses : É1 : *Da Vinci?*, É2 : *Shakespeare?* Dès qu'une réponse est trouvée, les dates sont affichées près de ce personnage. Après que le professeur ait donné plusieurs exemples du jeu c'est au tour des élèves de lire des cartes. Les points de couleur au dos des cartes permettent de déterminer le choix du pronom sujet : *he* ou *she*. Leurs camarades essaient de trouver à qui elles se rapportent. L'approche s'inscrit dans un cadre « communicationnel ».

Les deux démarches sont-elles si différentes ?

Dans les deux cas les élèves sont amenés à produire des énoncés semblables et on peut en effet se demander où réside la différence, et si elle est si grande. Dans l'exemple que nous venons de citer elle tient à un élément qui peut sembler relever du détail : les cartes indiquant les dates de naissance et de mort des personnages sont soit sous chaque photo, soit placées au hasard. Petite cause, grand effet : ceci aura comme conséquence de changer le statut de l'activité. La première approche va présenter un modèle à reproduire, la deuxième une devinette à résoudre. Dans un cas, la parole est celle d'un élève docile qui imite l'exemple donné par le professeur. Dans l'autre, tous les éléments langagiers sont fondus et ce qui prime est l'élaboration d'un échange où l'écoute et la parole sont soustendues par l'envie de résoudre le problème posé. La différence vient de l'angle d'approche choisi.

Comment s'assurer que les élèves ont bien compris le sens des notions nouvelles ?

En présentant ainsi les éléments nouveaux – repère graphique/association de structures dans un contexte qui les éclaire, chaque structure explicitant l'autre – on peut penser que l'élucidation du sens va de soi. Or, aucune de ces deux approches ne porte en soi l'assurance de la parfaite compréhension de tous. La capacité à répéter n'est en aucun cas un gage de la compréhension, comme les méthodes audio-orales l'ont longtemps pensé. La répétition ne permet pas de faire l'économie de l'élucidation du sens. Dans le deuxième cas décrit, on peut penser qu'il est impossible de s'exprimer correctement sans que cela s'avère une preuve de la compréhension du sens des structures nouvelles. Sans doute, mais qu'en est-il de ceux qui ne parlent pas ? Quoique nous semblant parfaitement limpide ici, le sens peut néanmoins être problématique pour certains élèves, comme nous le constatons souvent dans des cas similaires. Il convient de ne pas les laisser dans les ténèbres. Une précaution consiste à demander une traduction : *Interpreter, please!* On est sûr alors que les énoncés sont compris. La traduction a pris quelques secondes.

L'élève peut-il passer d'emblée au stade de la production semi-libre comme la deuxième approche semble le faire croire ?

C'est en parlant qu'on apprend à parler. Un élève motivé a envie de parler. Conclure ce syllogisme conduit à encourager la recherche d'activités langagières motivantes. L'approche n° 2 en semble un bon exemple. Cela signifie-t-il que les élèves sont en mesure de reprendre à leur compte les structures et expressions dès que le professeur les a employées plusieurs fois ? Une approche exclusivement orale handicape un certain nombre d'élèves : on ne peut se passer d'un modèle écrit. Dans l'exemple n° 2 brossé à grands traits, il est certainement utopique de penser que tous les élèves vont pouvoir tout maîtriser d'un coup sans étapes intermédiaires, dont la répétition.

Que la répétition et l'imitation aient été des composantes essentielles des méthodes audio-orales et que ces méthodes ne soient plus actuellement préconisées ne doit pas nous faire conclure que répéter, imiter un modèle soit inutile, voire dangereux. La maîtrise d'une langue étrangère implique la maîtrise de phénomènes phonologiques : peut-on les acquérir sans répétition, peut-on les reproduire sans imiter un modèle, cassette ou professeur ? La maîtrise de structures nouvelles nécessite des exercices de gymnastique linguistique, pourquoi pas des exercices de type structural s'ils sont intelligemment conçus, exécutés avec rythme, s'ils ne sont pas le seul type d'exercices que l'on propose aux élèves et s'ils ne constituent pas une fin en soi?

Si on a le souci de la motivation des élèves on va donc garder l'esprit de l'approche « communicationnelle », et privilégier l'ancrage de la parole dans une activité qui la justifie, sans négliger la mise en place rigoureuse des notions nouvelles qui impliquera le recours à la répétition et à l'imitation. Il s'agit simplement de ne pas se faire d'illusion sur leur portée et de ne pas leur attribuer un pouvoir qu'elles n'ont pas : on peut répéter correctement tout en comprenant mal et la capacité à imiter n'est pas synonyme de capacité à produire.

On ne va donc pas tout enseigner de façon globale?

Ce que nous proposons en fait s'inscrit entre les deux approches présentées plus haut. Il s'agit d'une approche éclectique qui puise dans chaque méthode des éléments qui semblent propices à un bon apprentissage. En apprentissage initial, quand les notions sont multiples, il est préférable de dissocier les difficultés et de fixer une notion après l'autre. Encore importe-t-il de savoir par quoi commencer. Dans l'exemple des énoncés *He was born in.../he died in ...* , peu d'élèves parviendront d'emblée à la maîtrise de l'énoncé entier. Sous prétexte de leur en faire produire, et sachant que l'erreur est formatrice, doit-on ici les laisser trébucher à chaque mot? La communication n'en sortirait pas gagnante. Cette communication sera d'ailleurs plus entravée par une mauvaise maîtrise des dates, que par des erreurs sur les structures verbales nouvelles. C'est donc sans doute par les dates que nous choisissons de commencer le travail de fixation.

Pourquoi les dates posent-elles problème à nos élèves?

Dire une date pose problème à nos élèves en raison du peu de familiarité qu'ils ont avec cette notion. Ont-ils souvent l'occasion d'en pratiquer? Tout au mieux savent-ils dire la date de l'année, si le professeur en fait un rituel quotidien. Ils sont gênés par le découpage qui est différent du français : pour traduire mille neuf cent dix il leur faut passer mentalement de mille neuf à dix-neuf, de cent dix à dix, première difficulté. Les dates impliquent la maîtrise des nombres à deux chiffres, et les élèves achoppent sur ce point. Mais on pourrait rétorquer que l'expression de la date en anglais ne requiert que la connaissance de nombres de 1 à 99, ce qui représente une liste plus restreinte qu'en français. Certes, mais ils hésitent souvent devant ces nombres, les confondent deux à deux *(ninety/nineteen)*, ou les prononcent mal. Il faut donc qu'ils s'entraînent à en entendre, à en dire, à en écrire, à s'en servir.

Quels types d'activités peut-on privilégier ?

Les activités de fixation possibles ne manquent pas :

- travailler la discrimination des paires contrastées : « 13/30 » en compréhension et en production.
- faire répéter collectivement/individuellement des dates affichées.
- dicter une de ces dates à plusieurs élèves au tableau : le premier qui l'a reconnue la montre du doigt.
- faire écrire à un groupe d'élèves, 5 ou 6, chacun dans un coin du tableau, des dates que le professeur dicte, et que le reste de la classe note simultanément par écrit. La présence de plusieurs élèves permet de mettre à jour des erreurs. La date erronée est relue en contraste avec la date demandée. Changer de groupe d'élèves après 4 ou 5 dates.
- la classe dicte des dates que les autres écrivent ; 3 élèves le font au tableau, le reste de la classe les notant sur papier ; chaque élève qui a fourni une proposition se lève et se rend au tableau, où il prend la place d'un camarade qui lui regagne sa table.

On peut introduire un élément culturel qui viendra renforcer la motivation :

- le professeur cite en anglais une date historique : les élèves donnent l'événement correspondant en français.
  – Il s'agit de tester leur compréhension des dates et leur culture de base. Si leur bagage linguistique leur permet de répondre en anglais, cela n'est pas interdit !
- demander aux élèves de ne citer que des dates historiques.
- le professeur cite un événement historique en français : « Prise de la Bastille », ou en anglais : *Christopher Columbus discovered America*, et les élèves donnent la date correspondante en anglais.

Comme pour toute notion, un apprentissage de base rigoureux ne suffira pas et un rebrassage s'impose. Ces exercices ne feront donc pas l'objet du seul et unique cours où l'on fixera la notion, mais devront être proposés régulièrement.

Pour les structures *was born/died* faut-il une approche pas à pas ?

Une fois les dates revues, les entraves à la communication sont en partie soulevées, et c'est alors en pratiquant ces structures dans un contexte motivant qu'elles se fixeront le mieux.

Ici aussi une phase brève de répétition phonologique précédera l'appropriation des structures *was born/died*: faire dire, faire lire. Les structures sont affichées au tableau où elles serviront de référence. Puis les activités de devinette peuvent se dérouler. Les élèves ont maintenant les outils nécessaires pour que le jeu se déroule efficacement. En milieu d'activité, on enlève les supports écrits pour voir si les élèves sont en mesure de produire sans aide. On peut aussi proposer un bref test formatif, bien qu'ici on risque d'introduire une rupture dans la motivation du jeu.

Et pour que les notions ne s'oublient pas ?

On évitera que les élèves ne perdent les avantages linguistiques acquis en leur présentant périodiquement ces cartes. Elles ont été préparées sur un support qui en assure la conservation. Aucun travail de préparation supplémentaire n'est nécessaire au professeur. Les *flashcards* ont l'avantage du peu d'encombrement. Il est facile d'en avoir toujours plusieurs avec soi que l'on présente aux élèves en *warm-up*, ou en fin de cours, le jour où il reste quelques minutes.

La classe est divisée en deux groupes. Dans le cas d'une disposition en U le professeur se place dos à un groupe et montre une carte, côté dates, aux élèves qui lui font face. Dans une classe de disposition traditionnelle, on se place au fond de la classe et on demande à un groupe de se retourner vers soi, l'autre groupe devant maintenir les yeux fixés au tableau. Un groupe est engagé dans une activité de production orale, l'autre de compréhension. Le groupe qui voit les dates les lit en précisant *He/she was born in ... and died in...*, l'autre groupe propose le nom du personnage.

Mais on peut aussi tester leurs mémoires des dates en proposant à la classe entière les mêmes cartes côté nom et les laisser réagir. On n'obtiendra pas toujours la bonne réponse mais ils pratiqueront les structures *I think he was born in/he died in ...* . On les guidera vers la réponse en leur disant *before/much later,* ce qui implique pour eux une gymnastique d'énoncés de dates.

ÉTUDE D'UNE BIOGRAPHIE DE MARILYN MONROE EN 3e

Dans le cadre du *Trivial Pursuit*, nous avons jusqu'ici évoqué les questions qui s'inscrivent dans un cadre général donné : les records, les héros de comptines, les personnages célèbres. Avec l'exemple qui suit, on va voir comment exploiter une biographie, et comment aboutir à la production de nouvelles cartes de jeu.

L'objectif de la séance est de faire découvrir aux élèves des éléments de la vie de Marilyn Monroe. Ils la connaissent tous de nom, savent dire qu'elle est actrice, un bon nombre sait la reconnaître, mais leurs connaissances s'arrêtent là pour beaucoup.

Le cours s'appuie sur un texte qui retrace sa vie. Nous allons voir ici comment renforcer la motivation des élèves en introduisant des éléments de surprise et en faisant une large place à l'anticipation. Le document ne sera remis aux élèves qu'en tout dernier lieu, pour qu'ils y trouvent infirmation ou confirmation des hypothèses qu'ils ont été amenés à formuler pendant ce cours. La formulation de questions est une phase centrale de ce cours, les erreurs commises ont rendu nécessaire une phase de réflexion sur la langue. Tous ces éléments de la leçon vont être décrits ici.

PHASE 1 : INTRODUCTION DU THÈME

L'introduction se fait sous forme d'énigme. Au tableau le professeur écrit en majuscules le mot *BAKER* et s'éloigne en silence. C'est le signal que quelque chose est à dire, à déduire. Les élèves cherchent :

> It's a job.
> A baker is a man who makes bread.
> Maybe we're going to talk about this job.
> You've written the word baker in big letters./Why did you write it in big letters?

Le professeur n'intervient pas tant que les élèves semblent avoir encore quelque chose à dire, puis note le mot *JEAN* à gauche de *BAKER* :

> It's a name.
> It isn't a job, then.
> It looks like an English name.
> Jean is Mrs Baker's first name *(les élèves qui ne connaissent pas ce prénom anglais et le confondent avec le prénom masculin français diront « Mr »).*

Enfin, le mot *NORMA* est inscrit qui ne vient en rien aider les élèves !

> We're going to talk about this woman.
> I've never heard of anyone called Norma Jean Baker.
> Who is it?

On passe alors un très court extrait de *I wanna be loved by you*. Sur la trentaine des élèves, il s'en trouve bien un, plus cinéphile que les autres, qui reconnaît l'actrice. On complète, au tableau *Marilyn Monroe = Norma Jean Baker's stage name*. On leur demande ensuite de la décrire, avant de faire voir à tous sa photo.

PHASE 2 : PRODUCTION DE QUESTIONS

Une série de dix mots-clé, inscrits chacun sur une carte, sont fixés sur la gauche du tableau, en colonne, dans l'ordre suivant :

1. nationality
2. date of birth
3. place of birth
4. death
5. death + age
6. marital status
7. children
8. jobs before acting
9. first film
10. films you know

Les élèves ont pour tâche, dans un premier temps, de travailler en *pairwork* pour formuler par écrit les questions correspondant à ces mots. Comme d'habitude dans ce genre de travail, chacun des deux écrit tout, et ils savent qu'ils doivent écrire la même chose que leur voisin. Pendant qu'ils travaillent on prend note des questions non maîtrisées. Dans une classe de 3e de 28 élèves, deux paires seulement avaient correctement posé la question relative au mot-clé *death*, question figurant au programme de 5e...

PHASE 3 : MISE EN COMMUN, CORRECTION ET PRISE DE NOTES

Les élèves lisent leurs questions que l'on inscrit au tableau horizontalement, les unes sous les autres, sur la ligne de la *flashcard* correspondante. Quand plusieurs propositions sont faites, la moins évidente est retenue. Ainsi pour *marital status* des *Yes/No questions* ont été spontanément données, aucune précision n'ayant été donnée au préalable. Les élèves ont épuisé le champ lexical approprié : *Was she married/single/divorced?* Puis, quand un élève a produit *Did she have many husbands?* l'injonction *WH questions now!* a permis d'obtenir *How many husbands did she have?* pour finir sur *How many times did she get married?*, question que l'ensemble de la classe était loin de connaître et qui a été également inscrite.

Compte tenu des erreurs nombreuses sur la question n° 4, elle n'a été traitée qu'en dernier. Sachant quels sont les élèves qui ont posé correctement la question, on interroge les autres paires pour commencer et, sur un autre tableau, on note, les unes sous les autres, toutes les formules erronées en disant simplement *Who said it differently?*, ou bien *Come on! One more!* sollicitant à un moment la bonne question sans exprimer aucun soulagement pour ne pas la signaler comme correcte.

Tout au long de cette prise en notes de leurs erreurs, il faut rester bienveillant et enjoué, montrer que l'on porte de l'intérêt à leurs énoncés. Produire un autre énoncé – se tromper, encore ! – devient d'ailleurs une performance et l'activité se déroule dans une réelle bonne humeur, aucun élève ne se sentant gêné de s'être trompé. Et leurs erreurs sont intéressantes ; les erreurs le sont toujours d'ailleurs, une fois qu'on cesse de les considérer comme une atteinte à sa dignité d'enseignant ou comme la marque de son échec à enseigner, mais qu'on les accepte comme naturelles et significatives, riches de progrès potentiel.

On a obtenu 6 énoncés, soit 5 versions incorrectes !

> When was she dead?*
> When did she dead?*
> When was she death?
> When did she die?
> When was she die?*
> When did she died?*

Les élèves ont ensuite dû se déterminer sur la formule qui leur semblait correcte, sachant que seule une l'était. Cela a donné lieu à une controverse, l'énoncé *When was she dead?* obtenant aussi beaucoup de suffrages. L'erreur semble s'expliquer par analogie avec la question *When was she born?*, puisque il y a analogie en français entre « Quand est-elle née ? » et « Quand est-elle morte ? ». Cette imitation nécessite la connaissance de l'adjectif *dead*. L'erreur concernant le double maintien de la marque du passé *(did + died)* est une erreur courante, entraînée ici par assimilation avec le *How old was she when she died?* de la n° 5 qui n'avait pas suscité d'erreur. Dans la question contenant le mot *death*, l'erreur est imputable à la *flashcard*, les élèves ayant recopié le mot-clé ; du moins montrent-ils par là qu'ils ne font pas la différence entre le substantif et l'adjectif et cette mise au point va permettre de le leur rappeler.

Car les élèves doivent maintenant essayer de trouver pourquoi ces erreurs ont été commises ; c'est à dire qu'ils doivent émettre des hypothèses comme nous venons de le faire, après avoir trouvé où se situait l'erreur dans chaque question incorrecte. Enfin la question correcte a été notée dans l'espace laissé vide au tableau central, et on leur demande de traduire par écrit « Comment est-elle morte ? ». Cette fois, seuls deux élèves se sont trompés. Ils ont maintenant une pause écrite pour corriger leurs éventuelles erreurs et noter les compléments apportés. On préférera les pauses pour l'écrit à la prise de notes en continu pour une meilleure concentration de tous en même temps au moment des activités orales collectives.

PHASE 4 : EXPLOITATION DE CES QUESTIONS

On numérote les questions du tableau. Il y en a maintenant onze, avec l'ajout de *How did she die?* On tend aux élèves onze petits papiers numérotés de 1 à 11. Les élèves tirent un numéro et posent la question correspondante – simple exercice de lecture rendu un peu plus ludique par le tirage au sort. Y répondre, là est l'intérêt de cette nouvelle phase : il faut soit utiliser ses connaissances soit émettre des hypothèses. Toutes les suggestions sont notées au tableau avec entre parenthèses l'initiale de l'élève qui a émis une suggestion.

PHASE 5 : LECTURE DU TEXTE

Le document est remis aux élèves pour une lecture silencieuse. Cette lecture du texte permet de vérifier le bien-fondé des suggestions, d'infirmer ou de confirmer leurs réponses. Chaque élève note sur sa fiche de questions la réponse correcte.

Norman Jean Baker

Norma Jean Baker was born on June 1st in Los Angeles, California. She never knew her father. Her mother, Gladys, was mentally ill and often in hospital so, in 1926, Norma Jean was placed with foster parents. She returned to live with her mother in 1933 but it wasn't for long. In 1934, Gladys was placed in Los Angeles Mental Asylum and never came out again. Norma Jean first lived with some neighbours and then was sent to an orphanage at the age of 9.

On June 18th 1942, just after her sixteenth birthday, she got married. Her husband was Jim Dougherty who left for Europe shortly afterwards to fight in the Second World War. Norma Jean had to get a job. First, she was a parachute packer and then she worked as a painter in an warplane factory. It was there that she met a photographer and became his model for magazine pictures. She then became a full-time model.

She got divorced from her husband in 1946 and, in the same year, she met a casting director at 20th Century Fox who offered her a 7-year contract. He also gave her a new name: Marylin Monroe. In her first film, *Love Happy,* she appeared with Groucho Marx. She didn't have a big part but an important agent noticed her and helped her to get a better contract. In 1950 she made *The Asphalt Jungle* and *All About Eve* and then went to New York to study at the Actors'Studio. She got married again, to a baseball star, Joe Di Maggio, but they were divorced in 1954. Joe couldn't stand the fact that his wife was a star. In that same year, she made *The Seven Year Itch*. She soon married again. This time her husband was a famous writer, Arthur Miller, but it wasn't a success. Marilyn became very unhappy and depressed. She desperately wanted a child but she couldn't have one, and her career didn't satisfy her. She acted in a series of very successful films like *Some Like It Hot, Bus Stop* and *Niagara*, but she wanted even better, more dramatic roles. She began to drink heavily and to take drugs. Her last film was *The Misfits* in 1961. On August 4th, 1962, she died of an overdose of sleeping pills. She was only 36.

PHASE 6 : MISE EN COMMUN

On évalue maintenant, classe entière, les suggestions préalables des élèves obtenues en phase 3 par rapport aux faits que donne le texte. On détermine qui des élèves avait donné des renseignements exacts : *X was right when he said that* ... et on commente des renseignements qui sont bien éloignés de la réalité : *X thought ... but in fact* ... .

HOMEWORK

Les élèves ont comme tâche de recopier 5 questions sur les 11, chacune sur un format de *Trivial Pursuit*. Sur un papier à part, ils rédigent 5 autres questions sur le texte. Une partie de ce travail peut être commencé en classe, selon le temps dont on dispose.

COURS SUIVANT

Il débute par un travail de groupes. Les élèves travaillent à quatre. Ils collectent les questions qu'ils ont recopiées et les font passer à un autre groupe. Dans chaque groupe, ils piochent à tour de rôle une question et la lisent. Un test formatif peut ensuite être soumis à la classe entière pour voir où ils en sont de la maîtrise du questionnement, ou bien un test sur leurs acquis relatifs à la vie de l'actrice.

Pendant ce temps, le professeur commence à corriger les questions que les élèves ont rédigées sur feuille. Soit il signale les erreurs et rend les feuilles aux élèves pour auto-correction, soit il corrige et l'élève recopie à la maison ses questions sur un format de *Trivial Pursuit*. On aura quelques questions nouvelles de *Trivial Pursuit* pour les cours suivant.

Tout document biographique se prête bien à une séquence de ce genre. Elle permet de réviser le questionnement, et d'anticiper le texte. Mais, il va de soi qu'il ne s'agit pas de présenter plusieurs fois à la même classe cette même approche, la motivation qui a été alors très soutenue ne manquerait pas de s'émousser !

QUELQUES NURSERY RHYMES

Little Bo Peep
Has lost her sheep
And doesn't know where to find them.
Leave them alone
And they' ll come home
Wagging their tails behind them.

Rub-a-dub-dub
Three men in a tub
And who do you think they be?
The butcher, the baker,
The candlestick-maker
Turn them out, knaves all three.

Mary, Mary,
Quite contrary,
How does your garden grow?
With silver bells
And cockle shells
And pretty maids all in a row.

Old King Cole
Was a merry old soul
And a merry old soul was he.
He called for his pipe
And he called for his bowl
And he called for his fiddlers three.

Little Miss Muffet
Sat on a tuffet
Eating her curds and whey.
There came a big spider
Who sat down beside her
And frightened Miss Muffet away.

Hey diddle diddle
The cat and the fiddle,
The cow jumped over the moon.
The little dog laughed
To see such fun
And the dish ran away with the spoon.

Little Jack Horner
Sat in a corner
Eating his Christmas pie.
He put in his thumb
And pulled out a plum
And said, «What a good boy am I!»

There was an old woman
Who lived in a shoe
She had so many children
She didn't know what to do.
She gave them some broth
Without any bread,
Then whipped them all soundly
And sent them to bed.

Baa, baa, black sheep,
Have you any wool?
Yes, sir, yes, sir,
Three bags full.
One for the master,
And one for the dame,
And one for the little boy
Who lives down the lane.

Jack and Jill
Went up the hill
To fetch a pail of water.
Jack fell down
And broke his crown
And Jill came tumbling after.
Up Jack got
And home did trot
As fast as he could caper.
He went to bed
To mend his head
With vinegar and brown paper.

TROISIÈME PARTIE

FIXER ET REBRASSER LES ACQUIS

11

NÉCESSITÉ DU REBRASSAGE EN LANGUES VIVANTES

Contrairement à certaines matières où le programme est, sinon entièrement, du moins partiellement indépendant du programme passé ou à venir, l'apprentissage d'une langue étrangère est un processus cumulatif. Les notions nouvelles viennent se greffer sur les acquis antérieurs; assimiler ces nouvelles notions sans pour autant oublier les anciennes est une des conditions de la maîtrise de la langue.

Avant d'aborder le programme spécifique du niveau concerné, les manuels du premier cycle prévoient des révisions de début d'année et leurs premiers chapitres s'y consacrent. Prévoir des révisions de début d'année, c'est prendre en compte la capacité d'oubli ou de non-maîtrise d'une notion par l'élève; c'est reconnaître que ce n'est pas parce qu'une notion est enseignée qu'elle est acquise, que ce n'est pas parce qu'elle a été apprise qu'elle est retenue et maîtrisée.

Ces révisions étant cantonnées à une période bien déterminée de l'année scolaire, les premières semaines, on pourrait en conclure qu'il ne sera plus utile au cours de l'année de revenir sur les acquis du passé. Ne prévoir des révisions qu'une fois par an, une fois pour toutes, ce serait accréditer l'idée que ce qui est enseigné peut être oublié mais que ce qui est revu une fois est définitivement maîtrisé. L'expérience est là pour nous assurer du contraire...

Il semble donc souhaitable d'accorder aux révisions une part régulière dans l'apprentissage pour éviter que les lacunes d'un jour ne suivent l'élève tout au long de sa scolarité, ou que, tels les vases communicants, toute notion étudiée ne soit retenue qu'au prix d'une notion ancienne oubliée. Mais réviser fréquemment ne signifie pas passer son temps à réviser! Consacrer à chaque séance un court moment au rebrassage des acquis antérieurs suffit; ce qui est d'ailleurs plus efficace que de passer de façon très épisodique des séances entières à des révisions. Faire des révisions ne doit pas non plus être un pensum.

Trop souvent, faire des révisions consiste à refaire, à l'identique, ce qui a été déjà fait dans les années précédentes. Professeurs et élèves se plaignent de cette activité dont ils sentent, paradoxalement, à la fois la nécessité et l'inefficacité. Revoir, c'est re-voir, voir à nouveau; mais c'est aussi voir différemment, comme l'on dit d'un jugement qu'on le « révise ». Ce devrait donc être aborder sous un angle nouveau, d'un œil neuf. L'objectif est alors de faire quotidiennement des révisions rapides, attrayantes, efficaces et originales.

La question du matériel à la disposition du professeur se pose alors. Des révisions, mais comment? Avec quoi? A partir de quoi ? Si en effet les manuels tiennent compte de la nécessité de remettre à niveau l'élève à la suite des grandes vacances, ils ne sont d'aucune aide pour ces révisions au quotidien. D'où l'idée, la nécessité, de fabriquer ses propres supports, pour répondre aux exigences citées plus haut, c'est à dire donner à lire, faire trouver, faire mémoriser, rappeler, évoquer. Ce matériel emprunte à l'anglais son nom de *flashcards*.

FLASHCARDS: DÉFINITION

Il s'agit de fiches cartonnées, de type Bristol, que le professeur présente à la classe et sur lesquelles il a inscrit des mots ou dessiné des symboles qui vont servir de déclencheurs de parole et de base à des révisions.

On peut classer ces cartes en plusieurs catégories:

- les cartes-symboles servent à évoquer: on y représente sous forme de dessin des opérateurs de questionnement, les temps du verbe, les adverbes de fréquence. Le serpent qui représente le «s» de la troisième personne du singulier du présent simple entre dans cette catégorie, comme le 0% qui symbolise *never*.
- sur les cartes mots-questions sont inscrits en toutes lettres les opérateurs de questionnement.
- les cartes fonctionnelles poussent les élèves à utiliser certaines expressions: *suggestions* aiguille l'élève vers l'utilisation de structures variées comme *Let's! How about* + -ING? *Why not? Shall we?*
- les cartes-structures proposent des schémas de structures (*be* + ING) ou rappellent comment construire telle structure (*can* + V).
- les cartes thématiques fixent un cadre pour l'expression. Certaines permettent de reproduire au tableau les éléments contenus dans les grilles de compréhension orale et sont utiles pour structurer la prise de parole: *place, people, marital status, occupation* ... la liste en est longue.
- les mots-clé constituent une sous-catégorie des cartes thématiques en précisant, détaillant: *nickname, nationality, telephone number* seront considérés comme faisant partie de cette rubrique.
- les cartes lexicales présentent un mot, une expression. Elles se prêtent à la fixation et au rebrassage du vocabulaire.

On a le choix entre des cartes de différentes catégories pour aboutir à la même production d'élève. Le choix dépend de l'âge de l'élève, de sa maîtrise de la langue et de l'activité. Pour obtenir l'expression de la localisation, on peut choisir entre le mot-question *Where?*, la carte symbole qui porte le dessin des quatre points cardinaux surmontés d'un point d'interrogation (ou tout autre dessin retenu), ou la carte thématique *place*.

Un mot-question et son symbole, le mot-question et son équivalent thématique, un mot et sa traduction peuvent être réunis sur une même *flashcard*, l'un au recto, l'autre au verso, la réversibilité de la *flashcard* étant un de ses avantages.

Les cartes répondent à des objectifs différents : en présentant les opérateurs écrits en toutes lettres le professeur vérifie que les élèves savent les prononcer et leur redonne en même temps l'occasion de s'en remémorer l'orthographe. En présentant les versions symbolisées de ces opérateurs, il s'assure que les élèves ne font pas d'erreurs sur le sens du mot qu'ils utilisent. Ils doivent en effet se montrer capables de faire la différence entre *Who? Whose? How?* et *Where?*, opérateurs que les jeunes élèves auront moins tendance à confondre ou écorcher si des activités de discrimination leur sont proposées avec régularité.

Ces révisions permettent au professeur de mesurer où en est la classe dans la maîtrise des mots, des notions, des structures ; elles permettent à l'élève de prendre conscience de ce qu'il sait ou ignore encore et lui donne l'occasion de combler ses lacunes.

Une objection immédiate : sans avoir à fabriquer aucun matériel, le professeur pourrait écrire au tableau ce qui est inscrit sur ces cartes, ce qui produirait le même effet. Certes, mais ces cartes offrent d'autres avantages dont on peut dresser une liste.

AVANTAGES DE CE MATÉRIEL

- La carte focalise le regard ; le mot écrit au crayon feutre sur fond blanc canalise davantage l'attention qu'un mot au tableau.
- Préparées chez soi, ces cartes sont conçues de façon nette alors que les mots au tableau peuvent manquer de lisibilité.
- On peut choisir des couleurs qui rendent ces cartes plus attrayantes.

- Pour être appréciées des élèves les cartes symboles doivent être réalisées avec soin, ce qui prendrait du temps s'il fallait dessiner les symboles au tableau.
- La fiche cartonnée, grâce à sa solidité, supporte de nombreux réemplois ; le temps « perdu » à les fabriquer est largement compensé par le gain de temps ultérieur.
- La réversibilité de la carte permet des activités variées : découverte du mot grâce au symbole (association du sens et du mot), vérification immédiate de la réponse, lecture collective du mot...
- Le peu d'encombrement des cartes permet de les transporter sans problème.
- La carte est un objet qui se prête à manipulation.

FABRICATION DES *FLASHCARDS*

La réalisation des cartes ne pose qu'un problème de netteté d'exécution. Le support conseillé est une fiche blanche quadrillée de type Bristol. Le quadrillage permet de mieux tracer les lettres. Des feutres à pointes extra-large sont recommandés pour réaliser des lettres visibles de loin, ayant au minimum 2 cm de hauteur et de largeur. Le format choisi peut varier selon le type de carte : 100 x 150 mm pour les mots-questions, les cartes thématiques, fonctionnelles, les structures ; un format plus petit pour les mots-clé et les cartes lexicales.

Il est souhaitable de choisir un type d'écriture – scripte, attachée, minuscule, majuscule – et de s'y tenir, de même qu'il faut s'efforcer de conserver aux lettres une taille identique. Les cartes étant en effet rarement présentées aux élèves de façon isolée, le sens esthétique serait gêné devant un paquet hétéroclite sur le plan de l'écriture, ce qui constituerait un élément distracteur, alors qu'en revanche un « produit » réalisé avec soin produira l'effet désiré de focalisation des regards et de concentration maximum. On peut choisir un type de graphie par carte : l'écriture scripte minuscule se prête bien aux mots, les majuscules conviennent bien à tout ce qui est thématique.

Que chaque catégorie de *flashcards* ait une unité représente en soi une aide mnémotechnique pour l'élève : il apprend plus vite à repérer les mots questions comme un groupe relativement homogène gouverné par les lettres « WH » pour peu que ces deux lettres aient été graphiquement mises en valeur – les opérateurs commençant par *How* n'étant qu'une exception à la règle des *WH words*.

COMMENT S'EN SERVIR ?

Le professeur décide d'un point à réviser : questions, lexique, structures, et sélectionne un certain nombre de cartes, qui forment un paquet.

De même que l'on insistait sur la nécessité d'apporter du soin à la réalisation des cartes, leur manipulation comporte des exigences. Il est important que la manipulation soit aussi soignée, aussi nette que les cartes elles-mêmes. Il faut d'abord s'assurer que tous les élèves les voient bien. Le professeur se tient donc loin d'eux, dos au tableau par exemple, pour éviter les angles morts. Il fait face à la classe pour la même raison, et présente les cartes à hauteur de poitrine. Il veille à ne pas occulter les cartes en les tenant. Il adopte une attitude stable pour ne pas distraire les regards : seules ses mains bougent.

Le paquet de cartes tenu des deux mains, il fait passer les cartes, une par une, de l'arrière vers l'avant. Les cartes doivent être tenues fermement, il ne s'agit pas qu'elles glissent du paquet. Pourquoi les faire passer d'arrière en avant ? Les élèves voient le recto des cartes, mais le professeur, lui, n'en voit que le verso ; or, il doit savoir ce que chaque carte représente. C'est en les manipulant comme nous le recommandons qu'il le saura : si les deux côtés de la carte sont imprimés (mot-question/symbole) le dos de la carte le renseigne sur ce que voient les élèves ; si rien n'est au dos de la carte, il verra en transparence ce qui est inscrit, au moment où il la fait passer d'arrière en avant ; il peut aussi choisir d'écrire au crayon, en petits caractères, ce que la carte représente. Toutes ces opérations seraient impossibles en manipulant les cartes d'avant en arrière. Le professeur devrait alors retourner les cartes vers lui, ou se pencher vers elles, et ne pourrait rester statique comme nous le conseillons : la manipulation perdrait en netteté, donnerait une impression de négligé et ne ferait guère « professionnel ». L'œil est sensible au travail bien fait. Un peu d'entraînement suffit à se familiariser avec cette manipulation.

Le professeur n'interroge la classe que lorsque la carte de l'arrière est bien placée au devant du paquet, et non pas tant que deux cartes sont visibles : les élèves ne sauraient à laquelle réagir. Leurs réactions dépendent de la carte qui leur est présentée : selon la carte ils sont amenés à lire, à dire, à traduire.

L'activité doit par ailleurs être menée sur un rythme soutenu, le manipulateur ne doit pas hésiter car ses hésitations distrairaient les élèves.

QUAND PROCÉDER À CES RÉVISIONS ?

C'est au début de chaque cours que la réactivation des notions récentes et anciennes trouve sa place lors de ce qui constitue un échauffement linguistique préalable au cours proprement dit. Cette phase de *warm-up* se distingue de la reprise de la leçon précédente. Il ne s'agit pas là de faire réciter une leçon, ni de vérifier si ce qui a été étudié la veille est en place, mais de créer un moment d'activité orale intense où l'élève sera amené à utiliser toutes ses connaissances de l'anglais. Penser à inclure dans presque chaque séance un bref moment de rebrassage assure une maîtrise plus durable des notions.

Le *warm-up* ne doit bien sûr pas se réduire à une simple révision des acquis, car c'est aussi le moment privilégié où l'élève peut et doit être encouragé à intervenir sur des points sans rapport avec le programme, comme quand on l'invite à donner des nouvelles de l'école, des nouvelles personnelles, locales, familiales, nationales ou internationales. Nous ne traiterons pas cet aspect du *warm-up* pour n'en considérer que l'objectif de révisions.

QUE FAIRE RÉVISER ?

S'interroger sur ce que l'on souhaite que l'élève réactive, c'est en fait s'interroger sur ce qu'il a du mal à assimiler, sur ce qu'il a tendance à oublier, sur ce que les séances ne lui donnent pas assez l'occasion de pratiquer. Le choix dépend des lacunes constatées, des difficultés particulières de sa classe. On peut aussi vouloir s'assurer qu'une notion relativement récente est toujours en place, la sélection est alors fonction du programme de l'année. Les révisions sont donc déterminées par les besoins spécifiques de chaque classe et varient d'une classe à l'autre.

Elles dépendent aussi de l'approche suivie dans le manuel. Tous les manuels ne prévoient pas un enseignement en spirale, où les notions antérieures sont réactivées sans cesse. Le risque de cloisonner l'apprentissage intervient quand on consacre des séances successives à un nouvel apprentissage, c'est le cas pour l'étude des temps du verbe par exemple. L'apprentissage peut aboutir à un sur-apprentissage, la pratique exclusive d'une notion qui se fait au détriment du rebrassage des autres. C'est pour ces raisons, et aussi à titre d'exemples, que nous proposons ici de traiter comment entraîner le questionnement, faire réviser les temps du verbe et certaines structures verbales. La révision du lexique sera abordée dans le chapitre qui est consacré au vocabulaire.

POURQUOI S'ENTRAÎNER AU QUESTIONNEMENT ?

Le professeur de seconde constate souvent que le questionnement est loin d'être maîtrisé par l'ensemble des élèves. Des questions élémentaires en plongent plus d'un dans l'embarras. Répondre à ces questions ne va pas sans erreurs, quant à les produire, cela ne va pas sans mal ! La remise à niveau à ce stade de leur scolarité est souvent délicate.

Est-ce à dire que tout se joue avant la classe de seconde ? Rien n'est jamais définitivement joué dans la scolarité d'un enfant mais en langues vivantes les lacunes sont un lourd handicap, et il est bien difficile en terminale de rattraper en un an les bases que l'on n'a jamais eues. Or, les bases, c'est l'œuvre du collège. La maîtrise du questionnement est une des bases de la communication : savoir demander un renseignement donné, savoir comprendre ce que l'on demande pour savoir renseigner.

La fréquence des erreurs relatives au questionnement jusqu'à un stade élevé des études justifie qu'on s'interroge sur un moyen de mettre en place un apprentissage plus efficace et que l'on se donne les moyens d'une remédiation réussie. Le questionnement en anglais nécessite un entraînement régulier.

COMMENT S'ENTRAÎNER AU QUESTIONNEMENT

Maîtriser le questionnement est une opération complexe pour les élèves même si le questionnement anglais obéit à une règle qui nous semble bien simple : inversion du sujet et de l'élément porteur de temps. Nous sommes loin de la variété des modes de questionnement du français ! La difficulté vient précisément de cet écart entre ces deux langues : l'élève français est tenté de calquer les questions anglaises sur le schéma français. Une autre raison expliquant la mauvaise maîtrise du questionnement est le nombre limité d'occasions offertes pour en produire. Il importe bien sûr de veiller à mettre en place les notions d'une façon rigoureuse. Mais aucun enseignement, si rigoureux soit-il, ne fera que la totalité de la classe maîtrise du premier coup les notions nouvelles.

Si l'on décompose les opérations nécessaires à un bon questionnement, on peut mieux mesurer ce qui est acquis ou non par l'élève. Est-il capable d'utiliser à bon escient les opérateurs de questionnement ? Maîtrise-t-il le phénomène d'inversion ? Sait-il correctement faire porter les éléments de temps sur l'auxiliaire ? Il convient de mesurer la distance qui sépare l'élève de l'objectif à atteindre et de lui donner la possibilité d'une réelle remédiation.

La révision systématique des opérateurs de questionnement en 6e en facilite l'assimilation. Sans la maîtrise de l'opérateur l'élève ne peut maîtriser le questionnement. Les élèves en oublient certains, ne les orthographient pas tous correctement, font des confusions de sens. Un énoncé apparemment sans erreur comme *Who's John?* traduit peut-être une confusion entre *who* et *where* et l'élève a pu vouloir demander où se trouvait John, et non qui il était.

Des révisions uniquement orales privent l'élève du repère graphique et ne parviennent pas à éliminer les confusions d'orthographe. Un élève peut bien prononcer *Whose is it?* et l'écrire *Who's is it?** Faire des tests rapides pour savoir où en sont les élèves par rapport à l'objectif de maîtrise de ces mots renseigne le professeur mais ne consiste pas en des révisions pour l'élève. Revoir ces mots avec régularité s'impose ; il s'agit de les leur faire dire, de les leur faire lire, de s'assurer qu'ils les comprennent et de les leur faire utiliser.

FLASHCARDS SYMBOLES : EXEMPLES ET JUSTIFICATION DU CHOIX

Pour faire travailler le questionnement le professeur a le choix d'utiliser des *flashcards* montrant le mot écrit en toutes lettres et/ou des cartes symbolisées ou bien des cartes réversibles. Chaque catégorie de cartes permet une activité différente, comme on pourra le voir plus tard.

Recourir à des symboles pour évoquer les opérateurs de questionnement ouvre une large perspective de choix possibles. Les cartes qui vont être présentées ici sont le fruit d'un choix et de là demandent à être explicitées. Elles ne sont données qu'à titre d'exemples, un autre choix étant tout à fait possible, mais il peut être intéressant de préciser la démarche qui a présidé à leur conception. Mettre à plat une démarche de recherche en pédagogie permet d'aller plus avant ; une idée avancée en générant d'autres, certains lecteurs, peu convaincus devant tel ou tel symbole, ne manqueront pas de faire à leur tour œuvre de créativité pour aboutir à un produit plus satisfaisant encore.

Le choix ici a été de mettre à chaque fois en valeur le point d'interrogation. On dessine sur chaque carte un grand point d'interrogation, aux contours épais, et dont le « point » proprement dit se transforme en cercle à l'intérieur duquel on fait figurer le sens de l'opérateur. Ce point occupe la moitié inférieure de la carte.

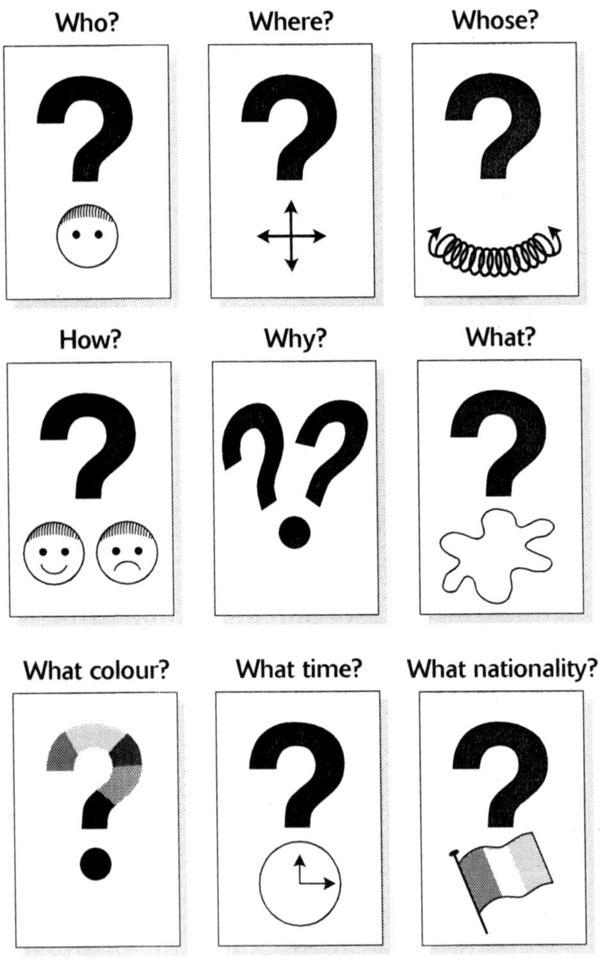

How old?

How much? (1)

How much? (2)

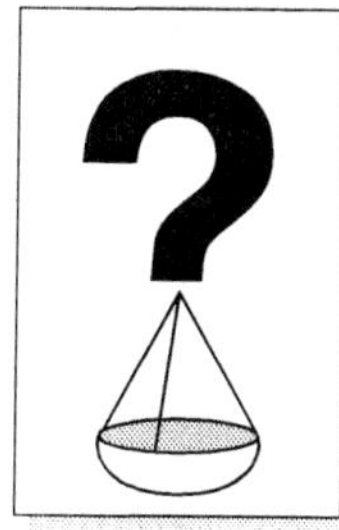

How often?

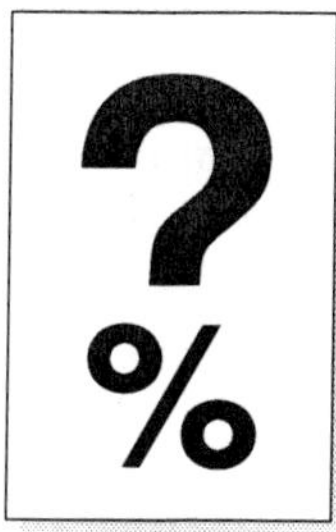

When?

Which?

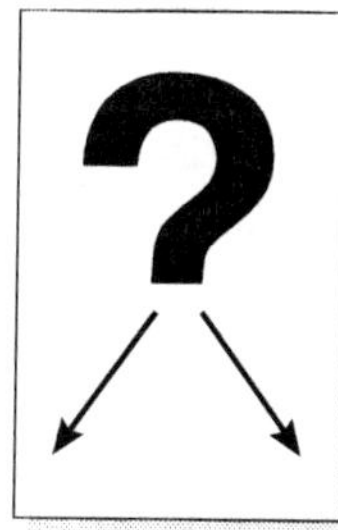

When did?

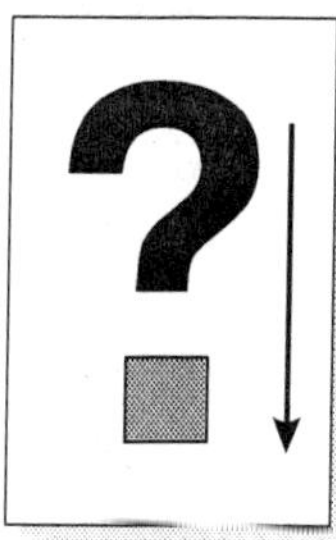

How long ago?

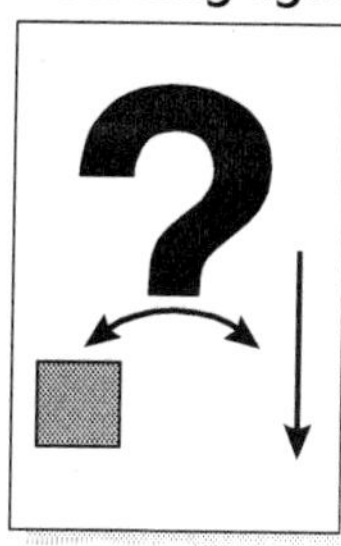

How long did?

How long have + EN?

Since when?

How *suivi d'un adjectif*

- *Who?* questionne sur l'identité. On aurait pu dessiner un rectangle rappelant le badge que de plus en plus de personnes portent sur la poitrine dans l'exercice de leurs fonctions. Mais un rectangle à la place du « point » de l'interrogation n'évoque guère la question « Qui ? », d'où le choix d'un visage. Fallait-il dessiner un visage masculin, féminin, sans yeux ? Sans yeux, ce cercle aurait-il été pris pour un visage ? D'interrogation en sélection le choix s'est arrêté sur un visage bien rond d'enfant, avec deux yeux.
- Les quatre points cardinaux ont été retenus pour *Where?* On aurait pu imaginer une série de flèches partant du point, ou plusieurs panneaux routiers indiquant des directions opposées.
- Pour l'opérateur *Whose?* une chaîne remplace le point de l'interrogation : elle veut rappeler que, en apprentissage initial du moins, le génitif implique un lien, lien de parenté, lien de possession.
- L'évocation de Jean-qui-rit et de Jean-qui-grogne a été choisie pour *How?* Au lieu d'un point, la question se termine sur deux cercles, représentant chacun un visage, l'un joyeux, l'autre triste.
- *Why?* s'inspire des bandes dessinées, un double point d'interrogation exprimant la surprise.
- Pour l'opérateur *What?* le point se transforme en une sorte de chose informe, aux contours mouvants.
- Pour *What colour?* le symbole interrogatif au-dessus du point est fait d'une succession de bandes de couleurs différentes.
- Pour *What time?* le « point » se transforme en pendule.
- Un drapeau sans couleurs évoque *What nationality?*
- Le « point » de *How old?* est remplacé par un gâteau d'anniversaire décoré de bougies.
- *How much?* se prête à deux cartes différentes, l'une pour le prix, où le rond du point d'interrogation se transforme en un sac portant le symbole du dollar ou de la livre ; l'autre pour le poids, et l'interrogation y sert de fléau à une balance.
- *How often?* reprend un symbole utilisé dans la représentation des adverbes de fréquence. Si on présente aux élèves *always* symbolisé par 100 %, *never* par 0 % et entre ces limites les autres adverbes comme *very often, often, sometimes*, le pourcentage est associé par les élèves comme la marque de la fréquence. Sur cette *flashcard* le point se transforme en une barre de pourcentage. Il est à noter que les adverbes de fréquence apparaissent plus tôt dans l'apprentissage que la question *How often?* Si les adverbes ont été présentés d'une autre façon, et qu'on ne trouve pas un autre symbole pour cette question il faudra bien sûr expliciter l'allusion.

- La carte symbolisant *When?* comprend sept points d'interrogation disposés les uns en-dessous des autres, ou les uns à côté des autres, comme les sept jours de la semaine sur un calendrier.
- Pour *Which?* il faut évoquer l'alternative : à la place du point, deux flèches obliques, l'une vers la gauche, l'autre vers la droite partent de l'interrogation.
- Les cartes *When did?*, *How long ago?*, *How long did/have?* et *Since when?*, sont d'une nature différente. Elles s'inspirent des schémas grammaticaux ayant recours à un axe des temps. A droite une flèche verticale bleue représente l'axe du présent :
  – Pour *When did?*, un carré rouge à gauche de l'axe du présent, sans contact avec lui, est surmonté d'un point d'interrogation. On visualise ainsi la rupture passé/présent.
  – Pour *How long ago?* une flèche rouge incurvée pointe vers ce carré, et le point d'interrogation figure au-dessus de cette flèche.
  - Pour *How long did?*, au lieu d'un carré rouge, on représente à gauche, sans contact avec l'axe du présent, une flèche rouge incurvée à deux pointes, symbolisant la durée ; c'est elle qui porte l'interrogation.
  – Pour *How long have + -EN?* et *Since when?* il faut visualiser le rapport passé/présent : la flèche part du passé, vient toucher l'axe du présent et le dépasse en pointillé. On montre la différence par la place du point d'interrogation : au début de la flèche rouge pour interroger sur le début de l'activité ou au-dessus de la flèche, en son milieu pour interroger sur la durée. La flèche est différente : pour *since* elle est plate et bornée à gauche ; pour *how long* elle est incurvée et a deux pointes.
- Pour les questions commençant par *How* suivi d'un adjectif, c'est le sens de l'adjectif qui est illustré. Bien souvent un mot s'éclaire grâce à son contraste : *big* prend son sens par rapport à *small*, on a intérêt à symboliser ces deux adjectifs, éventuellement par deux carrés de taille différente.

Il ne faut pas perdre de vue le fait que ces cartes sont faites pour être vues de loin ; il ne faut pas les surcharger de détails mais au contraire privilégier un aspect dépouillé. L'espace dont on dispose est limité : de bonnes idées sur le plan de la conception doivent parfois être abandonnées pour des raisons pratiques de réalisation impossible.

COMMENT INITIER LES ÉLÈVES À CES CARTES ?

La présentation des cartes symboles ci-dessus a dû montrer à l'évidence que le choix des symboles, si raisonné soit-il, est un choix arbitraire ; la plupart des symboles demandent à être explicités, d'autres symboles auraient pu être retenus. Même si ces symboles ont été conçus avec un souci de clarté ou de logique, il n'en demeure pas moins qu'il s'agit d'un code de représentation visuelle et qu'il faut donc initier les élèves à ce code.

Une réserve légitime ne va pas manquer d'être émise : est-ce aider les élèves que de leur demander d'assimiler, en plus de la prononciation, de l'orthographe et du sens des mots, un nombre de cartes codées ? On pourrait se contenter d'énoncer le mot français et on obtiendrait, de façon plus directe, un effet identique.

Ces cartes symboles vont pourtant bien être à la base d'une série d'activités tendant à une meilleure assimilation du sens des mots en « WH » ; activités variées, de nature diverse, faisant dans certains cas appel à l'imagination et à la réflexion. Il faut aussi tenir compte du fait que ces cartes ne vont apparaître que progressivement au cours de l'apprentissage, au rythme où s'acquièrent les notions nouvelles. Elles ne seront pas données en bloc, comme dans les pages précédentes. Les élèves vont les découvrir peu à peu et s'y familiariser. Ils noteront dans leurs cahiers, au fur et à mesure, ces symboles et les mots auxquels ils correspondent.

INITIATION EN CLASSE DE 6e

Lors de l'apprentissage, en situation, de la question *Who?* le professeur montrera aux élèves de 6e la carte-mot, et dans le même temps, la carte-symbole correspondante. Les deux cartes feront l'objet de répétitions, la carte symbole permettra de vérifier que les élèves en connaissent le sens et ils épelleront le mot de mémoire. Quand un autre mot question apparaîtra, la même approche sera faite. La première révision discriminatoire des opérateurs de questionnement aura lieu dès que les élèves auront appris au moins deux mots questions. Elle pourra donner lieu à un exercice du type suivant : à l'aide d'aimants si le tableau est magnétique, à l'aide de *Blu-Tak* – genre de gomme adhésif – s'il ne l'est pas, cinq cartes (2 cartes/mots, 2 cartes/symboles et un intrus) sont fixées au tableau dans le désordre. Les élèves doivent venir associer symbole et mot. Cet exercice discriminatoire sera à reprendre, et deviendra de plus en plus étoffé au fur et à mesure que l'apprentissage avance.

On peut aussi choisir de distribuer les cartes aux élèves. Un élève lit sa carte, l'élève qui a le symbole correspondant le fait voir à la classe, à la suite de quoi les deux élèves vont fixer leurs cartes au tableau. On peut aussi procéder comme à l'école primaire : au fur et à mesure que des questions sont apprises, les élèves se fabriquent leurs propres *flashcards*. Un élève ou le professeur lit une carte, le reste de la classe doit brandir les cartes correspondantes, comme les élèves de CP qui jouent avec leurs étiquettes de lecture. Dans ce dernier cas, on peut aussi utiliser ces cartes en *group work*, chaque groupe essayant d'associer mot et symbole.

Loin d'être un handicap dans l'apprentissage, ces cartes représentent un matériel qui va fixer et l'attention et les acquis, qui va permettre une assimilation de la notion passant par l'appropriation physique de cette notion rendue concrète, tangible, se prêtant à manipulations. Un entraînement régulier permet de consolider les bases. Ces activités sont brèves, elles peuvent prendre des formes diverses, de sorte qu'il n'y a pas de risque d'ennui. Loin de refuser ces activités, les élèves y adhèrent pleinement : elles sont pour eux l'occasion de dépense physique – manipuler, se déplacer – et ils sentent aussi qu'elles leur donnent la chance d'assimiler à leur rythme.

On comprend donc comment les élèves de 6e sont initiés à ces cartes. Mais qu'en est-il des élèves d'un autre niveau, et en particulier de ceux qui n'auraient jamais vu aucune *flashcard* ?

INITIATION EN CLASSE DE 5^{e}

En 5e, on peut procéder de plusieurs façons différentes. On présente les cartes au fur et à mesure de l'apparition des mots questions au cours des premières semaines de remise à niveau, en procédant comme en 6e en ce qui concerne la trace écrite. Ou bien on fixe au tableau, avec un numéro sous chaque carte, toutes les cartes-symboles dont les questions correspondantes figuraient au programme de 6e et on demande aux élèves, en paires, de découvrir le sens de ces cartes.

Une fois le sens découvert, on peut éventuellement leur demander d'expliquer les raisons du choix de tel ou tel symbole : pourquoi à leur avis, le professeur a opté pour tel dessin, et ce que ce dessin évoque ? On peut aussi leur poser cette dernière question en priorité. Cela permet de mesurer quelles sont les cartes transparentes et lesquelles posent un réel problème de compréhension ; les réactions des élèves pouvant pousser à repenser la conception de certaines cartes.

Si l'on opte pour la présentation globale de ces cartes, il convient de remettre à chaque élève, à l'issue de la séance, un document où sont représentés tous les symboles, avec leur signification.

L'utilisation des cartes réversibles est approprié dans les cas où les élèves sont initiés aux *flashcards* plus tardivement. Elles permettent de montrer toujours en parallèle le mot en « WH » et son symbole et limite les manipulations. On montre le mot et on retourne la carte pour présenter le symbole. Si l'on commence par le symbole, les élèves doivent trouver le mot, on retourne alors la carte pour leur permettre d'évaluer la justesse de leur réponse. Ces cartes réversibles ont pour autre avantage leur moindre encombrement – un paquet de cartes et non pas deux – mais ne peuvent pas se prêter aux activités d'association mentionnées plus haut.

RECOURS AUX *FLASHCARDS* EN 4e/3e

Ce n'est pas parce qu'ils sont plus âgés qu'il faut craindre d'utiliser des *flashcards* avec les élèves de 4e et de 3e. On est tenté de dire, au contraire. Ces élèves sont souvent moins spontanés, les cartes les incitent à prendre la parole. En matière de questionnement, il suffit d'utiliser des cartes adaptées à leur âge, et d'éviter les symboles jugés trop enfantins. Des cartes thématiques *(people, place, number)* seront préférables aux symboles pour les questions « Où ? », « Qui ? » « Combien ? »... Des cartes réversibles, avec le mot-question au dos permet de faire revoir ces mots.

En début d'année un test rapide, de nature diagnostic, permet de dresser un bilan. Il n'est pas soumis à notation. On fait traduire les mots-questions qui ont été appris au cours des années précédentes pour mesurer la nécessité de procéder à des révisions et de ce qu'il convient de revoir. Seuls les opérateurs qui sont mal connus de l'ensemble de la classe seront travaillés.

Si ce test de rentrée révèle de lourdes lacunes sur la maîtrise des opérateurs de questionnement, et que ces élèves n'ont jamais vu de *flashcards*, pourquoi ne pas procéder comme en 5e et leur présenter toute la série de symboles ? En leur demandant de réfléchir au sens de chaque carte, on leur fait faire des révisions qui ne sont pas une reprise à l'identique de l'apprentissage des années passées.

Au cours de l'année on les familiarisera avec des cartes nouvelles. Les questions qui impliquent un emploi particulier des temps, comme *How long have* + -EN?, *How long ago?, Since when?, How often?, How many times?* relèvent du programme des deux dernières années de collège. Quand ces notions ont été présentées, on peut proposer alors une démarche différente de celle suivie jusque là : au lieu de leur apporter nos cartes, on leur demande d'en réaliser. Chercher à créer des *flashcards* implique de réfléchir au fait de langue. Un travail de groupes, puis un échange inter-groupes, et enfin une confrontation du choix des élèves et de celui du professeur vont être autant de moments de réflexion.

Pour parvenir à réaliser des cartes pertinentes, il faut saisir la cohérence de l'anglais, ce que *did* et *have* + -EN représentent, quand et pourquoi les utiliser. L'impossibilité du calque avec le français pour traduire « tu travailles depuis combien de temps ? » leur apparaît. L'ambiguïté du français « tu as travaillé combien de temps ? » est aussi mise en lumière.

Chaque carte proposée par un groupe sera l'objet de discussion, et le point de départ d'une élaboration des critères d'adéquation de la carte à la notion. Les élèves vont pouvoir ainsi remarquer quels doivent être les points communs et où se porte la différence entre *How long?* suivi de *have* + -EN et *Since when?* Ils écarteront certaines cartes en justifiant leur choix et, à l'issue de cette activité, la classe sera en mesure de se déterminer sur un choix qui pourra être retenu pour la suite de l'année, quitte à impliquer pour le professeur de modifier ses *flashcards*.

Il peut aussi demander aux élèves de lui fabriquer ce matériel, une fois qu'a été arrêté le choix d'un symbole et qu'ont été définis les critères de réalisation optimale en matière de soin et de lisibilité. Cette collaboration technique ne peut qu'avoir un impact positif sur la cohésion du groupe : les élèves sont amenés à travailler sur un matériel qu'ils ont eux-mêmes élaboré.

EXEMPLES D'UTILISATION

Comment revoir les opérateurs de questionnement

Dans les petites classes, ou dans celles où les premières lacunes viennent de la confusion entre les opérateurs, on présente à la classe le paquet de mots-questions, pour une lecture collective. Cela leur donne l'occasion de photographier à nouveau des mots qui n'apparaissent pas à chaque cours.

Après la phase rapide de lecture de ces mots isolés, le professeur soumet maintenant à la classe le paquet de cartes/symboles et procède de façon similaire ; il s'agit cette fois pour la classe d'identifier le symbole, de montrer qu'il connaît la relation entre le nom de l'opérateur et sa signification.

La classe est testée individuellement après la répétition chorale : on change d'élève à chaque carte, ou on propose plusieurs cartes de suite à un même élève. On peut aussi leur donner l'objectif d'un sans-faute, et ne changer d'élève qu'à la première erreur. Tout élève qui hésite ou se trompe passe alors son tour. Les élèves ne sont bien sûr pas tous interrogés sur toute la série à chaque séance : il faut veiller à solliciter ceux dont on sait la mémoire peu sûre. Les bons élèves apportent leur contribution en corrigeant les erreurs ou en donnant l'exemple d'une série sans erreurs ; pour eux on peut aussi jouer sur une présentation des cartes de plus en plus rapide, cette activité s'apparente alors à un jeu de *tongue-twisters*. L'activité n'a pris que quelques minutes.

Comment poser des questions à partir des cartes

Les *flashcards* donnent la parole à la classe qu'elles guident en apportant l'amorce des questions. Que le point de départ soit le mot-question ou le mot-symbole, les questions émanent des élèves. La parole peut circuler librement dans la classe, elle peut être canalisée à l'intérieur de groupes préétablis dans une approche compétitive, elle peut être confiée à un élève volontaire ou désigné et prendre alors la forme d'une interview.

Selon les jours, l'objectif varie. On peut demander aux élèves de poser un maximum de questions différentes à partir d'un même opérateur. Une fois les questions épuisées pour un opérateur donné, on passe à une autre carte, si le temps le permet, ce qui est le cas en début de 6e où le stock linguistique est plus limité.

Une autre façon de réviser le questionnement consiste à jouer non plus sur la recherche du plus grand nombre de formulations différentes à partir d'un *question word* donné, mais de passer en revue le plus grand nombre de ces mots-questions en ne demandant qu'une question par carte. A chaque fois il faut décider d'un temps. Ce temps, fixé au début de l'activité, doit être scrupuleusement respecté, ce qui sera facilité par l'aide d'un chronomètre, confié à un élève qui en fait la demande. Utiliser un chronomètre confère à l'activité l'aspect sportif qui en assure le succès : *You've got five minutes to ask as many questions as you can.*

La comptabilisation du nombre de questions correctement posées se fait au tableau : autant de *ticks* que de questions correctes, autant de croix que de questions erronées ; en soustrayant le nombre de ces dernières du score des premières, on obtient le record du jour si la classe joue de façon collective. Si elle est divisée en équipes, on peut déterminer un gagnant.

Cette activité permet de repérer des lacunes et de proposer une remédiation. Comment savoir quelles sont les failles ? Imaginons la question *When did Shakespeare die?* posée de façon incorrecte par l'équipe 1. Si l'équipe 2 parvient à corriger cette question, l'équipe 1 marque une croix ; si personne ne parvient à corriger ou que la réponse correcte n'arrive qu'après de laborieuses recherches, que le nombre de volontaires pour proposer une solution semble limité, chaque équipe marque une croix et, en fin d'activité, les élèves copient dans les cahiers la question oubliée.

Chaque question appelle une réponse. Les réponses sont obtenues de façons aussi diverses que les questions : le questionneur désigne son interlocuteur, les questions sont posées sans en définir de cible, les élèves divisés en équipes s'interrogent à tour de rôle, un élève est choisi comme personne à interviewer.

On peut laisser les élèves libres de s'exprimer à leur gré et de poser leur question à la personne de leur choix. On peut aussi imposer l'interlocuteur à choisir : le professeur prend son paquet de mots-clé et circule derrière les élèves. Il s'arrête derrière le premier élève, montre à la classe une carte : c'est cette question qu'il faut lui poser. On empêche l'élève de se retourner ; il doit réagir au message entendu. Le professeur continue ensuite son tour de classe et s'arrête au hasard. Cette technique est utile en 4e/3e où les élèves hésitent plus à s'interpeller que dans les petites classes.

Il faut ajouter un autre cas : celui où le professeur répond aux questions posées. Il peut choisir de le faire pour plusieurs raisons : pour redonner ainsi les modèles de réponses possibles, pour insuffler à l'activité un rythme plus dynamique. Son intervention n'est pas contraire à l'objectif qui est ici de faire pratiquer les questions plus que les réponses, mais cela permet aussi de satisfaire la curiosité légitime des élèves. Ils aiment en savoir plus long sur lui. Les questions personnelles seront sollicitées par *Questions to me today!* L'interview prend alors un réel aspect « communicationnel », ce qui doit être un souci constant dans ce type d'activité. On se réserve bien sûr le droit de ne pas répondre parfois (*It's top secret!)* La venue de tout visiteur étranger à la classe sera aussi exploitée sous forme d'interview.

FLASHCARDS DE MOTS-CLÉ

La réactivation de certaines questions demande l'ajout de *flashcards* particulières. C'est le cas de questions commençant par *What*, comme *What's your job?, What's your telephone number?, What's your name?* Concevoir une carte symbole peut s'envisager pour certaines questions, mais il semble plus économique de procéder alors par mots-clé, c'est à dire ici le mot central de la question.

Sur des fiches de plus petite taille que les cartes-questions ou les cartes-symboles on inscrit les mots comme *job, address, telephone number, city, country, nationality...* Ces mots ont en commun qu'ils apparaissent en tant que tels dans la question. Ce ne sera pas le cas de tous les mots-clé, pensons par exemple à *age, death, hobbies.*

Certains ont un équivalent illustré, c'est le cas de *nationality* et de *age* ; tous n'en ont pas. Les mots-clé sont une entrée plus abstraite car on isole le sens global de la question : quand les mots-clé n'apparaissent pas comme tels dans la question l'abstraction est alors totale et c'est la démarche que l'on privilégiera dans les classes supérieures.

On va cependant entraîner les plus jeunes à se familiariser avec l'abstraction de l'idée. Pour eux, dessins symboliques, mots-questions et mots-clé sont à utiliser conjointement, en sachant que l'effort intellectuel demandé est plus grand si on leur demande de produire la question *How old are you?* à partir du mot *age* qu'à partir du symbole du gâteau d'anniversaire, et a fortiori qu'à partir de l'opérateur *How old* écrit en toutes lettres.

Dans les grandes classes les mots-clé permettent d'éviter le sentiment de ridicule que certains élèves peuvent ressentir devant les dessins des symboles, et il est bien évident que les cartes symboles doivent tenir compte de l'âge du public à qui elles s'adressent. Les plus grands apprécient les cartes schémas grammaticaux ainsi que la neutralité des mots-clé.

EXEMPLES DE *FLASHCARDS*/MOTS-CLÉ ET QUESTIONS CORRESPONDANTES

La liste n'a nullement la prétention d'être exhaustive, mais permet de donner des exemples de questions que la classe est en mesure de produire à la lecture des cartes suivantes :

• *name, first name, family name, surname*

What's your ... ? What's X's family name?
Are you ...?

• *class*

Which class are you in?
Are you in ... ?

• *address*

What's your address?
Where do you live?

- *telephone number*

  What's X's telephone number?

- *job*

  What's your mother's job?
  What does your mother do?
  Has she got a good job?

- *age*

  How old are you?
  How old is X?

- *height*

  How tall are you?

- *description*

  What's your mother like?

- *city*

  What city are you from?
  Where do you come from?

- *country*

  What country are X and Z from?

- *nationality*

  What nationality are they?

- *hobbies*

  What are your hobbies?
  What do you do in your spare time?

Toutes ces cartes relèvent du thème *personal identity*. Elles permettent de faire produire des questions mais s'emploieront efficacement pour obtenir des énoncés affirmatifs. Dans ce cas la consigne donnée sera : *Statements, please! No questions!* Elles servent lors de l'introduction d'un personnage fictif ou réel pour parvenir par exemple à une biographie dont elles guident le plan ; ou aussi pour organiser ce qui a été compris lors d'une activité de compréhension orale ou écrite.

Là encore on peut objecter qu'il est inutile d'avoir un stock de mots écrits sur fiches alors que chaque professeur est capable de noter ces mots au tableau. Les mêmes arguments utilisés précédemment sont valables ici aussi :

- netteté de la présentation
- focalisation du regard accrue

- gain de temps
- flexibilité d'emploi
- distribution possible dans la classe
- utilisation frontale, et non dos tourné à la classe
- utilisation possible immédiate sans passer par l'écriture au tableau
- aide à la prononciation
- aide à l'élucidation du sens

Les deux derniers points appellent quelques exemples. On peut en effet mettre en valeur une syllabe accentuée en entourant la partie accentuée du mot ou on utilisant des feutres de couleur différente pour aider à prononcer correctement *nationality, telephone number*. On peut écrire en phonétique une voyelle ou diphtongue, ou montrer que telle lettre ne se prononce pas en la rayant d'un trait oblique. La réversibilité permet de prévoir des aides à la compréhension : pour que la carte *height* soit assimilée il faudra longtemps en faire voir le verso *How tall?*

UTILISATION DE CARTES AU TABLEAU

Nous avons vu dans les principes de manipulation que le professeur tient les *flashcards* à la main. Il peut aussi choisir de fixer les mots-clé au tableau d'un coup. Pourquoi ne pas se contenter d'écrire ces mots alors ? Les arguments en faveur de la netteté des *flashcards* et du gain de temps qu'elles entraînent ne sont pas les seuls à considérer. L'exemple d'utilisation qui suit devrait montrer à quel point ces *flashcards* constituent un matériel flexible.

En quelques secondes le professeur fixe au tableau ses cartes à l'aide d'aimants. La classe doit produire des questions, dans l'ordre de son choix. Dès qu'une carte est utilisée, elle est ôtée du tableau et remise à celui qui vient de poser la question. En fin d'activité, cette distribution permet de voir qui a posé une question, qui ne l'a pas fait. Si l'on impose la règle de une question par élève, obligeant une meilleure répartition de la parole, la carte est le témoin de qui a parlé, et donc permet de savoir qui n'a plus le droit de le faire.

Si l'on favorise une activité compétitive, on ôte et range alors les cartes en deux paquets, un pour chaque équipe, au fur et à mesure que les questions sont posées, ce qui permet de compter plus vite.

Dans le cas d'une compétition, on peut aussi choisir de distribuer les cartes en nombre égal, au hasard, comme avec un paquet de cartes ordinaires. Un élève par équipe vient alors fixer les cartes que son équipe a reçues. Gagne l'équipe qui est parvenue à poser les questions qui lui ont été attribuées, en sachant que les équipes posent une question à tour de rôle : il ne faut pas commettre d'erreur dans l'énoncé des questions ou on perd le bénéfice d'un tour.

Si un groupe ne parvient pas à poser une question, ou la pose mal, la carte est retirée et placée sur une autre partie du tableau, celle réservée à la trace écrite : elle rappellera qu'il ne faudra pas oublier d'interroger la classe entière sur ces cartes à la fin de l'activité. On notera la question correspondante à ce mot dans les cahiers si on sent des hésitations à ce stade.

ACTIVITÉS COMPÉTITIVES : RISQUES ET AVANTAGES

Les activités compétitives génèrent du stress. Elles peuvent aboutir à une exacerbation de l'individualisme et donner lieu à des manifestations mesquines : amertume du perdant, fanfaronnade du vainqueur. Elles offrent donc aussi l'occasion d'apprendre le *fair-play*, la modestie, permettent d'apprendre à apprécier une belle performance, et de ce fait procèdent à la sociabilisation des élèves.

On peut craindre qu'une activité compétitive ne centre l'attention de chaque groupe que sur sa propre performance. Il n'en est rien, car, quand on a soi-même perdu un tour on est très attentif à ce que produisent les autres, et on attend leurs erreurs avec impatience. Y a-t-il un risque de voir la cohésion du groupe-classe en souffrir si l'on en vient à se réjouir des erreurs des autres ? La moquerie a un impact négatif dans une classe, mais il ne s'agit pas de moquerie ici, bien plutôt de soulagement. On se réjouit d'autant plus d'une erreur qu'on en a soi-même commise une auparavant : c'est donc banaliser l'erreur, ce qui est souhaitable pour éviter le stress.

On évite le stress négatif, mais non pas la tension, stress positif qui est le moteur de la réussite : l'équipe ayant perdu un point, au lieu de se laisser abattre par cet échec va se concentrer davantage.

A l'issue de la compétition, on mettra en garde les fanfarons ou les mauvais joueurs éventuels. Avant de procéder au décompte des points on leur indiquera que toute démonstration de mauvaise humeur ou de triomphe immodeste sera sanctionnée par un point de pénalité, ce qui peut aboutir à une inversion des résultats. On apprendra aussi aux élèves à se montrer beaux joueurs et à apprécier une belle performance de leurs adversaires en leur enseignant les formules : *You've won! Congratulations! Well done!* On leur donnera l'habitude de la confiance en l'avenir : *We'll do better next time.*

RÉVISION DE QUESTIONS ET PRODUCTION DE RÉPONSES SUR UN THÈME DONNÉ

A partir de thèmes donnés on va pouvoir faire réviser et enrichir en 5e des acquis de 6e. On va remettre à chaque élève une liste de questions qu'il va poser à son voisin. Chacun doit prendre notes des réponses obtenues, en évitant absolument les réponses entières. On les aidera, s'ils n'y sont pas habitués, en leur montrant, à l'aide d'exemples au tableau, comment passer d'une réponse à sa transcription télégraphique. Lors de la mise en commun orale, on demande à chaque élève soit de comparer ses réponses à celles de son voisin *I ... and/but he ...* , soit de ne parler que de son voisin.

On peut aussi se passer d'un compte-rendu à la classe et donner le prolongement écrit dont la consigne sera « Vous avez chacun trois/quatre minutes pour écrire seul un maximum d'informations concernant votre voisin/votre voisin et vous/sur (ce) thème ».

Il faut respecter le temps donné ; indiquer une échéance stimule les élèves rapides et permet aux plus lents d'aller à leur rythme. Quand on demande aux élèves d'écrire un nombre donné de phrases, les disparités entre les élèves causent une tension fâcheuse : les rapides ont vite fini, s'agitent ou s'ennuient et en veulent à ceux qui les retardent, le professeur se croyant obligé d'attendre que tous aient appliqué la consigne de départ, consigne que certains ont bien de la peine à exécuter. Pour calmer l'agitation qui monte, le professeur donne à ceux qui ont fini d'autres phrases à faire, ce qui est rarement accueilli avec beaucoup d'enthousiasme. Ici au contraire le professeur dispose d'un temps donné pour aider les plus faibles sans risquer d'être interrompu au bout d'une minute par le bon élève qui a fini et tient à ce que vous veniez approuver son travail. L'émulation fonctionne, que l'on alimentera en demandant aux élèves leur nombre de phrases *How many sentences have you got?, Who's got more?*

Le compte-rendu oral par chaque élève de ce qu'il a écrit ne s'impose pas, il ne s'agirait que d'un exercice de lecture passive. On peut donc envisager une alternative plus motivante : faire échanger les cahiers pour une inter-correction : *Now, swap your exercise-books!* Une fois le temps écoulé, on remet donc son cahier à son voisin qui tente d'en corriger les erreurs. A un signal donné – une minute plus tard – ce cahier circule à nouveau, toujours dans le même sens. Pendant que les élèves échangent leurs cahiers, le professeur circule entre les rangs et peut signaler ou corriger des erreurs. Au deuxième ou troisième échange, avant que l'activité ne soit devenue lassante, on peut, si on le désire, demander la lecture à voix haute de quelques phrases qui seront notées au tableau et recopiées dans les cahiers.

EXEMPLE DE QUESTIONS CLASSÉES PAR THÈME

Voici quelques exemples de questions sur le thème *school*, les mots-clé de chaque question sont soulignés.

- *What subjects do you prefer?/What are your favourite subjects?*

  What are you good at?
  What are you no good at?
  Do you have lunch at home?
  Do you live far from school?
  Do you come to school by bus?
  What time do you usually come back home?

- Sur le thème *homework* on peut avoir une autre série de questions :

  When do you do your homework?
  Where do you do your homework?
  Does anyone help you with your homework?
  Do you find it difficult to learn new words?
  Do you write anything when you learn your lessons?
  Do you listen to music when you do your homework?
  How long does it take you to learn your English lesson?
  Do you learn your lesson before doing your exercises?

- Ces questions peuvent constituer une enquête de début d'année, à laquelle on peut, à une autre séance, ajouter des renseignements concernant l'anglais. La carte thème sera *English* :

  Do you like English a lot, a little or not at all?
  Do you think you are good, quite good or not very good at English?
  Do you prefer speaking or listening?
  Do you like learning new words?
  Do you prefer sitting at the back or in the front in class?
  Do you like coming out to the board/cleaning the board?
  Do you like singing English songs in class?
  Do you ever listen to English or American songs at home?
  Do you ever watch English or American films with subtitles on TV?

- Quant à la *morning routine*, on peut dissocier *getting-up routine* :

  What time do you wake up on Mondays?
  Who wakes you up? (your alarm? your parents? your dog?)

Have you got a clock-radio?
Do you feel tired when you wake up?
Do you get up immediately or do you like staying in bed a little?
Do you ever go back to sleep?
Do you first put your left or your right foot down, or both, when you get up?
What's the first thing you do when you're up?
Do you always make your bed in the morning?

- et *breakfast routine*:

What do you have for breakfast?
Do you ever have cereals?/What are your favourite cereals?
What colour is your breakfast bowl?
Do you have breakfast with the rest of your family?
Do you like having breakfast in bed?
Do you have breakfast quickly or slowly?
Do you get dressed before or after breakfast?
Do you have a big breakfast on schooldays/on Sundays?

RÉACTIVATION DES QUESTIONS AU COURS SUIVANT

Le *homework* imposera d'apprendre par cœur 5 questions au choix, parmi la liste, pour pouvoir les poser sans modèle à ses camarades la prochaine fois. L'élément du choix adoucit la contrainte imposée ; et puis, pour choisir, il faut quand même – en principe – lire l'ensemble des questions.

A la séance suivante les questions seront sollicitées en montrant la *flashcard* thématique qui correspond au sujet traité ; si les questions sont récentes, prévoir les mots-clé de ces questions sera une sécurité, cela permettra de relancer le questionnement si les élèves ont un trou de mémoire. On ne demande pas une conformité au modèle, mais la capacité de transmettre correctement un message. Les élèves vont soit redire le modèle, soit tenter de fabriquer des questions incluant le mot donné et peu à peu ils sauront ensuite en poser sans sollicitation extérieure.

Plutôt que de mettre tous les mots-clé de ces questions sur fiches cartonnées, on peut aussi tout simplement les écrire sur des petites notes de format téléphonique et remettre aux élèves les mots qui n'ont pas été utilisés. On peut aussi préférer les écrire sur une affiche que l'on fixe au tableau et qui sert de support à l'interrogation.

Il est important de mesurer l'impact des révisions. On évaluera donc ces activités de rebrassage. L'évaluation se fera à l'aide des mêmes supports : soit on présente une carte thématique *(school, home-*

work, English, breakfast) et il s'agit d'écrire 5 questions sur ce thème, soit on oriente les questions en présentant des mots-clé. Sans cartes, il suffit d'écrire au tableau les mots à partir desquels on veut qu'ils travaillent.

RÉVISION DES QUESTIONS ET ÉLABORATION DE DIALOGUES

En combinant mots-questions, symboles et mots-clé on peut suggérer aux élèves des dialogues, leur en donner l'ossature. La révision des questions ne se fait plus dans le désordre, mais obéit à un logique interne.

Nous allons étudier des variations de dialogues ayant comme point commun un personnage que les élèves de 6e aiment bien: James Bond. Pour chacun de ces dialogues une photo de ce personnage célèbre est fixé au tableau. Ce choix n'est bien sûr qu'un exemple, toute autre personne ou personnage pouvant être exploité.

En présentant *Who?* puis *How?* on peut obtenir un de ces dialogues :

> Excuse me, but who are you?
> I'm James Bond/My name's James Bond/Me? My name's James Bond. And you?
> I'm Z! How are you?
> Very well, thank you.
>
> Who's that man?
> It's James Bond.
> How is he?
> He's ill/very well/fine.

En montrant un passeport et successivement *What?, Whose?, Who?* la classe peut produire des dialogues de ce genre :

> What's this?
> It's a passport.
> Whose passport is it?
> It's James Bond's passport. Look!
> James Bond? Who's he?
> You don't know him? He's a famous secret agent.

Montrons à quel dialogue peuvent conduire les supports suivants :

- la photo de James Bond
- la carte *telephone number* + ?
- le symbole *why*

- la carte job

  What's James Bond's telephone number?
  I don't know.
  Why?
  Because he's a secret agent.

A l'issue du dialogue, le professeur peut renchérir *It's top secret, you know!* expression transparente que la classe pourra à son tour utiliser.

Le départ de ce dialogue aurait pu être différent :

This is James Bond. Do you know his telephone number?

ou bien :

Do you know James Bond's telephone number?

Le dialogue aurait pu se développer après une introduction :

Do you know this man?

En mettant *address* à la place de *telephone number*, on favorise un réemploi du dialogue. En déplaçant certaines cartes, en ajoutant d'autres, des variations sont toujours possibles. Imaginons la photo et *job* sans point d'interrogation puis *address*. Le dialogue pourra donner :

James Bond's a secret agent.
Do you know his address/What's his address?

Sur le plan linguistique, en prenant l'exemple de ce dialogue, le déplacement des cartes permet de forcer à l'emploi des adjectifs possessifs si seul le génitif est utilisé, ou inversement.

En ajoutant la carte *Who?* le dialogue s'allonge :

Who's that man?
It's James Bond! He's a famous secret agent, you know.
What's his address?
I don't know.
Do you know his telephone number?
No.
Why/Really?
Because/Well it's top secret!

Le dialogue travaillé oralement, les amorces laissées au tableau, on peut en vérifier l'assimilation en demandant aux élèves de l'écrire de mémoire, individuellement ou en paires.

Toute variation est bien sûr souhaitée et souhaitable, pour qu'il n'y ait pas de dialogues figés. En variant la place d'apparition des opérateurs dans le dialogue, on modifie automatiquement le dialogue. Les élèves ont le choix du contenu, la seule contrainte à laquelle ils se plient est l'obligation d'une question correspondant à la *flashcard* donnée. Si le professeur montre successivement chaque carte, le dialogue se déroule comme dans une conversation ordinaire, c'est à dire sans que la deuxième question ne soit donnée avant la réponse à la première, l'improvisation venant renforcer l'aspect naturel du dialogue.

Pour renforcer la part de la compréhension, on peut cacher la carte à la classe, la remettre à un élève qui est chargé de poser la question. Les opérateurs comme *who* et *how* sont efficacement testés de cette façon. On peut aussi distribuer tout de suite à un élève les cartes, qu'il sera libre d'utiliser à son gré, à condition de faire preuve d'esprit logique. On peut également fixer les cartes au tableau, dans un ordre donné, et laisser les élèves dialoguer. Dans la plupart des démarches évoquées ci-dessus, on mesure le profit que l'on tire du fait que le prompt de la question ne soit pas un mot dicté ou un mot écrit au tableau : ici il y a un réel objet, que l'on va changer de place, et aussi un objet d'échange, de communication.

QUESTIONS LIBRES

On peut aussi faire réviser le questionnement en laissant les élèves libres de produire les questions de leur choix, la simple consigne étant alors *Questions, please!* à moins qu'on ne choisisse d'imposer un type de questions et on précisera alors *WH Questions!, Yes/No Questions!*

Si on souhaite comptabiliser la production on utilisera les mêmes procédés que ceux déjà évoqués. Si l'on ne veut pas que le même élève prenne deux fois la parole, il faudra trouver un moyen de repérer qui a parlé : leur demander de croiser les bras, leur remettre un jeton... On peut imaginer des jetons de couleur différente, selon que l'énoncé a été correct ou non. Tout énoncé incorrect donne bien sûr droit à continuer à participer. Là aussi les jetons sont une motivation à la parole. On constate que les élèves faibles sont les premiers à lever la main : il y a bien une question qu'ils connaissent et il s'agit de la formuler avant leurs camarades! Le professeur prendra note des questions qui n'apparaissent pas, et pourra, à une prochaine séance, apporter les cartes permettant de réactiver ces questions-là.

12

REBRASSAGE DES TEMPS DU VERBE

On ne va pas réduire la maîtrise de l'anglais à la maîtrise des temps et aspects du verbe, mais ce point pose suffisamment de problèmes aux élèves pour qu'on réfléchisse aux moyens de leur faire acquérir des bases solides en ce domaine.

Les temps du verbe, les valeurs aspectuelles sont présentées progressivement au long des quatre premières années de l'apprentissage. Chaque année a donc sa spécificité en ce domaine et met davantage l'accent sur un temps ou un aspect du verbe particulier - le présent en 6e, le prétérit en 5e, le *present perfect* en 4e, les formes composées des modaux en 3e. Le risque existe de cloisonner les notions, et en particulier au moment d'un nouvel apprentissage, de se cantonner exclusivement à cet apprentissage. On peut ainsi être amenés à «faire parler» uniquement les élèves au présent, puis au passé ou au futur, pendant un temps donné, en s'étonnant à chaque fois que les élèves ne possèdent plus ce qu'ils maîtrisaient avant.

Il est vrai que tout apprentissage nouveau vient déstabiliser les acquis anciens. Le sportif qui s'entraîne intensivement sur un point où il se sent plus faible, et progresse dans ce domaine, constate qu'il régresse dans le même temps sur ce qui constituait son pôle d'excellence. Parvenir à un palier supérieur de maîtrise implique de récupérer la maîtrise ancienne et d'y ajouter une maîtrise nouvelle, ce qui est inégalement possible à nos élèves. On les y aidera en leur proposant un entraînement harmonieux où l'entraînement intensif ne se fera pas sans un travail «de fond». La déstabilisation sera moindre si l'on n'oublie pas de réactiver en permanence les acquis, si l'on ne transforme pas l'apprentissage en un surapprentissage qui se fait toujours au détriment des notions antérieures et des notions futures, et de la maîtrise globale de la langue.

Car la maîtrise de la langue ne consiste pas en la maîtrise successive des points au programme, mais en la capacité à mobiliser au bon moment les notions nécessaires. Maîtriser, c'est savoir quand employer quoi, c'est donc savoir choisir. La maîtrise du présent par exemple ne consiste pas en la maîtrise successive du présent simple, puis de *be* + -ING, mais en la capacité d'utiliser l'un ou l'autre à bon escient. Pour choisir, il faut comprendre ce que le français veut dire, ce que l'anglais exprime, afin d'accéder à la cohérence respective de chaque langue, c'est l'objectif que se donnent les activités de réflexion sur la langue.

Comprendre ne suffit pas. Pour bien maîtriser, il faut beaucoup pratiquer, et donc donner régulièrement à l'élève l'occasion de faire des choix. La réponse à ces choix, explicitée lors d'activités de réflexion, doit entrer dans le domaine du réflexe linguistique. Savoir par exemple réagir très vite devant un marqueur de temps, ou une situation, pour déterminer quel temps utiliser. Et puis, savoir construire chaque temps, savoir conjuguer, produire la forme correcte : ne pas oublier *be* dans *be* + -ING, le « s » de la troisième personne du singulier du présent simple, savoir enlever «-ed » des formes négative et interrogative du prétérit. Aider à acquérir des mécanismes linguistiques, tel est l'objet que se donne ce chapitre.

PARLER À TOUS LES TEMPS

Le rebrassage des temps peut se faire naturellement. Il est facile d'envisager qu'au début ou à la fin du cours de certains jours de la semaine les élèves s'interrogent sur leurs projets du lendemain ou sur les activités de la veille. En leur présentant des cartes indiquant *plans* ou *past activities* ou alors *this weekend/next weekend/every weekend; tomorrow/yesterday* on obtient facilement les questions :

What are you doing tomorrow?
What did you do this weekend?
What do you usually do at the weekend?

En lançant *No questions! Statements only!* au moment où l'on présente ces cartes, on se concentre sue le rebrassage exclusif des formes affimative et négative.

Sans cartes, si le professeur ne veut pas priver ses élèves de la formulation des questions, il pourra dire *Questions about tomorrow/ about yesterday/your weekend*. Il lui arrivera aussi de poser lui-même les questions afin d'élargir le champ du questionnement : *Are you doing anything special tomorrow? Did you do anything special yesterday?*, questions que les élèves reprendront bientôt à leur compte. Il s'agit là de rebrassage des temps en situation de communication.

VERB GYM

Pour obtenir une aisance à l'oral dans le maniement des temps, les élèves ont aussi besoin d'exercices plus basiques, de discrimination ou de conjugaison. Comment entraîner les élèves à bien conjuguer, à jongler avec les temps, à passer de l'un à l'autre ? C'est le plus souvent à l'écrit que les professeurs proposent ce genre d'exercices et il est rare que ces exercices soient très motivants. Il faudrait mieux faire plus régulièrement, plus systématiquement, des révisions beaucoup plus courtes. On les présente aux élèves sous le nom de *verb gym*. L'activité peut se faire sans support autre que la simple voix du professeur, ou à l'aide de *flashcards*.

RÉVISIONS ORALES SANS SUPPORT MATÉRIEL

L'activité qui suit est proposée en 5e au moment de l'apprentissage du prétérit. Pour s'assurer de l'adéquation marqueur de temps/*tense*, on propose une série de marqueurs en français : « en ce moment, hier, avant-hier, lundi prochain, lundi dernier, le weekend dernier, tous les weekends, dans une minute, tous les soirs, le matin, hier matin, etc. » Les élèves doivent les traduire et signaler quels outils linguistiques sont compatibles, dans une liste restreinte : *be* + -ING, ni *be* ni -ING, verbe en -ED, *be going to* + verbe. L'activité doit se faire sur un bon rythme et se prête bien à l'interrogation en chaîne. Dans certaines classes, il ne sera pas inutile de faire uniquement préciser, dans un premier temps, présent/passé/futur pour chaque expression.

On peut aussi décider d'un verbe unique et d'un sujet. L'élève doit le conjuguer en fonction du marqueur donné. Si le sujet retenu est *I* il décide de la forme qui rend l'énoncé vrai pour lui. Avec le verbe *work* il sera amené à dire :

> I'm working.
> I'm going to work.

mais éventuellement :

> I didn't work yesterday evening.

tandis qu'avec le verbe *play* il dirait :

> I'm not playing.
> I played yesterday evening.

RÉVISIONS DE CONJUGAISON AVEC CARTES

Les cartes pourront servir à faire voir les expressions françaises, pour éviter au professeur de parler français ; on pourra y inscrire les marqueurs anglais, afin de rafraîchir la mémoire graphique des élèves ; des cartes réversibles permettront de vérifier leurs propositions. On procède ensuite comme on vient de le voir plus haut.

On peut aussi ajouter un paquet de cartes de verbes que l'on distribue aux élèves. Il s'agit de cartes représentant chacune une activité illustrée de façon stylisée. Elles permettront de ne pas avoir à conjuguer un verbe unique comme c'était le cas dans l'exemple cité plus haut. Pour la fabrication de ces cartes-verbes, l'ouvrage d'Andrew Wright *A thousand pictures for teachers to copy*, est une mine inépuisable de ressources.

Le professeur désigne un élève qui a le choix entre plusieurs possibilités. Il donne le verbe ou se contente de faire voir le dessin à la classe qui réagit en conjuguant, ou bien il produit lui-même immédiatement la phrase conjuguée. Avec l'ajout d'un rebrassage lexical cet exercice est plus difficile que le précédent, et moins systématique que les variations sur un même verbe. Il permet de faire travailler le passé des verbes irréguliers si l'on a choisi des cartes qui s'y prêtent.

On peut aussi confier à une équipe des cartes de verbes, et à l'autre des cartes de marqueurs de temps. Deux élèves, un de chaque équipe, montrent en même temps une carte. Le professeur, ou un autre élève, précise s'il s'agit d'une forme négative, affirmative ou interrogative : *Negative!/Positive!/Question!* Un autre élève est invité à produire la phrase correspondante.

REPRISES EN CHAÎNE À PARTIR DE CARTES DE VERBES

On peut aussi envisager de ne travailler qu'un temps donné, et d'imposer des reprises en chaîne. La reprise peut se faire sur le mode du contraste. Si le prétérit est imposé et que le premier dise : *I watched television*, le second reprend cet énoncé à la forme négative : *I didn't watch television, I did the cooking*, le troisième continue *I didn't do the cooking, I* ... .

On peut jouer sur la mémoire : le premier élève regarde sa carte de verbe et dit *I watched television yesterday*. Le second enchaîne *X watched television and I did the cooking*. Le troisième devra dire *X watched television, Y did the cooking, I* ... . L'avantage des cartes est que nous gardons un témoin visuel de ce que les élèves ont dit, et qu'il est toujours possible de s'y référer. On peut par exemple, quand la phrase s'allonge, demander aux détenteurs de cartes de laisser la classe revoir leur carte un bref instant, avant de poursuivre. Cela permet aussi d'éviter des contestations. Parfois la classe signale qu'un élève se trompe, ce dernier s'en défend et se tourne vers celui qui avait initialement parlé qui, souvent, ne se souvient plus de l'exemple qu'il avait proposé !

VERB GYM À L'ÉCRIT

Ce que nous venons de décrire se passe à l'oral, mais on en envisagera régulièrement des évaluations écrites. Il vaut mieux proposer le même nombre d'items pour que l'élève ait un point de comparaison : 5 ou 10 items sont alors conseillés, qui permettent aisément de traduire le score en pourcentage. Le professeur a le choix entre plusieurs exercices : il dicte des marqueurs de temps qu'il faut traduire ; il donne le marqueur anglais et demande la structure syntaxique requise ; il demande de conjuguer un verbe donné en fonction d'un marqueur donné ou d'un temps précisé ; il demande de traduire des phrases. L'exercice est corrigé immédiatement. Chez lui, l'élève reportera son score sur le graphe *Verb gym* qui lui permet d'avoir une vision de ses progrès dans ce domaine.

TERMINOLOGIE ET CHOIX DE CARTES

Pour évoquer le *tense* on a, comme pour les opérateurs de questionnement, le choix entre deux sortes de cartes : les mots ou les symboles. Les mots sont souvent des marqueurs de temps, français ou anglais. En matière de représentations symboliques on peut opter soit pour des symboles visuels, des dessins en fait, soit pour des symboles écrits évoquant la construction de la forme considérée. Pour chaque temps nous allons indiquer les *flashcards* possibles, en expliquant le choix retenu, et en présentant parfois des variantes.

A propos de terminologie, on notera l'absence d'harmonisation dans les termes utilisés pour désigner les temps du verbe anglais : nous utilisons tantôt les termes anglais, tantôt les termes français, nous n'utilisons pas tous les mêmes termes pour un même temps. Proposer un système d'appellation cohérent que l'on s'efforcera de rendre le plus opérationnel possible sera pour les élèves une aide. Les recommandations officielles de 1995 montrent le souci d'une harmonisation des pratiques grammaticales en invitant les professeurs à faire bon usage de la grammaire de l'énonciation.

En début d'année, ou à chaque fois qu'est rebrassé un temps du verbe, il est bon de mettre à plat les savoirs de chacun. En matière de terminologie grammaticale, il est utile de savoir comment chaque élève appelle chaque temps : il suffit d'écrire une forme conjuguée au tableau et de demander aux élèves, par écrit, sous quel nom ils la désignent. Libre ensuite à chaque professeur de dire à sa classe comment, lui, l'appelle, et de le faire noter. Cette mise à plat s'impose à chaque fois que la classe est composée d'élèves venus d'horizons différents, en particulier à la suite des paliers d'orientation. Elle est en fait à recommander quelle que soit la classe, car, même quand nous suivons notre classe, des nouveaux viennent toujours rejoindre nos anciens élèves.

Be + -ing

Nous avons longtemps enseigné à nos élèves les termes présent simple et présent continu (aussi appelé progressif) en nous étonnant de la confusion que les élèves pouvaient faire entre ces deux mots. Qu'évoquent les adjectifs continu ou progressif pour un enfant de 11 ans ? Bien peu de choses assurément : il ne rencontre jamais ces adjectifs dans la vie courante, leur usage étant exclusivement grammatical et, qui plus est, spécifique à une grammaire étrangère, donc sans équivalent dans sa langue grammaticale maternelle, puisque la notion n'existe pas en français. L'appellation *be* + -ING a le mérite d'être opérationnelle.

Deux cartes vont correspondre à *be* + -ING : *activity now* et *plan*, pour évoquer la situation observée ou le projet. Avec des cartes réversibles, on indique d'un côté une de ces deux expressions et au dos *be* + ING.

Présent simple

On peut utiliser un symbole : sept flèches verticales, symbolisant les sept jours de la semaine, ou le mot *routine* (prononcé à l'anglaise). Le schéma grammatical est Vø ou Vs, ou aussi « ni *be* ni -ING ».

Prétérit

Trois cartes sont possibles : le mot *yesterday*, une carte structurelle V + -ED (lire *Verb plus E.D.*) ou un symbole. Le symbole consiste en une flèche dirigée vers la gauche, les événements du passé étant situés à gauche sur un axe des temps. La signification de la flèche – renvoi dans le passé – est assez transparente pour les élèves. De quelle couleur ? Le choix est totalement arbitraire :

le vert s'adapte bien au futur – vert espérance – il faut trouver une autre couleur visible. Le noir évoque la mort et pourrait donc être retenu, le rouge se voit bien, c'est personnellement mon choix.

Quelle terminologie privilégier? Le terme prétérit est tout à fait acceptable mais moins transparent que le terme *past*. Parler de *simple past* permet d'insister sur la formation du temps (non composé).

La réversibilité des *flashcards* permet d'écrire *yesterday* sur un côté d'une carte et sur l'autre V + -ED. Il faudra bien sûr insister sur le fait que «-ED» n'est pas la marque du passé de tous les verbes, mais une évocation de ce temps.

On privilégiera le terme anglais *verb*, ou le terme français «base verbale» pour évacuer le vocable d'infinitif, source de tant d'erreurs de conjugaison. Des générations d'enfants ont appris «modal + infinitif sans *to*» ou bien «*will* + infinitif sans *to*» et ce qui s'est fixé dans leur mémoire, c'est ce *to* que l'on s'étonne de voir resurgir dans des énoncés comme: *I can to go**/*He will to go** ...

Quand on enseigne un verbe il faut donc prendre l'habitude de le présenter sans ce *to*. En ce qui concerne la trace écrite, quand il s'agit de leur donner des aides lexicales, les verbes peuvent être écrits en majuscules, au tableau, et donc recopiés ainsi. Les majuscules sont un peu plus longues à écrire pour de jeunes élèves, mais réduisent les erreurs de copie dues à une mauvaise interprétation de l'écriture du professeur. On leur laisse ainsi un moyen de visualiser la nature de ces mots tout en évitant de mauvaises prises de notes.

Prétérit de *be + -ING*

L'expression utilisée est *activity at that moment*. La formation s'évoque par *was* (en rouge) + -ING. On peut avoir recours au symbole d'une vague rouge, ligne ondulatoire non bornée à gauche.

Futur avec *will*

Sa couleur est le vert, pour la raison donnée plus haut. Une flèche verte vers la droite évoque ce temps. La carte mot porte tout simplement l'adverbe *tomorrow*. Le schéma sera *will* + V (lire *verb*).

Be going to

Pour le désigner on peut vouloir insister sur l'aspect immédiat et choisir la carte *in a minute* ou *in a few minutes* ou bien privilégier la notion de projet préétabli et opter pour le terme *intention*.

Dans les deux cas l'autre face de la *flashcard* porte les composantes à savoir *be going to* + V (lire *plus verb*).

Have + -EN

Son symbole est composé de deux flèches, l'une rouge horizontale à gauche venant toucher une flèche bleue verticale, montrant le lien existant entre le passé et le présent. Le mot utilisé est le terme anglais *result* ou le mot français *bilan* pour insister sur l'aspect résultatif, ou sur la notion d'expérience. La carte insistant sur la formation porte *have* + -EN.

Si le nom anglais *present perfect* suggère bien qu'il y a deux éléments, un présent, un passé (pour autant que l'on comprenne ainsi le sens du mot perfect) il ne dit pas quels sont ces éléments. Dire *have* + -EN ne résout pas toutes les difficultés et on objectera tout de suite que «-EN» est loin d'être la marque de tous les participes passés. En effet tous les participes passés des verbes réguliers se forment en «-ED» et ils sont numériquement majoritaires. Si l'on opte pour *have* + -EN, on sait que certains élèves vont avoir tendance à user de cette terminaison pour plus de participes passés qu'il n'en est nécessaire...

Choisir *have* + -ED aurait introduit une confusion: comment ferait-on la différence entre prétérit et participe passé? Pourquoi alors ne pas dire *have* + participe passé, d'autant que ce terme appartient à la grammaire française? On peut tout à fait faire ce choix, mais il faut savoir que les élèves en difficulté sont rarement à l'aise avec leur propre grammaire; chez ces élèves-là le terme de participe passé n'a qu'une signification floue, et que le but recherché est d'éviter pour eux qu'ils soient confrontés à nouveau aux difficultés qu'ils ont connues avec leur propre langue. On pourrait cependant rétorquer avec pertinence que l'usage du terme «participe passé» viendrait alors renforcer leur grammaire maternelle.

Have + been + -ING

Une seule carte réversible suffit. D'un côté la mention *activity all day*, de l'autre les composantes *have been* ...-ING. Si l'on veut rappeler quelles associations aspectuelles entrent dans la formation de ce temps, on peut choisir de le décomposer en *have* + -EN/*be* + -ING, ce qui est plus rigoureux sur le plan linguistique mais moins immédiat pour nos élèves.

COMMENT UTILISER CES CARTES

On les fait lire et on demande à chaque fois d'indiquer ce qui se trouve au verso. Si la salle est disposée en U, le professeur se met au centre du U, dos tourné à l'un des groupes. Il présente les cartes à une moitié de la classe, qui les lit ; l'autre groupe réagit alors à un stimulateur verbal.

En combinant la consigne orale de *Questions, please!* avec les cartes portant mention de *activity* + adverbe de temps, on suscite un réemploi de questions impliquant une gymnastique entre les différents temps du verbe :

- *NOW: What's your mother doing at the moment?*
- *YESTERDAY: What did she/you do yesterday?*
- *YESTERDAY AT A PRECISE MOMENT: What were you doing yesterday at 6.00?*
- *ALL DAY: What have we been doing?*

La pertinence des réponses est de rigueur. Pour la dernière question il faut prendre en compte le lieu où la question est posée, la salle d'anglais, pour répondre *We've been asking and answering questions* et non *I've been watching television* si aucune projection de film n'a été faite en classe. En revanche, la même question à propos des parents, des frères et sœurs, des animaux domestiques, permettra des réponses moins standardisées. Si les élèves ne parviennent pas à se démarquer du questionnement *You/I*, on peut les y inviter :

É1 : What are you doing at the moment?
É2 : I'm talking to you.
P : Ask about his/her mother.
É1 : What about your mother?
É2 : I think she's ...ing.
P à É3 : Ask É4 about his dog.
É3 : What's your dog doing?
É4 : I'm sure he's ...ing (ou I haven't got a dog.)

On remarque que É1 a utilisé une question « communicationnelle » et non mécanique après l'intervention du professeur, ce qu'il faut encourager. Il ne s'agit pas de leur faire dire des énoncés « grammaticaux », c'est à dire corrects sur le plan grammatical, mais qui ne s'utiliseraient dans aucune situation de communication. Même ces activités de révision doivent être envisagées sous l'angle de l'échange. Ainsi, si É4 n'a pas de chien, il faudra l'encourager à user d'une intonation de surprise. En l'aidant d'une mimique il doit pouvoir dire : *My dog? But I haven't got a dog!*, ce genre de dialogue pouvant, à peu de variantes près, très bien se produire entre un propriétaire excédé par les bêtises d'un chien dans son jardin et un passant qu'il prend pour le maître du chien. Si l'élève a réagi dans un sens mécanique – donner une réponse en *be* + -ING – et que vous savez qu'il n'a pas de chien – ce que l'on apprend vite grâce aux interviews de *warm-up* ou à des fiches de renseignements – vous vous étonnerez : *Your dog! But you haven't got a dog!* Les élèves comprendront vite que vous ne vous contentez pas de n'importe quelle production, quand bien même serait-elle sans erreurs grammaticales.

Après avoir introduit plusieurs fois, à des séances différentes : *Ask him about his/her pet/cousin...* les élèves viendront petit à petit à élargir le champ des « sujets » de questionnement, sans qu'on ait à le leur suggérer.

La carte *weather* se prête bien à des variations de conjugaison. On peut soit avoir trois cartes portant le même mot *weather* surmonté d'une flèche différente indiquant le temps (présent/prétérit/futur), soit présenter deux cartes aux élèves, le mot *weather* et un symbole de temps :

What's the weather like today?
What was it like yesterday?
What will it be like tomorrow?

Si les questions sont posées à la suite l'une de l'autre, il faut exiger la reprise du sujet sous forme pronominale, pour lutter contre l'erreur fréquente de la répétition à l'identique du sujet.

Si l'on veut être sûr d'obtenir des questions où le mot *weather* figure à chaque fois, il faut intercaler une question portant, par exemple, sur l'activité :

What was the weather like yesterday?
What did you do?
What will the weather be like tomorrow?
What will you do?

Quand on présente une série de questions sur un même thème, il faudra veiller à ne pas présenter les cartes indicateurs de temps dans le même ordre à chaque révision.

REBRASSAGE DE *LIKE*, PRÉSENT ET PRÉTÉRIT, À TOUTES SES FORMES, EN 5^e

L'exercice de gymnastique verbale qui suit demande d'élaborer 9 affichettes réversibles. D'un côté on lit *I like it/I don't like it/Do you like it?/She likes it/He doesn't like it/Does she like it?/I liked it/I didn't like it/Did you like it?* De l'autre on symbolise ces phrases. Des personnages allumettes représentent les sujets : garçon, fille pour *he/she*, personnage tendant le doigt vers sa poitrine pour *I* ou tendant le doigt vers un interlocuteur pour *you*. Le verbe est symbolisé d'un cœur. La marque du temps apparaît sous forme de serpent pour la troisième personne du singulier, ou sous forme de flèche rouge pour le prétérit. Ces indicateurs de temps changent de place dans la phrase selon la forme de la phrase. Cette dernière est mise en évidence par le point, le point d'interrogation, ou la croix négative.

Le professeur fait lire la série de phrases à la classe entière. Il brasse ensuite le paquet de cartes, en fait voir l'autre côté. L'interrogation devient individuelle. On soumet une ou plusieurs cartes par élève, on interroge le même jusqu'à ce qu'il se trompe, nous avons eu l'occasion d'évoquer les modalités d'interrogation.

On peut aussi afficher toutes les cartes au tableau côté symboles et proposer plusieurs activités différentes. Selon le cas on peut lire les phrases ou bien on n'en voit que la version symbolisée.

- Activité de classement : on demande aux élèves de venir regrouper les cartes. Deux choix sont possibles : regroupement par temps ou par forme. Des constantes leur apparaissent : la structure de la phrase, le déplacement de la marque du temps selon la forme de la phrase.
- Activité de compréhension : le professeur dicte une phrase, un élève doit pointer vers la carte correspondante.
- Activité d'expression orale : le professeur pointe vers une carte symbolisée, les élèves la décodent. Si un élève se trompe, le professeur ou un camarade pointe vers la carte qui correspond au message envoyé, ce qui permet à l'élève de visualiser son erreur.
- Activité de production et de compréhension : les élèves proposent une phrase, d'autres au tableau pointent vers la carte codée.

Ces activités de grammaire visuelle aident de nombreux élèves à mieux fixer les structures.

Sans aucune carte, on pourrait procéder à des révisions sur ce point en proposant des phrases à traduire : « J'aime ça !/Tu aimes ça ?/Elle ne l'a pas aimé/Ça ne m'a pas plu/Ca t'a plu ? », etc.. Avec ou sans cartes, le rythme doit être très rapide. Les élèves se trompent mais rient de leurs erreurs. Ces révisions toniques sont toujours source d'amusement pour le professeur et pour la classe.

REBRASSAGE DES TEMPS EN DEHORS DU *WARM-UP*

Il ne faut jamais perdre une occasion de faire faire aux élèves un exercice de gymnastique des temps. Ainsi en 3e si l'on fait découvrir ce qu'est un *quizmaster* et qu'ils parviennent à formuler une définition : *a quizmaster is the person who asks questions in a TV game* il suffit de dire *Mr X is a quizmaster* et de fixer au tableau les symboles ou marqueurs relatifs aux temps et aspects du verbe. On pointe vers ces cartes et les élèves vont devoir dire :

He asks questions every day.
He asked questions yesterday.
He'll ask questions tonight.
He's probably asking questions at the moment.
He's been asking questions for ages.

Ils peuvent aussi faire preuve de bon sens et changer la forme du verbe en fonction du jour et de l'heure :

He's not asking questions at the moment, he's probably reading the viewers' questions.

Si les modaux exprimant les degrés de certitude ont été étudiés, cet exercice s'avère efficace pour une reprise de leurs formes présentes et passées. On obtiendra, selon l'heure et le jour où ce rebrassage a lieu, des combinaisons entre les éléments suivants :

He may/can't/must be asking/have asked/ask questions now/yesterday/tomorrow.

Prévoir le passage entre les énoncés factuels – *he asks questions* – et les énoncés modalisés – *he may be asking questions* – et demander la transformation de ces énoncés à l'écrit, seuls ou avec son voisin, peut être, selon les classes, une étape intermédiaire nécessaire avant d'obtenir directement des énoncés modalisés complexes.

Quand l'activité observée d'un personnage de manuel correspond à une de ses caractéristiques, ou de ses goûts, on réactivera les différents temps :

X is painting.
She likes painting.
She paints every day.
She painted yesterday.

Les aides à l'expression de ces phrases étant successivement «*Activity now*/le cœur symbolisant les goûts/le mot *routine*/ la flèche du passé».

Lors d'un travail sur *have* + -EN en 4e, si des images ou une situation données se prêtent à la production de *have* + *just* + -EN, présenter à la classe la carte *ago* et celle correspondant à *be going to* viendra enrichir l'expression, sans que le professeur n'ait eu à donner l'idée de la structure par ses questions. Sans cartes, on lancera *Imagine him in a minute/Use the word ago!*

Ce qui importe, c'est de ne pas isoler un temps au détriment d'autres, mais d'en réactiver le plus possible. Une classe sur-entraînée à s'exprimer au prétérit en 5e, à *have* + -EN en 4e, perd peu à peu l'habitude de s'exprimer à un temps différent. Proposer régulièrement ces activités de gymnastique de conjugaison à nos élèves les aide à mieux maîtriser conjointement tous les temps du verbe.

GYMNASTIQUE DE STRUCTURES VERBALES

Ce que nous allons aborder maintenant constitue un autre moment d'entraînement, entraînement à la manipulation de structures grammaticales cette fois. Il s'agit d'exercices de gymnastique linguistique, des exercices de combinaisons verbales qui s'apparentent à ce que nous avons pu voir sous le labelle de *Verb gym*. On pourra tout à fait conserver cette appellation pour les exercices qui suivent.

RÉVISION DE STRUCTURES EN DÉBUT DE 5e

Lors du premier trimestre de 5e, on veut s'assurer que les élèves font la distinction entre le présent simple et be + -ING et qu'ils savent quel type de forme verbale suit can, can't, want ou les verbes de goût.

Pour faire cet exercice, nous avons besoin de six cartes :

- *routine* avec au dos « ni *be* ni -ING »
- *activity now* avec au dos « *be* + -ING
- *possible* avec au dos « *can* + *verb* »
- *impossible* avec au dos « *can't* + *verb* »
- un cœur avec au dos « *like* ...ING »
- un poing fermé entouré de cœurs avec au dos «*want* + *to* + *verb*»

La dernière carte demande à être explicitée. Elle évoque le geste fait en classe pour suggérer *want*, qui consiste à donner un coup de poing sur une table, pour traduire la volonté d'obtenir quelque chose. On pourrait recourir au terme « volonté », mais il y a risque de confusion avec *will*. Le terme *intention* appelle plutôt *going to*, d'où le choix de ce pictogramme.

Le professeur fait lire à la classe les structures. Puis, cartes brassées et retournées, il en montre la face conceptuelle, une par une, et dans un premier temps leur demande individuellement de redire la structure anglaise correspondante. En brassant à nouveau le paquet, on recommence, mais en demandant un exemple.

S'il n'y a pas eu d'erreurs, 18 élèves ont été sollicités. L'interrogation en chaîne est toute indiquée pour ce type d'activité. La classe sent l'intérêt à porter à l'écoute car ce rebrassage est en spirale, ce qui a été dit en début d'activité va permettre de bien répondre quand son tour viendra.

On peut bien sûr procéder à ces révisions orales sans cartes. Il suffit de dire les mots au lieu de les donner à voir.

Lors d'une évaluation, on testera la maîtrise de ces structures en plusieurs temps, comme à l'oral. Savent-ils associer une notion à un élément de la langue anglaise ? *Possible* ... (réponse : *can*), etc. Connaissent-ils le sens de ce qu'ils utilisent ? *Can* ... (réponse : « possible »). Savent-ils compléter la structure d'emploi ? *Can* + ... (réponse : *verb*), etc. Savent-ils utiliser en donnant un exemple ? Savent-ils traduire un exemple donné ? Ceci permet de voir où en sont les élèves par rapport à l'objectif de maîtrise de ces notions. Les élèves en difficulté peuvent faire la preuve qu'ils savent quelque chose.

L'exemple donné pour la classe de 5e est bien sûr adaptable à d'autres niveaux. Dans les plus grandes classes le nombre de structures revues augmentera. On ne décomposera pas en temps successifs à moins que le niveau de la classe ne rende nécessaire le besoin de savoir où commencent leurs difficultés.

CHOISIR RAPIDEMENT ENTRE PLUSIEURS STRUCTURES POSSIBLES

Lors d'une récapitulation sur les expressions permettant d'exprimer une suggestion ou un souhait, on fait apparaître les structures possibles « base verbale/*to* + base verbale/base verbale + -ING ». Pourquoi telle forme plutôt que telle autre relève de la réflexion sur la langue. Ici, il s'agit de tester leur capacité à produire la bonne structure sans hésiter.

On interroge les élèves successivement, sans les nommer. On choisit le mode d'interrogation en chaîne, ou on désigne du doigt chaque élève. Le professeur donne l'amorce d'une expression et l'élève doit seulement dire ce qui suit. Il a le choix entre trois formes d'un même verbe, par exemple *play/to play/playing*. Le professeur commence: *Let's ... !* puis enchaîne: *Why not/Can we/What about/I'd like/Why don't we/Could we/How about/I want/Shall we.*

Il peut recommencer la même série dans un autre ordre, en demandant cette fois une phrase complète: l'élève reprend l'amorce et ajoute ce qui convient. On aura compris que le rythme est très rapide. Pour ne pas laisser de blanc, le professeur va être amené à proposer plusieurs fois les mêmes amorces, ce qui n'est en rien un inconvénient dans ce type d'exercice.

On peut procéder en sens inverse. Le professeur dit *play* ou montre un carton avec ce mot, et les élèves donnent le maximum d'amorces qui sont compatibles avec cette structure.

REBRASSAGE DE LA SUGGESTION

Un autre rebrassage, en situation cette fois, est provoqué en préalable du jeu de *Trivial Pursuit*. Le professeur montre le carton où il a écrit le nom de ce jeu qui ne commence que lorsque les élèves ont émis un maximum de suggestions, assorties de commentaires. Nous avons évoqué ce point dans le chapitre consacré à ce jeu.

REBRASSAGE DES REPRISES DE CONFORMITÉ

Il s'agit là d'un point du programme de 4e. Souvent, il fait l'objectif d'une leçon isolée, mais il n'y est pas donné de suite. La notion a bien été vue, elle a certainement été correctement enseignée, mais elle n'est pas acquise. Le cours consacré à enseigner ces faits de langue a été du temps perdu. Pour que les élèves parviennent à maîtriser ces structures dont l'assimilation est délicate, il faut leur donner souvent l'occasion de s'entraîner. Ils ne le feront pas d'eux-mêmes: c'est au professeur de provoquer la réactivation. Le déclencheur sera une fois de plus une *flashcard*. Deux, en fait: *same situation* appelle les équivalents anglais de « moi aussi/moi non plus » ; *different situation* fait référence à « moi si/pas moi ».

Les occasions ne manquent pas d'obtenir un réemploi de ces expressions. Un élève donne son avis: *I don't agree!*. Le professeur fait voir ses cartes et les élèves pensent à se déterminer par rapport à ce qui vient d'être dit: *Neither do I/I do/So do I/I don't.*

Au lieu de proposer les deux cartes à la fois, le professeur peut n'en montrer qu'une, il guide l'expression vers le type d'enchaînement cité plus haut. Interviennent les élèves dont l'opinion correspond à la carte montrée.

On exploitera ainsi un grand nombre de situations : un élève a oublié son cahier, un autre n'a pas entendu, un troisième a trop chaud. Sans cartes, le professeur dit simplement *What about you?* en s'adressant à un autre élève. Le signal de l'utilisation de ces expressions est donné, et trois ou quatre occurrences sont sollicitées.

Le professeur peut provoquer ces situations : il « oublie » de donner un document à un élève, ou il lui en donne un de trop : *I haven't got a copy/I've got one too many/You've given me one too many.* Ce jour-là, on réactivera *Neither have I/I haven't/I have/So have I.*

En phase d'échauffement préalable au cours proprement dit, des questions du professeur à la classe rebondiront grâce à ces expressions : le premier élève répond, les autres se déterminent. Selon le jour ou l'heure, les questions qui suivent s'y prêtent :

> Are you tired/OK/hungry?
> Did you sleep well/go to bed late/get up early/watch the match yesterday?

A d'autres moments du cours ils réagiront à :

> Are you finished?
> Have you got your book?
> Can you hear all right?

Il ne s'agit pas bien sûr de passer son temps à les faire réagir de la sorte. Les exemples qui viennent d'être cités ont pour but de montrer qu'il est facile d'obtenir ce réemploi : il suffit en fait d'y penser. Si de temps en temps dans la semaine, pas systématiquement, pas à chaque cours, on fait resurgir ces structures, la séance où on les a enseignées n'aura pas été perdue.

COMMENT REBRASSER LES VERBES IRRÉGULIERS

Les listes de verbes irréguliers que proposent les manuels de collège sont très disparates. Pour un même niveau, le nombre de verbes varie et on remarque que la présentation est loin d'être identique. Ces listes n'ont réellement en commun que de se présenter sous forme alphabétique, en colonnes. De nombreuses listes ne donnent pas la traduction française du verbe, rares sont les listes qui apportent des indications phonologiques, plus rares encore celles qui donnent un exemple de phrase. Si certains manuels adoptent la forme de base du verbe anglais, la plupart font précéder les verbes de « to ». Avant de décrire comment faire réviser les verbes irréguliers, il semble nécessaire d'essayer de définir ce qui, pour nous, est une bonne liste de verbes irréguliers et de réfléchir sur ce que l'on souhaite que les élèves mémorisent selon le niveau donné.

QUESTIONS PRATIQUES

Des questions d'ordre pratique se posent alors : combien de verbes faut-il faire figurer sur cette nouvelle liste ? Lesquels ? Tous ceux qui figurent sur la liste de notre manuel ou bien un nombre sélectionné ? Quels seront les critères de choix ? Quelles modifications apporter à la présentation de cette liste ? Convient-il de faire figurer en 5ᵉ à la fois le prétérit et le participe passé des verbes irréguliers ?

LISTE AVEC OU SANS LE PARTICIPE PASSÉ ?

La plupart des professeurs demandent à leurs élèves de mémoriser conjointement le prétérit et le participe passé. Les arguments le plus souvent avancés sont les suivants :

- la liste se présente comme ça dans le manuel
- il est plus facile de mémoriser une série
- ils n'auront plus à les apprendre après
- on a toujours procédé ainsi

Le premier argument appelle une explication. Dans une même année les programmes prévoient l'apprentissage d'un temps et l'initiation à un autre. Ce chevauchement de l'étude du prétérit et de *have* + -EN explique pourquoi les listes de verbes irréguliers des manuels de 5ᵉ présentent à la fois le prétérit et le participe passé. Mais dans la pratique, qu'en est-il ? Rares sont les classes qui ont vraiment le temps d'apprendre le *present perfect*, relégué aux derniers chapitres des manuels. Et de toute façon, ils n'apprennent pas en même temps le prétérit et *have* + -EN.

Analysons maintenant le dernier argument cité plus haut. Il y a dans l'enseignement des langues un certain nombre de façons de faire que les professeurs ne songent pas à remettre en question, qu'ils adoptent naturellement. On leur a enseigné ainsi, cette méthode a été efficace pour les bons élèves qu'ils étaient, cette méthode est donc efficace. La conclusion de ce syllogisme est un peu hâtive. Ce qui a été efficace à une certaine époque, pour un public donné, ne s'avère pas forcément efficace pour tous en tout temps. N'oublions pas que nous ne sommes pas des exemples représentatifs. Si nous enseignons l'anglais aujourd'hui, c'est que nous avons sans doute toujours eu un penchant pour cette matière, et que nos performances nous ont permis d'envisager cette carrière. Si nous faisons comme nos aînés ont fait avant nous, que cela ne soit pas par simple fidélité aux valeurs du passé mais parce que nous reconnaissons, après analyse, que leur approche est la bonne pour nos élèves maintenant encore. L'apprentissage des verbes irréguliers est un des bastions où se pérennise l'absence de remise en question de la façon de faire couramment admise.

Personnellement il ne me semble pas souhaitable de faire mémoriser des formes vides de sens dont les élèves ignorent l'emploi, qu'ils n'auront pas à mettre en pratique avant longtemps et qui, au moment où elles leur sont données sont totalement décontextualisées. Si l'on enseigne aux élèves les 3 formes citées plus haut, il faut espérer qu'une main se lèvera et que nous devrons expliquer à quoi correspond la troisième forme. Que leur répondre alors ? Se lancer dans une explication magistrale sur le *present perfect* est bien sûr inapproprié. Il ne reste plus qu'à dire : «C'est le participe passé/Vous verrez cela plus tard/Ça va vous avancer pour l'an prochain/Vous n'aurez plus à l'apprendre après». Loin de satisfaire un esprit curieux et réfléchi, ces réponses ne peuvent qu'engendrer un sentiment de frustration justifié. On voit mal en quoi le fait de mémoriser de l'inutile et de l'incompréhensible peut les aider dans l'apprentissage présent et futur. Si, en revanche, aucune demande d'explication n'émane des élèves, et qu'ils acceptent cette contrainte sans réagir, on peut s'inquiéter de leur excessive docilité et de leur absence de curiosité...

Donc, ne faisons apprendre que la forme du prétérit lors de l'étude du prétérit et réservons le participe passé pour le moment où sera abordé *have* + -EN. Les élèves vont avoir à faire un double travail de mémoire ? Rien ne prouve qu'il faille moins d'efforts pour mémoriser d'un coup les trois formes que pour les mémoriser à deux périodes différentes. Quand par ailleurs la pratique est là qui vient renforcer le travail de mémorisation, ce dernier en est facilité. D'autre part, mémoriser est une nécessité, mais ce n'est qu'une étape : il faut pouvoir utiliser ce que l'on demande de retenir par cœur. La mémoire sera plus fiable si ce qui est mémorisé a un sens et que l'on en connaisse les modalités d'usage.

Mais on peut alors se servir de la liste du manuel et demander aux élèves de n'apprendre que la colonne du prétérit ? Si on a pris le soin de leur indiquer au préalable qu'un passé français pouvait se traduire de plusieurs façons en anglais, on pourra leur répondre que cette troisième colonne sert à former un temps qu'ils étudieront plus tard. Leur demander de faire abstraction d'une partie de l'outil dont on veut qu'ils se servent n'est cependant guère pédagogique : si on leur remet un outil, c'est qu'on estime qu'il est adapté à leurs besoins. Cette colonne de mots inconnus risque par ailleurs d'introduire un élément de confusion, car certains élèves peuvent se tromper de colonne.

La conclusion logique est de fabriquer une liste pour ses élèves qui leur servira d'outil de référence et qu'ils garderont. Et comme les listes des manuels n'apportent pas aux élèves toutes les aides souhaitées, cela nous permet de leur offrir un outil plus performant.

CONCEPTION D'UNE NOUVELLE LISTE

Critères de présentation

Le professeur est maintenant libre de choisir la présentation la plus pertinente, en faisant des emprunts judicieux aux différentes listes qu'il connaît. Il semble nécessaire de prendre en considération les critères suivants quand on veut élaborer une liste de verbes irréguliers :

- On ne peut pas faire l'économie de la traduction française : à quoi bon mémoriser un passé irrégulier si l'on ne connaît pas la signification du verbe anglais ? L'infinitif français devra peut-être figurer de préférence à droite du verbe anglais, pour ne pas venir rompre la présentation alphabétique des verbes anglais.
- Le verbe anglais doit être présenté sous sa forme de base, c'est à dire débarrassé de *to*, pour des raisons déjà évoquées. On peut l'écrire en majuscules pour plus de clarté.
- Il est bon de faire précéder la forme passée d'un sujet, pour éviter ensuite le type d'erreurs comme *I'm went*.
- Des repères en matière de prononciation doivent être fournis à l'élève : s'il apprend des mots mais qu'il ne sait pas les prononcer, il ne saura pas s'en servir. Faut-il donner la transcription phonétique de tous les verbes ? Faire figurer quelques indications phonétiques sur les prétérits dont la prononciation pose problème doit suffire. On peut les faire ajouter en classe : on leur fait lire la liste à voix haute et on teste quels sont les mots qu'ils écorchent, on donnera des aides pour ceux-là.

- Faut-il inclure ce nouveau passé dans une phrase ? Cela semble une bonne idée, plutôt que d'isoler des mots hors contexte. Préparer des phrases modèles ne paraît pas indispensable. Il vaut bien mieux que l'élève complète lui-même sa grille, en écrivant au fur et à mesure les exemples qui ont été élaborés en classe, ou qu'il a personnellement produits, ou qui sont extraits de documents étudiés, ce qui sera une autre façon de l'aider à se souvenir.

Quels verbes inclure dans la liste ?

Les verbes à inclure doivent privilégier la fréquence d'usage : mieux vaut que les élèves connaissent moins de verbes mais qu'ils sachent parfaitement ceux qui s'emploient couramment. On peut d'ailleurs concevoir une liste tenant compte de l'hétérogénéité des classes : les verbes à grande fréquence en constituent le niveau seuil, et les autres verbes un niveau avancé. La liste est alors divisée en deux catégories, sachant que le professeur doit faire réviser régulièrement, en priorité, le premier groupe, qui devient l'objectif de base pour tous. Les verbes incontournables sont alors notés en caractères gras.

Le manuel de la classe est à considérer. Devront figurer dans la liste tous les verbes que le manuel fait pratiquer. On peut aussi prévoir ceux que l'on choisit d'ajouter lors d'activités spécifiques, hors manuel. Et l'on prévoira enfin une partie blanche où les élèves compléteront leur liste en fonction des imprévus de l'apprentissage.

Verbes de base ou d'un niveau avancé ?

Dans les exemples qui suivent, les verbes jugés d'un niveau supérieur pour la 5e sont mis entre parenthèses. Il s'agit évidemment d'un choix personnel, et donc sujet à critique.

Comme l'apprentissage est facilité par l'approche thématique, les lignes suivantes regroupent les verbes en fonction des situations dans lesquelles ils peuvent s'employer :

- les verbes « catastrophe » forment un tout, comme tels se retiennent mieux en série et on aura souvent l'occasion de les rebrasser avec la question *What happened?*. On range dans cette catégorie :
  - les accidents physiques : *FALL, BREAK, CUT, (HURT), (HIT), (BURN), (FIGHT).*
  - les incidents fâcheux : *LOSE, FORGET, (STEAL), (TEAR), (RUN away).*
- la routine du matin : *WAKE up, GET up, (RING), HAVE (breakfast/a bath, a shower) PUT on, (WEAR).*

- les tâches ménagères : *MAKE*, et toutes les expressions avec *DO*.
- le monde de l'école : *READ, WRITE, HEAR, COME, SIT, FIND, (DRAW), (BEGIN), (SING), (LEARN), (LEND).*
- les verbes relatifs aux voyages : *GO to, LEAVE, (DRIVE), (FLY), SEE, DRINK, EAT, SPEAK, (MEET).*
- les cadeaux après Noel, le lendemain de la fête des mères : *BUY, GIVE, TAKE, (CHOOSE), (SPEND), (PAY), (SEND).*
- les verbes permettant d'exprimer ou de rapporter un sentiment, une idée : *THINK, SAY, (TELL), (KNOW).*

On peut retirer de la liste les verbes dont le passé est peu usité dans la vie courante à moins qu'ils ne figurent dans des documents intéressants que nous envisageons de traiter. Sur le modèle *You took it! What did I take?* un *Jazz Chant* de Carolyn Graham propose également les passés de *break, lose, wear, tear*. La situation présentée dans ce dialogue rythmé est aisément réexploitable : réagir par la surprise devant une accusation injustifiée. Le choix de ce document explique pourquoi ont été cités les verbes moins usités que sont *tear* et *wear*, que l'on fera figurer dans la catégorie du niveau avancé. Des deux verbes, d'ailleurs, le premier fait davantage partie du quotidien de l'enfant de 5e que le second – on peut s'interroger sur les situations justifiant l'emploi de *I wore* – or, plus de listes font figurer *wear* que *tear*.

Dans la liste proposée ici au niveau seuil figurent un peu moins d'une trentaine de verbes. Certains penseront que c'est peu ambitieux. Si tous les élèves sans exception les possèdent, ils sont néanmoins capables de dire bien des choses grâce à ces verbes. Leur demander à tous de les connaître tous devient un objectif réalisable. Ils seront d'autant plus fiers d'en avoir retenu en dehors de cette liste. Ont été qualifiés de niveau avancé des verbes jugés plus rares ou ceux dont on peut faire l'économie car un équivalent existe : on peut dire *see* à la place de *meet*, ou *start* à la place de *begin* ; *say* ne permet pas de recourir au discours indirect, mais ce dernier point ne relève pas du niveau seuil, *tell* a donc été considéré comme faisant partie d'un apprentissage plus poussé.

Il faudra aussi prévoir une annexe à la liste – les verbes que nous n'avions pas pensé leur faire retenir, mais qui ont surgi en fonction des besoins des élèves, ou parce qu'ils sont apparus dans des documents que nous n'avions pas prévu d'utiliser au moment où nous avons rédigé leur liste.

Et si les élèves faisaient seuls leurs listes ?

On peut aussi se demander s'il n'y aurait pas avantage à laisser l'élève entièrement responsable de la rédaction de sa liste, qu'il compléterait en fonction de l'étude des verbes. Pourquoi pas, mais les élèves peu soigneux risqueraient d'être pénalisés. Se poserait de toute façon le problème de l'ordre : l'ordre d'apparition des verbes en classe ne suit pas l'ordre alphabétique. Faut-il ne pas se soucier de l'ordre alphabétique ? Il reste un repère utile pour retrouver rapidement un verbe oublié. D'autre part, remettre à l'élève une liste toute faite lui permet d'utiliser des passés jusque là inconnus, lors d'activité de production écrite en classe ou à la maison. S'il fabrique lui-même sa liste, il ne pourra jamais se servir que de ceux qu'il aura appris en classe, et devra recourir à l'intervention du professeur à chaque fois qu'il veut être créatif.

Gestion de la liste par l'élève

Bien qu'il ne rédige pas la liste lui-même, nous avons vu que cette liste n'est pas un produit fini, mais qu'il devra la compléter chez lui. En ajoutant des exemples dès qu'un verbe est vu, ou en allongeant la liste, si un verbe nouveau apparaît. Ce travail favorise l'acquisition de ces verbes et lui donne aussi des repères : il sait quels verbes ont déjà été étudiés. Plutôt que d'apprendre « les 5 premiers verbes pour lundi/les 5 suivants pour mardi, etc. », il revoit régulièrement les verbes déjà rencontrés.

Utilisation en classe

La liste constitue un outil que l'élève doit avoir toujours dans son cartable. Il la protège d'une pochette plastique pour en assurer la conservation. Il peut la consulter à chaque fois qu'il le souhaite, sauf lors d'évaluation orale ou écrite. Il l'utilise pour les révisions en *pairwork* : il interroge son voisin pendant une minute, sur un rythme soutenu, et la minute suivante les rôles s'inversent. Elle lui sert aussi quand il est engagé dans des activités d'expression écrite. Une fréquentation régulière de cette liste est un moyen efficace d'en augmenter la mémorisation.

Révision collective et évaluation

Il faut prévoir des révisions fréquentes des verbes qu'ils ont appris. Le rebrassage collectif de ces verbes se fait à l'aide de *flashcards*, ou sans support. Sans support le professeur ou un élève cite un verbe français, que la classe traduit, dont elle donne le prétérit et ajoute éventuellement un exemple. Ces opérations sont faites par un seul ou plusieurs élèves. On peut leur demander de traduire des phrases qui ont servi d'exemple, traduction du français à l'anglais et l'inverse.

Avec des cartes on leur donne l'occasion de relire les verbes anglais, la parole pour beaucoup d'élèves s'avérant insuffisante pour bien fixer les choses. Le professeur dispose d'un paquet de cartes de verbes irréguliers, d'un côté l'infinitif français, de l'autre le prétérit précédé d'un sujet. Il fait voir les cartes les unes après les autres, dans un ordre et pour des activités qui diffèrent selon les jours. Série de verbes au passé à lire simplement afin de s'en remémorer l'orthographe et de s'assurer qu'on les prononce correctement ; même liste à traduire ; infinitifs français qui servent de point de départ à la récitation de la série ; alternance infinitifs, phrases anglaises.

Les élèves écorchent souvent l'orthographe des passés en «-ought». Une aide mnémotechnique consiste à leur dire «*I bought* = j'ai acheté : GHT».

Verbes irréguliers (5e)

BE	être	I was/we were
BECOME	devenir	I became
BEGIN	commençer	I began
BREAK	casser	I broke
BUY	acheter	I bought
CHOOSE	choisir	I chose
COME	venir	I came
CUT	couper	I cut
DO	faire	I did
DRINK	boire	I drank
DRIVE	conduire	I drove
EAT	manger	I ate
FALL	tomber	I fell
FEED	nourrir	I fed
FIND	trouver	I found
FLY	voler	I flew
FORGET	oublier	I forgot
GET up	se lever	I got up
GIVE	donner	I gave
GO	aller	I went
HAVE	avoir	I had
HEAR	entendre	I heard
KNOW	savoir	I knew
LEAVE	quitter	I left
LOSE	perdre	I lost

•••

●●●

MAKE	faire	I made
MEET	rencontrer	I met
PUT	mettre	I put
READ	lire	I read
RIDE	faire du cheval	I rode
RING	sonner	I rang
RUN	courir	I ran
SAY	dire	I said
SEE	voir	I saw
SING	chanter	I sang
SIT	s'asseoir	I sat
SLEEP	dormir	I slept
SPEAK	parler	I spoke
SPEND	passer	I spent
SWIM	nager	I swam
TAKE	prendre	I took
TELL	dire/raconter	I told
THINK	penser/croire	I thought
WAKE up	(se) réveiller	I woke up
WRITE	écrire	I wrote
Other verbs		
TEAR		
WEAR		

LES VERBES IRRÉGULIERS EN 4e

L'année de 4e voit l'apparition du participe passé, la liste de 5e n'est plus un outil adapté. Les verbes du niveau avancé de 5e sont maintenant à connaître. La liste du manuel est certainement utilisable, mais risque d'être trop exhaustive. Refaire une liste pour les élèves présente un avantage indéniable : on peut y faire figurer des exemples.

On a le choix entre leur présenter une liste de verbes irréguliers avec pour chaque verbe un exemple au prétérit et au *present perfect*. Au lieu d'écrire : *SEE*, (voir), *saw, seen*, on écrit *SEE*, (voir), *I saw it yesterday, I've seen it.* On peut préférer ne leur donner qu'un exemple au prétérit en leur demandant de produire un exemple au *present perfect* dès qu'ils rencontrent un de ces verbes, ou leur demander d'écrire un exemple au prétérit et un exemple au *present perfect* pour chaque verbe irrégulier rencontré.

Dans le premier cas les élèves n'ont pas une gestion active de leur liste, mais on s'assure que les verbes ne sont pas écorchés, c'est mon choix personnel. Les exemples de phrases au *present perfect* sont tirés de textes du manuel, ou de documents qui seront étudiés ensemble, ou fabriqués. Dès qu'on voit le *present perfect* d'un verbe irrégulier les élèves sont invités à cocher ce verbe sur leur liste et à passer au fluo la base verbale, le prétérit et le participe passé. Ils savent où on en est de la connaissance de la liste, et sur quoi portent les révisions.

Les autres cas rendent l'élève plus actif, mais implique que le professeur vérifie souvent la liste des élèves.

A partir de la 4e le regroupement préférable me semble celui qui met en évidence les rapprochements possibles entre le prétérit et le participe passé, et qui classe de ce fait les verbes irréguliers en grands groupes, afin d'en faciliter la mémorisation. Tout d'abord ceux qui ne changent pas, puis ceux dont le prétérit et le participe passé sont identiques, ceux dont le participe passé est semblable à la base verbale, ceux dont le participe passé se terminent en «-EN» ou du moins toujours en [n], ceux qui jouent sur «i/a/u».

On peut proposer le document qui suit aux élèves en leur demandant de réfléchir aux critères de regroupement qu'ils indiquent sur les pointillés laissés à cet effet. Un élève à l'esprit plus mathématique que littéraire a proposé pour le groupe A: 1.1.1. Il voulait dire par là que les trois formes étaient les mêmes. Il a donc noté pour le groupe B: 1.2.2, pour le groupe C: 1.2.1, pour les groupes D et E: 1.2.3. Lors de la correction, dans cette classe, nous avons adopté ses formules, associées d'une explication, pour aider les plus littéraires: «A = 1.1.1. = les trois formes sont identiques». On a essayé en classe de distinguer les groupes D et E en proposant pour le groupe D: 1.2.3. «n» et pour le groupe E: 1.2.3. «i- a- u».

Le document qui suit est présenté à titre d'exemple et peut servir de base de travail pour aller plus loin: les exemples choisis sont loin d'être tous satisfaisants.

Verbes irréguliers (4e)

GROUPE A ....

V (base verbale)	Preterite: hours/weeks ... ago	Result: Look!
COST coûter	It cost £100.	It has cost me a fortune.
CUT couper	Van Gogh cut off his ear.	Oh! You've cut your hair!
HURT faire mal	They hurt him.	I've hurt my hand.
PUT mettre	He put it away.	He's put on his boots.
SHUT fermer	He shut the door.	Have you shut the door?

•••

•••

GROUPE B

BRING apporter	I brought him a letter.	He hasn't brought it yet.
BUILD construire	They built a barn.	They've just built it.
BURN brûler	I burnt some wood.	I've burnt my finger.
BUY acheter	We bought a new car	We've just bought it.
CATCH attraper	They caught the thief.	He's caught a bad cold.
FEED nourrir	She fed the dog.	You haven't fed the cat.
FIND trouver	I found it in my room.	I've found it!
HAVE avoir	Henry VIII had 6 wives.	I've just had a call.
HEAR entendre	I heard a strange noise.	I haven't heard a thing.
LEARN apprendre	She learnt it at school.	I've learnt it by heart.
LEAVE partir, laisser	They left in the morning.	I've left it at home.
LEND prêter	He lent me £5.	He's lent me his car.
MAKE faire	We made some brownies.	I've made the beds.
MEET rencontrer	They met in Oxford.	I've never met them.
PAY payer	I paid for it.	I haven't paid yet.
READ lire	I read it yesterday.	I haven't read it yet.
SAY dire	She said, «Let's go!»	We've already said it.
SELL vendre	I sold it yesterday.	I've just sold it.
SEND envoyer	They sent him to school.	We've sent him a present.
SIT s'asseoir	He sat in a corner.	I've never sat there.
SLEEP dormir	I slept for 10 hours.	I've slept a lot.
SPEND passer, dépenser	He spent a week abroad.	I've spent all my money.
TEACH enseigner	She taught the class last week.	I've never taught French.
TELL raconter	She told him to come.	He's told me everything.
THINK penser	It's what I thought.	I've thought it over.
UNDERSTAND comprendre	He understood it.	He hasn't understood.
WIN gagner	She won a cup in 1995.	You've won!

GROUPE C

BECOME devenir	He became a reporter.	He's become famous.
COME venir	They came back early.	They've all come back.
RUN courir	He ran the marathon.	He has run it twice.

GROUPE D

BE être	I was late.	I've been ill. I've never been abroad
BREAK casser	Jack broke his crown.	You've broken it!
BITE mordre	A dog bit me.	A dog has bitten me!
CHOOSE choisir	She chose a book for me.	I've chosen this one.
DO faire	I did the washing up.	You've done the shopping.
DRAW dessiner	He drew his self-portrait.	He's drawn lots of them.

•••

•••		
DRIVE conduire	He drove to Britain.	I've never driven on the left.
EAT manger	We ate in a pub.	I've eaten too much.
FALL tomber	Jack fell down.	He has fallen!
FLY prendre l'avion	I flew to the USA.	I've never flown alone.
FORGET oublier	He never forgot it.	I've forgotten my book.
GIVE donner	He gave me £5.	You've given me too much.
GO aller	They went to the USA.	They've gone!
GROW grandir, cultiver	He grew a lot of cabbages.	She's grown up.
KNOW savoir	I knew it	I've known him for ages.
SEE voir	I first saw New York in 1990.	I've never seen New York.
SPEAK parler	She spoke to him.	I haven't spoken to him.
STEAL voler	They stole it.	Somebody has stolen my bag.
TAKE prendre	They took the plane.	I've taken the plane twice.
WAKE up (se) réveiller	I woke up at 6.00.	You've woken me up.
WRITE écrire	He wrote novels.	Have you written to him?
GROUPE E		
BEGIN commencer	We began a new lesson.	It has just begun.
DRINK boire	We drank some beer.	I've never drunk beer.
RING sonner	My alarm rang at 7.00.	The bell hasn't rung yet.
SING chanter	We sang a funny song.	I've never sung in a choir.
SWIM nager	I swam every day.	I've swum for an hour.

LA LISTE DE VERBES EN 3^e^

La liste du manuel demande à être élaguée, des verbes étant présentés que les élèves n'ont jamais l'occasion d'utiliser ou d'entendre : *BLEED, CREEP, FLEE, HANG, KNEEL, LIE, SOW, STRIKE, SWEEP*... D'autres verbes sont surtout connus pour leur participe passé : pourquoi en faire apprendre les trois formes ? C'est le cas de *BEAR*, et à un degré moindre de *FREEZE* ou *FORBID*. Écrire une nouvelle liste pour la 3e n'est pas indispensable : on peut simplement demander aux élèves d'ajouter eux-mêmes à leur liste de l'année précédente les verbes nouvellement appris, au fur et à mesure qu'ils apparaissent.

En 3e, si les élèves n'ont pas eu la liste de 4e, on peut les faire travailler sur la liste du manuel, en leur donnant les grandes catégories ci-dessus avec un exemple à chaque fois et en leur demandant d'élaborer cette liste. Ce sera leur donner l'occasion d'un travail actif sur les verbes irréguliers.

RÉVISER LES VERBES EN 4e ET 3e

Pour l'interrogation de ces verbes en classe on peut bien sûr procéder de façon classique en leur demandant la série complète à partir d'un infinitif français. On peut aussi proposer une forme que les élèves doivent mettre dans une phrase ou dont ils doivent spécifier s'il s'agit du prétérit ou du participe passé. On peut aussi s'aider des cartes ou symboles prétérit/*present perfect* pour faire produire des énoncés à partir d'un verbe donné.

Les ouvrages qui mettent l'accent sur une approche motivante de la grammaire adaptent avec originalité des jeux traditionnels tels que *Bingo*, tennis de table, *Noughts and Crosses*, pour proposer des révisions rapides des verbes irréguliers qui remportent toujours un vif succès.

ÉVALUER LES ACQUIS

Dans toutes les classes l'évaluation de la maîtrise des verbes irréguliers doit se faire avec régularité. L'élève a un effort à faire en ce domaine, cet effort doit être mesuré. On lui proposera régulièrement de brèves interrogations écrites ciblant la maîtrise de ce point particulier. On lui propose une grille de verbes à compléter, on lui dicte une forme et il doit donner les autres, on écrit une forme qu'il doit identifier, etc. On sera particulièrement exigeant sur la maîtrise du sens des verbes : un élève qui saurait dire *SEND, sent, sent* sans savoir ce que le verbe signifie possède là un savoir stérile qui ne lui sert à rien. Plutôt que de demander les trois formes de façon traditionnelle on peut préférer obtenir « *SEND*, envoyer : *I sent, I've sent* ». C'est mon choix personnel.

13

REBRASSAGE DE LA MODALITÉ

Les modaux apparaissent dès la 6e, *can* dans sa valeur radicale de possibilité physique, d'aptitude et aussi dans sa valeur de permission, *must* dans sa valeur d'obligation. En 5e et 4e, la notion de modalité se traduit par de nouveaux auxiliaires modaux *may, might, should* ou par des verbes de modalité que l'on conjugue à tous les temps : *have to/be able to*. L'expression de la modalité est au cœur du programme de 3e où les élèves sont, plus que jamais auparavant, invités à émettre un jugement, formuler des hypothèses ou nuancer une opinion et à recourir à la valeur épistémique de ces auxiliaires. Nous avons eu l'occasion de parler des modaux dans le chapitre réservé à la réflexion sur la langue. Ici nous allons envisager la question de la réactivation de la modalité.

En mettant au tableau de feutre le visage de ET, un téléphone et une maison, on obtiendra de ceux qui connaissent le film la citation *ET phone home* que ceux qui connaissent aussi l'anglais traduiront par *ET wants to phone home*. Cet énoncé est contextuellement correct s'il est donné comme un commentaire des paroles de ET. Mais on peut envisager la réalisation de cet événement de différents point de vue :

ET must phone home.
ET should phone home.
ET didn't manage to phone home yesterday.
ET couldn't phone home earlier.
ET may phone home tomorrow.
ET should have phoned home earlier.

Comment parvenir à faire produire ces énoncés ? On a vu dans le chapitre consacré à la conjugaison, qu'une évocation des temps à l'aide de symboles en permettait un rebrassage rapide et fréquent. Peut-on concevoir des aides de même nature en matière de modaux ? On distinguera les modaux radicaux et les épistémiques.

MODAUX RADICAUX

Après avoir longtemps utilisé des représentations empruntées au registre de la signalisation routière pour illustrer les modaux *can* et *must* - *can* feu vert/*can't* feu rouge/*must*, sens giratoire bleu ciel/*mustn't* sens interdit, ma préférence se tourne maintenant pour le recours à un mot-clé, mot donnant le sens du modal.

CAN

Can en 6e, dans sa valeur d'aptitude, de possibilité est explicité par l'adjectif transparent anglais *possible*, son contraire par *impossible*. Sur une *flashcard*, on écrit l'adjectif d'un côté, tandis que la structure *can* + V (lire : *plus Verb*, à l'anglaise) est rappelée au dos. Pour « conjuguer » ces termes la *flashcard* pourra inclure l'élément temps en un seul outil, on peut par exemple modifier la couleur de l'adjectif selon le temps de conjugaison. Les mots *possible* ou *impossible* vont s'écrire en bleu au présent, en rouge au passé, en vert au futur, ou en noir sur des fonds de couleur différente tandis qu'au dos de chaque carte on pourra lire la structure correspondante : *could* + V/*will be able to* + V, etc.

On peut aussi ajouter les flèches de couleur au-dessus des adjectifs : le réflexe temps est sans doute plus immédiat pour l'élève, mais la carte est peut-être un peu encombrée. La réaction des élèves sera juge ; ils devront être sollicités pour évaluer l'efficacité, la clarté des supports choisis et nous amener, par leurs commentaires, à opter pour telle ou telle option ou à procéder à des modifications.

Pour évoquer la valeur d'autorisation on choisira le terme *permission*. Au dos nous aurons *can* + *Verb*, comme pour la valeur de possibilité.

MUST, MUSTN'T, HAVE TO, NEEDN'T

Pour *must*, comme nous l'avons fait pour Can/Permission on choisira le substantif anglais *obligation*. Pour *mustn't* on opte alors pour *prohibition*, pour rester dans des repères anglais. L'adjectif *necessary* semble bien indiqué pour rendre compte de *have to* tandis que *needn't* est réactivé à l'aide de la locution *not necessary*. L'utilisation de couleurs invite aux transformations que les temps appellent. A l'envers des cartes ces changements sont schématisés (*had to* + V/*didn't have to* + V).

MAY

La connotation de politesse accrue inhérente aux demandes de permission conduit à choisir *permission/more polite* pour évoquer *may* dès la 4e.

SHOULD

C'est le modal du conseil, le mot *advice* est tout indiqué.

COULD

Il est considéré ici dans son acception de suggestion, mot que l'on retiendra.

MODAUX ÉPISTÉMIQUES : MODALITÉ DE PHRASE

MUST, MAY, MIGHT, COULD, CAN'T

Ces modaux, quand ils expriment les différents degrés de probabilité, demandent à être traités conjointement, pour plus de cohérence dans la solution retenue. Parler de degrés de probabilité, c'est dire qu'il y a tant de chances que la réalisation prédicative se réalise, les pourcentages semblent donc plus indiqués. Cela donnerait un tableau de ce genre :

- quasi-certitude *must* = certain que oui à 90 %
- possibilité *may* = certain que oui à 50 %
- éventualité *could* = certain que oui à 30 %
- éventualité affaiblie *might* = certain que oui à 20 %
- quasi-impossibilité *can't* = certain que non à 90 %

Les différences d'emploi entre *might* et *could* étant minces, on peut choisir de ne pas différencier ces deux termes à ce stade de l'apprentissage. Nous l'avions déjà signalé dans le chapitre relatif à la réflexion sur la langue (Chapitre 9).

La difficulté maintenant est de traduire en cartes la valeur de ces modaux. On pourrait utiliser les termes français (quasi-certitude, etc.), mais sont-ils clairs pour les élèves ? N'utiliser que les pourcentages risque de prêter à confusion car il existe deux fortes certitudes donc deux pourcentages identiques. Actuellement, faute de mieux, par souci d'être compris des élèves sans trahir la grammaire, la solution retenue a été le recours à la formule française « Certain que oui ? 90 % » etc. avec au dos le modal correspondant.

COMMENT FAIRE REBRASSER CES NOTIONS

MODAL GYM

Dans les classes où la modalité est un point important du programme nous inclurons dans les cours des moments brefs mais réguliers de gymnastique sur l'expression de la modalité, en nous servant de ces cartes, comme nous l'avons vu pour le rebrassage de la conjugaison.

Selon le côté de la carte que l'on présente, on demande des choses différentes aux élèves. On fait lire les modaux et on attend de la classe qu'elle en donne la valeur, ou bien on fait voir l'envers de la carte et les élèves doivent dire de quel modal il s'agit.

Si l'on a deux paquets de cartes, on peut proposer aux élèves des activités d'association. Les cartes affichées au tableau, les élèves viennent les regrouper par paires. En les remettant aux élèves qui les brandissent, la classe se détermine : *John and Sean*, les élèves nommés vont alors fixer leurs cartes au tableau.

En 4e, on fera décliner les notions de permission, interdiction, nécessité et absence de nécessité au présent, passé ou futur en présentant à un rythme rapide les cartes correspondantes aux modaux et en proposant un sujet et un verbe lexical. A chaque fois, on leur demandera de donner une traduction en français. Les cartes permettant de rebrasser seulement les formes affirmative et négative, il suffit d'ajouter oralement le mot *Question* devant un modal affirmatif pour obtenir une forme interrogative.

En 3e, en montrant les modaux exprimant des degrés de probabilité, et en proposant un verbe et un sujet, l'on fera produire des formes simples. Pour les formes complexes, on montrera deux cartes : un modal et au choix, *be* + -ING ou *have* + -EN. On demandera une traduction pour chacune des phrases produites.

UTILISATION D'UN JEU DE CARTES DE CONJUGAISON

Pour entraîner les élèves de 4e à la délicate manipulation des formes conjuguées des modaux, on peut fabriquer pour eux un jeu de conjugaison qu'ils utiliseront en groupe, après l'avoir testé classe entière. On remet à chacun un document à découper : on y a noté dans des petits carrés une série de verbes, les adjectifs *possible, impossible, necessary, not necessary*, et trois flèches évoquant présent, passé et futur. Les élèves devront colorier respectivement en rouge et vert ces deux derniers symboles. Une fois son document découpé, chaque élève a trois piles de petits papiers devant lui : lexique, modalité et temps. Les élèves sont en groupe de quatre : le premier tire un papier de la pile lexicale, le deuxième choisit un adjectif, le troisième un temps et le quatrième propose l'énoncé.

On les a préparés au jeu, classe entière. Le professeur a reproduit les petits papiers sur des cartes Bristol. Il a besoin de deux assistants et choisit des élèves d'un bon niveau, car ils seront exclus du jeu. Il remet à l'un les adjectifs de modalité et à l'autre les temps. Lui garde le paquet de verbes. Trois cartes sont proposées aux élèves qui doivent faire un énoncé avec un sujet de leur choix. Les verbes retenus sont transitifs et compatibles avec le complément *it*, ce qui permet des phrases plausibles : *I'll have to do it/She couldn't eat it/You can learn it*, etc. Pour chaque phrase donnée, on demande une ou plusieurs traductions en français.

On peut dissocier la difficulté en présentant d'abord des verbes différents avec le même adjectif et le même temps, ou passer en revue tous les adjectifs pour le même verbe au même temps, ou garder le même adjectif en variant les temps.

Après que les élèves ont joué en groupes oralement, on leur demande ensuite, toujours en groupes, de continuer le jeu, mais de noter maintenant par écrit, chacun sur une feuille, chaque phrase produite. A l'issue du temps imposé on échange les productions d'un groupe à l'autre. Ils doivent maintenant lire et traduire les phrases des camarades. Cette dernière phase peut aussi constituer le *homework* pour le cours suivant.

Ces exercices n'ont pas d'autre prétention que d'habituer les élèves à fabriquer des formes grammaticalement correctes et dont on connaît la complexité. Ce ne sont bien sûr pas des exercices « communicationnels », mais peut-on se passer d'exercices contraints pour parvenir à une expression naturelle et précise ? Ce qui importe, c'est de ne pas prolonger de façon excessive ce type d'exercice qui ne constitue qu'une étape et ne peuvent se substituer aux activités réellement communicationnelles, dont on va voir un exemple.

DO	PLAY	TAKE	SELL
SING	TELL	WEAR	ASK
BRING	CUT	BUY	LEARN
IMPOSSIBLE	NOT NECESSARY	NECESSARY	POSSIBLE

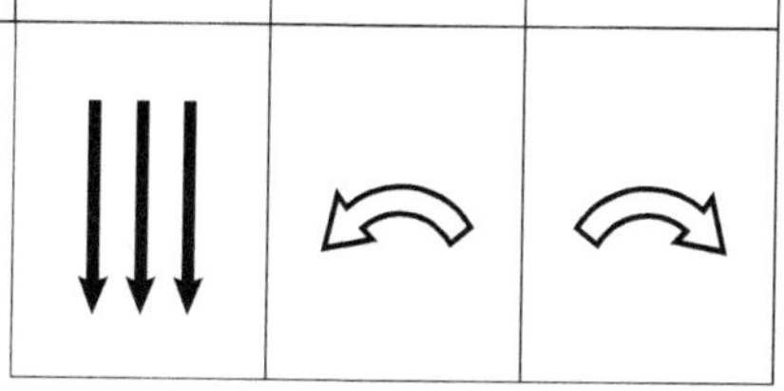

EXPLOITATION D'UN DOCUMENT : REBRASSAGE DES FORMES COMPLEXES DE MODAUX EN 3e

Devant une photo mystérieuse – ici deux personnages face à face vus de profil, un homme tenant un revolver à la main et une femme en chapeau – toutes les suppositions sont possibles. On guidera la rédaction d'une histoire à élaborer en groupe en leur remettant une grille à cocher, où on leur demande se déterminer sur la situation : qui ? où ? quand ? faisant quoi ? On leur propose des hypothèses, et pour chacune de ces propositions ils doivent dans un premier temps décider d'un modal et de la structure à retenir pour ce modal.

Pour chaque ligne du tableau de la page suivante, les élèves doivent cocher deux cases, celle du modal et celle de la construction de ce modal.

L'intérêt du regroupement en petites unités d'élèves est de les pousser à échanger leurs avis. Pour se déterminer par rapport à la grille donnée, ils doivent réutiliser systématiquement des formes modales simples ou complexes. Ils ne vont pas être toujours d'avis opposés – pourquoi le seraient-ils ? – mais ils vont toujours verbaliser leurs opinions et devront le faire pour chacun des items proposés, au fur et à mesure qu'ils remplissent leur grille :

É1 : They could be relatives.
É2 : Yes, they could be lovers.
É3 : They can't be strangers. Look at the way he's looking at her!
É4 : Anyway, they must know each other.
É1 : They might have found that gun.
É2 : They might have killed someone.
É3 : They could be planning a crime.
É4 : They might have planned a crime.

Une fois qu'ils ont passé en revue les divers éléments de la grille, ils vont en retenir quelques uns, en choisir d'autres, se déterminer sur un sens à donner à cette énigmatique illustration, pour aboutir ensuite à une production élaborée en commun. Ils peuvent :

		CAN'T	MIGHT/ COULD	MUST	BE	BV*	BE + -ING	HAVE + -EN
WHO?	relatives							
	partners							
	enemies							
	strangers							
	private detectives							
WHEN?	nowadays							
	in the 20s							
	in the 50s							
	in the evening							
	at night							
WHERE?	in Europe							
	in the States							
	in Britain							
	inside							
	outside							
EVENTS?	FIND the gun							
	THREATEN someone							
	PLAN a crime							
	GIVE back the gun							
	REHEARSE a play							
	THREATEN her							
	ASK someone to kill someone							
	LOOK for a murderer							

* = base verbale

- imaginer ce qui s'est passé avant/ce qui se passe/ ce qui va se passer ;
- rédiger un dialogue entre les deux personnages ;
- rédiger l'introduction de l'histoire sur ces deux personnages et la soumettre à un autre groupe qui devra en donner les suite logiques ;
- écrire ce qui va se passer juste après. Un autre groupe devra en déduire une introduction, etc.

REBRASSAGE DES MODAUX EN SITUATION

Des modaux, beaucoup de situations de classe nous permettent d'en utiliser naturellement. Nous allons essayer de dresser une liste des occasions qui nous sont offertes de pousser les élèves à ce réemploi.

Échanges courtois, demandes polies

Nombreux sont les moments où les élèves ont à exposer des demandes. On a vu dans le chapitre consacré à la régulation de l'indiscipline qu'on les poussera à utiliser des formules polies. Dès qu'ils font une demande en français, on leur signalera de la formuler en anglais. On fera reformuler en indiquant *More polite/Say it more politely, please* et ils passeront de *Can you?* à *Could you?* et éventuellement, pour les plus grandes classes de *Can I?* à *May I?*

Rappel du règlement intérieur à la classe

Les manquements aux règles seront exploités sur un plan linguistique. Si un élève a oublié de mettre son chewing-gum à la poubelle en entrant en classe, le professeur fait voir la poubelle et désigne l'élève fautif en disant à la classe : *Tell him/her!* Le commentaire des élèves sera *You mustn't chew gum in here/You must throw it away* ou toute autre formulation de l'interdit ou du conseil.

Pour que l'entrée en classe se passe dans le calme, et que tout le monde range ses affaires on peut avoir besoin des modaux. On trouvera dans les pages de *Classroom English* ce que les élèves peuvent être amenés à se dire à cette occasion.

Commentaires de consignes

Dans les petites classes on réactivera *must*, une fois ce modal enseigné, quand on change de matériel. Le professeur dit *Take a pencil!*, ou fait voir un crayon de bois, et fait dire aux élèves *I must/You must/We must take a pencil.*

Quand le professeur a donné une consigne en français, il peut demander de la reformuler en anglais. Les élèves pourront bien sûr dire *We're going to* ... mais dès que l'obligation future a été étudiée, le professeur n'a qu'à signaler *Obligation* et la classe pensera aussi à utiliser un modal : *We'll have to* ... . C'est aussi ce qu'ils diront quand, après leur avoir donné le *homework*, on leur fait redire ce qu'ils auront à faire pour la prochaine fois.

Dans ces mêmes classes, les élèves rappellent ce qu'ils avaient à faire pour aujourd'hui : *We had to* ... , lors de la reprise du cours précédent.

Correction des erreurs

On peut pousser les élèves de 4e et 3e à commenter des erreurs en anglais et à donner des conseils à leurs camarades, le mot *advice* ou la carte correspondante les y invitant : *There should be … instead of … ; you shouldn't …* .

Phases d'anticipation

Dans toutes les activités préalables à l'écoute ou à la lecture, activités où l'élève, à partir d'un titre, à partir d'une illustration, émet des hypothèses sur ce qu'il va lire, sur ce qu'il va entendre, le recours au modal *may* est tout indiqué dès la 4e : *It may be about…/The person may…/We may hear…* . On l'obtiendra en demandant une reformulation des énoncés commençant par *Maybe/Perhaps/I think I'll hear …* . Inversement, si les élèves n'utilisaient spontanément que des modaux on leur demanderait de varier leur production en ayant recours à d'autres expressions.

En 3e, on pourra, en phase d'anticipation, faire réactiver plus de degrés de possibilité : le professeur présente les cartes correspondantes à ces modaux et stimule l'expression orale *Comment!/What do you think?/Any opinion?* expressions qui, peu à peu, suffiront à faire resurgir les modaux sans que les cartes soient nécessaires.

Pour un rebrassage de tous ces modaux au cours de cette phase d'anticipation, le professeur peut lui-même lancer des propositions dont certaines sont plausibles, d'autres incongrues, d'autres fort probables et les élèves se prononcent. Le professeur lance, à propos d'un personnage sur une photo *He's 60/He's an artist/He's famous* et selon le cas les élèves vont retenir ou non ces hypothèses.

On peut aussi se contenter de lancer des mots isolés que les élèves intègrent dans un énoncé où ils émettent un avis :

P : 60 years old!
É1 : He can't be so old.
É2 : Yes, he may be 60.

Si un élève se contentait de dire *He's 60*, il faudrait le pousser dans ses retranchements en lui demandant *Are you sure?*, et il a parfaitement le droit de répondre *Yes!* S'il n'est pas si sûr, alors on lui demandera de moduler sa réponse, ou on impliquera la classe : *What can you/he say then?* Pour s'assurer qu'ils ne lancent pas au hasard un modal pour faire plaisir au professeur, mais qu'ils maîtrisent le sens de l'énoncé produit, ou pour impliquer la classe, on peut ajouter *Why did you/he say that?* et on attend qu'ils justifient en utilisant cette fois un adjectif de modalité : *I'm/He's quite sure of it*, etc.

Jugement auto-pondéré, auto évaluation, auto-appréciation

Aux bonnes classes de 3e, et toujours à propos de ces modaux épistémiques, on pourra demander d'apprécier leurs performances, leur degré de réussite, leur degré de certitude sur tel ou tel point. Dans un devoir écrit, on réservera une case pour l'appréciation personnelle de l'élève par rapport à sa production, qui sera affectée d'un bonus si l'élève parvient à des commentaires en anglais : *I may have made a few mistakes in part one but I'm quite happy with exercice number ... ; it must be good/I'm quite sure exercice ... is .... .*

On peut aussi leur demander de se déterminer sur la note qu'ils pensent obtenir : *I may get ... out of twenty* et, de la même manière, sur le nombre d'items corrects dans un exercice donné : *There must be ... correct sentences/There can't be more than ... mistakes*. Comment parvenir à ces productions ? En prenant l'habitude de solliciter les élèves oralement, avant la correction d'un exercice, après un devoir, pour connaître leur opinion sur ce qu'ils viennent d'écrire. Leurs réponses, dans un premier temps, ne comporteront pas naturellement de modaux. On demandera alors une reformulation des énoncés produits, en signalant *Use a modal?/Say it differently/Are you sure of it? What else could you say?* ou tout simplement en écrivant au tableau : *Sure? ... %*. Cette dernière expression peut d'ailleurs figurer sur un carton que l'on garde toujours avec soi et qui est le signal du recours à une expression plus élaborée dont les élèves prennent peu à peu l'habitude.

Un autre réemploi des modaux permettra de nuancer son opinion : *I may be wrong/You may be right but I think ...* . En faisant cela, on est en parfaite conformité avec les instructions de 3e qui précisent que l'élève à ce niveau doit émettre un jugement, donner son opinion et savoir la moduler.

L'expression de la modalité est un point délicat du programme. C'est en poussant toujours l'élève à l'utiliser à bon escient, en lui redonnant l'occasion d'en expliciter le sens qu'on peut l'amener à mieux la maîtriser.

14

COMMENT ACQUÉRIR ET PUIS RÉVISER LE VOCABULAIRE

Connaître du vocabulaire ne suffit certes pas à maîtriser une langue, mais sans vocabulaire que peut-on bien dire ? La connaissance d'un lexique important n'est pas une condition suffisante mais une condition *sine qua non* dans l'apprentissage d'une langue. Connaître un mot, c'est le comprendre, savoir l'écrire, savoir le dire et savoir l'utiliser. Les seuils d'exigence quant au nombre de mots à enseigner se sont progressivement abaissés au cours des soixante dernières années, mais on sent cependant poindre un retour du souci de la maîtrise du vocabulaire.

Cela exige un travail de mémorisation qui demande à l'élève un effort indéniable mais incontournable. Il va s'agir de réfléchir aux moyens de l'aider dans cette tâche. Les manuels vont dans ce sens, quand ils ont le souci d'une présentation lexicale claire, et qu'ils n'oublient pas de donner des repères phonétiques, repères que l'on voit de nouveau réapparaître dans les manuels récents, après une longue absence. La clarté de la présentation ne suffit pas à en assurer l'acquisition : certains élèves ont la mémoire bien défaillante, et nous aborderons ici quelques stratégies d'aide à l'acquisition du lexique en classe, et à la mémorisation, à la maison. Parce que l'on retient mieux ce que l'on a soi-même découvert ou ce dont on a besoin, on essaiera d'intégrer ces deux aspects dans l'approche du lexique. Les mots, cela se révise et cela s'évalue, ces deux aspects seront également traités dans ce chapitre qui a pour objet la fixation et le rebrassage du vocabulaire.

HABITUER L'ÉLÈVE À EXPRIMER DES BESOINS

Des élèves silencieux ne sont pas des élèves sans idées, mais souvent des enfants à qui manquent les mots pour dire. Il faut leur donner l'habitude et les moyens d'exprimer des besoins, tout en les poussant toujours à réactiver leurs acquis.

DONNER DES OUTILS POUR EXPRIMER DES BESOINS

Le vocabulaire peut être présenté naturellement, en fonction des besoins exprimés par les élèves, et utilisé dans l'instant par eux au cours d'activités « communicationnelles ». Pour la façon d'exprimer des besoins en matière de vocabulaire, nous renvoyons le lecteur aux pages consacrées au *Classroom English* (pp. 34-40). On encouragera les élèves à varier leurs formules de demande : si deux élèves ont employé successivement la même formule, on refusera une reprise à l'identique chez un troisième en disant *Say it differently/Synonym*. Cela peut être l'occasion de faire une pause de reformulation pour faire resurgir toutes les façons d'exprimer un besoin langagier.

NE PAS EN FAIRE DES ASSISTÉS SUR LE PLAN LEXICAL

Signalons cependant trois mises en garde. Quand l'élève possède des outils lexicaux lui permettant d'exprimer son idée, on le poussera à réutiliser ce qu'il sait : *Come on, you know it/you can say it/you can find it/you've got words for it*. En le poussant à réutiliser ses acquis on l'aide à les fixer. Libre à nous ensuite, mais ensuite seulement, d'enrichir, de nuancer en lui donnant d'autres expressions. A chaque fois aussi on le poussera à utiliser des paraphrases : *something which/someone who/a place where you can* ... , avant de donner le terme précis. On encouragera les approximations, les généralités : on refusera de donner le mot *musician* tant qu'ils n'ont pas dit *artist*, connu d'eux. On ne donnera pas *guitarist*, on dira *as in French*. Mieux vaut cela que de faire de nos élèves des assistés permanents en matière de vocabulaire. Dans certains cours, cas certes extrêmes, la question *How do you say ... in English?* est le seul énoncé structuré que l'on entende, le reste du cours se passant en échanges de monosyllabes ou de mots isolés. Quand enfin on donne du vocabulaire, il faut qu'il soit utilisé activement. Toujours pour citer des cas extrêmes on voit parfois des élèves demander du vocabulaire, le professeur s'exécute, et l'élève n'ajoute rien ou se contente de répéter le mot : piètre contribution au cours, s'il en est !

DESCRIPTION D'IMAGES

On crée le besoin de mots par des activités appropriées. La description d'une scène permet de travailler la localisation et de rebrasser entre autres les structures *there's* et *be* + -ING. On peut faire de la description d'image une activité motivante en donnant une tâche de description assortie d'un objectif de dessin pour un tiers. Si l'activité a lieu en *pairwork*, il faut que les élèves connaissent le vocabulaire de l'activité. Ils auront alors l'occasion de le rebrasser, en autonomie. Si on veut que l'activité permette l'acquisition de vocabulaire nouveau, il faut qu'elle ait lieu sous le contrôle du professeur, c'est une activité de ce type que nous allons présenter ici.

On inverse les rôles habituels en demandant à la classe de faire travailler le professeur sous leur dictée. Chaque élève possède un document iconographique identique que le professeur doit reproduire fidèlement au tableau en se servant des seules indications verbales que lui donneront les élèves. On ne parlera pas ici d'*information gap* au sens strict car le professeur connaît bien sûr le document. Il y a cependant un message à transmettre, des consignes à faire exécuter : vont-ils parvenir à décrire avec assez de précisions pour que le dessin au tableau soit fidèle au leur ? Voilà l'objectif de la tâche.

On va enseigner en préambule les expressions de localisation *on the left/on the right/at the top/at the bottom/in the middle* sans lesquelles le professeur ne saurait comment structurer son dessin. Le choix des expressions de localisation dépend du document à décrire, et du niveau de la classe, mais des expressions qui ne figurent pas au programme des petits risquent de leur être indispensables pour mener à bien l'activité : on gardera pour la 3e des expressions plus complexes, comme *in the top left-hand corner*, mais on ne se privera pas d'enseigner les autres aux jeunes élèves.

On y consacre quelques minutes en s'aidant d'un dessin au tableau : un rectangle où l'on inscrit 5 numéros correspondant à chacune des expressions citées. On met sur la voie du genre d'expressions dont il s'agit en pointant sur le n° 1 et en disant *on the left* et on teste la classe sur les autres numéros, pour voir jusqu'où vont leurs acquis : on ne donne l'expression que si elle est inconnue de tous, et on l'inscrit. Les élèves garderont cette trace écrite pendant toute l'activité, et en prendront note ultérieurement dans leurs cahiers.

Pour aider à l'acquisition de ces expressions, on procède à un exercice de gymnastique de répétition avec un déclencheur visuel, oral ou gestuel.

- Amorce visuelle : le professeur pointe vers un numéro du dessin et la classe réagit.
- Amorce orale : face à la classe, il énonce un numéro, ou bien il donne l'expression à traduire.
- Amorce gestuelle : il dessine dans l'espace des gestes symbolisant ces expressions et les élèves les décryptent.

Quelque soit la pratique choisie, le professeur doit aller vite, très vite, sans hésiter et c'est ce rythme qui confère à un exercice souvent jugé rébarbatif toute sa drôlerie et son efficacité.

Avant que ne commence l'activité de description, le professeur a intérêt à afficher quelques cartes repères qui vont guider les élèves vers une description organisée et structurer la prise de parole. Si l'on souhaite voir décrite une scène entre plusieurs enfants dans une pièce à un moment donné, on affichera *setting : place, furniture ; time ; people : number, sex, precise place, description, clothes, activity* et on demandera à la classe de suivre cet ordre.

Les élèves vont maintenant décrire leur dessin. Au fur et à mesure qu'un besoin de lexique apparaît, ils en font la demande au professeur qui note au tableau les mots demandés. S'il s'agit de mots inconnus, il les donne d'emblée, sinon il interpelle la classe. Ces mots doivent être activés et réactivés au cours de la séance pour être assimilés : on va pousser les élèves à les utiliser plus d'une fois, comme nous allons le voir.

Le professeur suit à la lettre les renseignements donnés par les élèves, mais ces renseignements manquent parfois de précision, ce que l'on va exploiter. Si la classe s'est contentée de dire *There's a sofa on the right* après avoir obtenu le mot *sofa* et que celui du dessin est grand et noir, on en dessinera un petit vert, ce qui ne manquera pas de susciter des réactions : *It's much bigger/it's a big black sofa/the sofa isn't green, it's black.* Et le professeur rectifiera son dessin. La classe est contrainte à un effort de négociation. Elle prend l'habitude de la précision et de l'interactivité avec le professeur, tout en réactivant le vocabulaire nouveau.

Imaginons qu'un élève donne l'heure figurant sur le document. Si la scène se passe dans une chambre et qu'il y ait un réveil électronique, le professeur dessinera sciemment un réveil traditionnel et on obtiendra : *The clock is different/it isn't like this/it's modern/it's electronic.* On corrige alors, mais sans respecter le format du réveil, ils vont alors dire : *Our clock isn't square/round* et demander le cas échéant ces mots. Le professeur va alors réagir à son tour *Ah! you mean something like this, then* et la classe, soulagée, passe à un autre élément.

Les erreurs volontaires du professeur ont été autant d'occasions de vocabulaire nouveau et d'interactivité. A condition de ne pas tomber dans l'excès et de ne pas s'éterniser, cette activité est motivante à bien des titres : les élèves ont un réel message à transmettre, la production orale est soutenue car d'elle dépend la tâche et le dessin qui peu à peu prend corps au tableau est la preuve de l'aptitude des élèves à se faire comprendre.

GUIDER L'ÉLÈVE DANS LA DÉCOUVERTE DU SENS DES MOTS

On peut faire découvrir le sens des mots dans diverses séries lexicales par association d'idées. Le *Guide Belin* montrait comment présenter le thème de la famille, les pièces de la maison. Bien d'autres séries s'y prêtent, et nous allons voir une phase d'élucidation de vocabulaire fondée sur la découverte du sens des mots dans d'autres exemples.

LES MOTS TRANSPARENTS

Lieux publics

A un niveau élémentaire on se servira de mots transparents pour faire découvrir des mots inconnus. On a besoin de dessins illustrant chaque mot et de mots écrits sur des cartes, à raison d'un par carte. Soit la série *cinema, restaurant, café, supermarket, park, museum, swimming-pool, school*. Les trois premiers mots sont graphiquement semblables dans les deux langues, les trois suivants impliquent déjà un léger travail d'intuition, les deux derniers mots sont opaques.

La difficulté principale sera d'ordre phonologique. Le professeur peut bien sûr commencer par une lecture de ces mots suivie de répétition, collective puis individuelle. S'il choisit de leur faire découvrir non seulement le sens mais aussi la prononciation de ces mots comme nous allons le voir plus loin, il faudra dans un premier temps que l'activité soit silencieuse. On affiche dessins et mots au tableau et on leur demande de procéder à un appariement. Ils peuvent au pire se tromper une fois s'ils inversent les deux mots inconnus!

Une fois les cartes appariées on peut leur faire chercher la prononciation de ces mots en donnant des repères d'accentuation sous forme de bulles: un petit rond indique une syllabe non accentuée, un rond de plus grande taille une syllabe accentuée. On va les pousser à en deviner la prononciation en respectant l'accentuation; on rectifiera sans doute, mais on leur aura donné l'habitude de faire des tentatives, de chercher.

On décroche ensuite toutes les cartes-mots affichées au tableau et on les propose une par une aux élèves. L'interrogation est collective d'abord, puis individuelle. Pour que le rythme soit rapide quand un seul élève est sollicité on a le choix entre plusieurs modes d'interrogation appropriés : on interroge du tableau, paquet de cartes en main et pour chaque carte, on appelle un élève par son prénom à condition de le faire sans aucune hésitation. On peut aussi ne pas interpeller les élèves, mais désigner un élève pour la première carte et son voisin ensuite enchaîne. On peut préférer faire un tour de classe et présenter une carte à chacun. Dans aucun des cas on ne demande aux élèves de lever la main, ce qui ferait perdre du rythme à l'activité, déconcentrerait les élèves et les fatiguerait inutilement.

Une fois les mots lus, on leur soumet le paquet de cartes-dessins pour une interrogation orale. Un contrôle formatif écrit va suivre. On leur demande d'observer attentivement pendant une minute tous les mots qui sont à nouveau affichés au tableau en leur précisant qu'ils devront ensuite les écrire. On ferme ensuite le tableau, ou on décroche les cartes et on leur remet un petit bout de papier. Soit le professeur refait voir les dessins, et les élèves écrivent les mots correspondants, soit la consigne est de noter tous les mots dont on se souvient. On peut aussi tester leur mémoire phonologique en leur demandant de noter les bulles d'accentuation, ou ne tester que ce dernier point. L'exercice est corrigé : chacun échange sa production avec le voisin et indique son score de réussite. Ce papier sera collé : il constitue la trace écrite du travail lexical du jour.

Les cartes se prêtent ensuite à des jeux grammaticaux. De la série de dessins, on fait tirer au sort une carte par un élève, le reste de la classe doit deviner où il est, où il va, en posant des *Yes/No questions* directement à l'intéressé *(Are you at the ... ? Are you going to the ... ?)* ou à la classe *(Is he ... ?)* si la carte est accrochée dans son dos.

On gagnerait bien sûr du temps en affichant directement les mots sous des dessins appropriés, et en les faisant répéter. Le dessin d'un objet concret ne prête pas à ambiguïté, il est suffisamment clair pour qu'on puisse supprimer la phase de recherche de l'élucidation du sens. On gagnerait en effet du temps, mais au détriment de la motivation et donc de la capacité de mémorisation : trouver, chercher sont autant d'activités mentales qui stimulent les élèves. Ils retiennent mieux ce qu'ils ont découvert.

Si on leur a proposé ici une tâche de découverte volontairement simple c'est pour les mettre en confiance vis-à-vis de l'activité même de recherche. Ils sont parvenus avec succès à gérer l'inconnu, et de ce fait aborderont ce qui est nouveau avec confiance. On les entraîne à avoir vis à vis de la langue une attitude active, et à ne pas avoir peur de l'inconnu. Les élèves qui sont habitués à ce que le professeur apporte toujours le travail tout fait se retrouvent bien démunis devant un mot nouveau : faute de ne pas avoir suffisamment exercé leurs réflexes d'élèves/chercheurs ils se bloquent, n'imaginent pas qu'ils pourraient parvenir à en trouver le sens tout seuls et demandent immédiatement de l'aide au professeur.

Autres séries

Les mots relatifs au transport se prêtent bien aussi à un travail de devinette. Il s'agit cette fois d'associer par paires des mots affichés dans le désordre au tableau : *bus/bus stop, plane/airport, car/garage, train/station, bike/bicycle-shed*. Les élèves doivent dans un premier temps chercher les mots transparents, puis faire preuve de bon sens linguistique en allant à la recherche d'éléments graphiques qui leur font penser au français ou à l'anglais déjà connu ou reconnu. Dans cette série comme dans celles qui suivent le professeur lira les mots et les fera répéter avant le travail d'appariement. L'élève est alors en mesure de dire *I think ... goes with ...* .

On peut aussi ne pas associer des mots deux à deux, mais les regrouper par thèmes. On peut leur demander de classer les mots qui suivent en deux colonnes : boissons alcoolisées et boissons non alcoolisées. Des dessins correspondants sont affichés au tableau : *beer, wine, whisky, gin, tea, coffee, lemonade, Coke, orange juice, water, milk*.

On peut procéder par classement en deux groupes pour, par exemple :

- les fruits et légumes : *bananas, oranges, peaches, plums, carrots, potatoes, tomatoes...*
- les habits : *T-shirt, jeans, pullover, shirt, shorts, sweater, pyjamas, trousers...* Dans cette dernière série on leur demande de classer, sans leur donner de critère de classement. On veut qu'ils découvrent que certains mots prennent un « s » et qu'il s'agit d'habits-à-jambes. Ils perdront l'habitude de mal prononcer *sweater* quand on leur aura donné le sens respectif de *sweet* et de *sweat*. On profitera de l'occasion pour travailler la prononciation de ces deux sons.

On remarque que dans chaque série pour parvenir à élucider le sens des mots il faut tout d'abord chercher les mots transparents : prendre l'habitude d'aller à la recherche du connu au lieu de se laisser déstabiliser par ce que l'on ignore est un savoir-faire utile pour aborder plus tard la lecture de textes nouveaux. Une fois les mots transparents identifiés, la difficulté lexicale joue sur peu de mots : c'est là qu'intervient l'élément de hasard. Là aussi cette activité est formatrice : quand le hasard porte sur peu de termes, les chances de réussite sont grandes ; l'élève se fortifie ainsi dans la conviction qu'il vaut mieux essayer. Dans d'autres occasions, quand il sera devant un exercice de production écrite ou orale, il ne craindra pas de prendre des risques.

LES ADJECTIFS DE NATIONALITÉ ET NOMS DE PAYS

L'activité présentée maintenant va permettre la discrimination entre adjectifs de nationalité et noms de pays. Il s'agit de *British, English, French, Irish, Scottish, Spanish* correspondant à *Britain, England, France, Ireland, Scotland, Spain*. A part *French* tous les mots retenus se terminent en «-ish». Cela permettra aux élèves de regrouper ces mots en une série. Dès qu'ils auront trouvé que l'un de ces mots est un adjectif ils s'apercevront qu'il en va de même des autres.

L'initiale de départ et la première syllabe de chaque mot sont des repères facilitant l'association terme à terme : l'exercice n'est pas difficile ! Le maintien de *French* s'explique pour deux raisons : cet adjectif s'associe à *France*, qu'ils identifient forcément comme un nom de pays. Le mot *France* sera donc le premier de la colonne de gauche ; le leur donner au départ ne les prive d'aucun travail de recherche. Et puis, l'adjectif *French* est intéressant dans cette série pour la prononciation de sa finale « -ch » qu'il faut rapprocher – pour mieux l'en différencier – du «-sh» final des autres adjectifs. Prononcer simultanément *French* et chacun des autres adjectifs permettra à la fin de l'activité un exercice de prononciation utile.

Une fois les associations faites, on suscite des commentaires sur ces listes. Ils remarqueront qu'un grand nombre se terminent en «-ish». On souhaite aussi qu'ils remarquent la présence d'une majuscule aux adjectifs de nationalité. Pour qu'ils y parviennent on fixera au tableau deux autres cartes, l'une où on aura écrit *France*, l'autre où on aura écrit «français» et on attendra leurs observations.

Quand ils auront trouvé, la conclusion à écrire relève de la logique : les adjectifs de nationalité prennent tous une majuscule/la majuscule n'est pas le signe uniquement d'un nom propre ; un grand nombre d'adjectifs de nationalité se terminent par «-ish»/un mot ayant une majuscule et se terminant par «-ish» a de bonnes chances d'être un adjectif de nationalité.

Pour parvenir à cette dernière conclusion, il faudra proposer d'autres mots en «-ish», que l'on écrira au tableau, et leur demander lequel est un adjectif de nationalité parmi des mots inconnus d'eux, par exemple *feverish, Swedish, dish*. Ils devront ensuite préciser quel critère leur a permis de trouver : l'élément spécifique à l'adjectif de nationalité est bien sa majuscule. On peut ensuite leur dicter d'autres adjectifs faciles à orthographier comme *Italian, Australian* qu'ils viendront écrire au tableau et on s'assurera qu'ils n'oublient pas la majuscule.

La mémorisation de la série se fera comme on l'a déjà vu, mais ici dans un premier temps seules les cartes de nationalité sont retirées du tableau, les élèves en copient les noms de mémoire, les cartes sont remises au tableau pour qu'ils vérifient leurs réponses ; les noms de pays sont alors à leur tour retirés et les élèves complètent leur grille. A l'issue de ce travail, pour porter remède à d'éventuelles fautes de copie le professeur a intérêt à remettre à chaque élève une liste écrite où ces mots figurent au propre, ou bien demande un échange de cahiers pour que chacun vérifie ce qu'a noté son voisin.

VOCABULAIRE RELATIF À LA MÉTÉO

On va là aussi laisser les élèves découvrir des paires lexicales sur ce thème qui est source d'erreurs pour beaucoup d'élèves qui confondent noms et adjectifs et ne savent pas s'il faut dire *It's windy* ou *There's windy**. On va accrocher au tableau, dans le désordre, les cartes permettant les associations suivantes : *rain/rainy, sun/sunny, wind/windy, snow/snowy* et sur un autre tableau écrire deux natures de mots : *nouns, adjectives*.

Il reste à déterminer si les mots en « -y » sont des adjectifs ou des noms. Comme auparavant pour les adjectifs de nationalité, des critères importants concernant la formation des mots sont à découvrir. Ce sera l'occasion d'augmenter leur vocabulaire relatif à la météo en leur faisant ensuite transformer *cloud* en *cloudy*, *fog* en *foggy*. Pour ce dernier adjectif, si la règle concernant le redoublement de la consonne finale n'a jamais été abordée, ce sera l'occasion de la découvrir et un exercice préalable de réflexion sur le rapport entre prononciation et graphie est donc conseillé. Si cette mise au point a déjà été faite on l'évoquera à nouveau, d'autant que la série proposée en comporte un exemple : *sun/sunny*.

Quand les élèves auront placé les mots correctement, un dessin rapide pour chaque nom leur en précisera le sens, et ces mots seront lus. L'exploitation de ce lexique peut se dérouler ainsi : on fera inclure les mots affichés dans des phrases très simples après avoir donné l'exemple de l'emploi respectif de *It's* et de *There's* ; ces structures seront écrites sur des bandes de papier, ce qui permet de les faire glisser au tableau sans avoir à les récrire à chaque fois : *It's* devant les adjectifs et *There's* devant les noms.

Après cette présentation de la structure les cartes-mots sont retirés du tableau, le professeur les fait voir une par une aux élèves qui doivent correctement utiliser l'une ou l'autre des structures restées au tableau. Puis on remet les cartes en paquet et on les distribue. Les élèves vont faire une phrase à partir de chaque carte, en développant le même thème :

É1 lit : windy
É2 : It's windy today.
É3 lit : wind
É4 : Yes, there's a lot of wind.

Ces énoncés auraient pu se dire dans un ordre différent. On peut aussi imaginer que l'élève qui a la carte fasse une phrase immédiatement, mais pour chaque série seuls deux élèves parleraient et cela priverait les autres d'un exercice de compréhension et de l'effort de chercher.

En 5e ou en 4e on ajoutera les verbes *blow, rain, shine, snow* et après avoir révisé *It's* et *There's* on fera aussi produire un énoncé utilisant le verbe. La difficulté vient de ce que *rain* et *snow* sont impersonnels tandis que *shine* et *blow* demandent un sujet nominal. Une gymnastique est possible à l'aide de ces quatre cartes qu'on leur présentera, vite, en remettant les cartes à chaque fois à un endroit différent du paquet pour leur faire dire : *It's raining/The wind's blowing/The sun's shining/It's raining/It's snowing/The sun's shining/The wind's blowing...* . Plusieurs comptines évoquent ce champ lexical: en enseigner aide à fixer ces acquis. Carolyn Graham dans *Jazz chants for Children* propose aussi un « chant » sur ce thème : *It's raining. I like the rain.* C'est l'aboutissement idéal de ce travail lexical. On demandera aux élèves de produire d'autres vers pour ce chant en se servant des mots nouveaux : *It's foggy. I hate the fog*

On reprendra la série en jouant sur les temps du verbe : on leur donnera oralement le signal du temps à utiliser – *now, yesterday, tomorrow*. On peut demander le même temps pour toute la série, ou changer de temps à chaque énoncé. Si on veut que la production orale s'inscrive dans un échange qui ait l'allure d'une conversation, on demandera au détenteur de la carte de dire l'énoncé, et le professeur utilisera des *flashcards* de tense au lieu d'indiquer verbalement quel temps utiliser :

It's windy today.
Yes, and there was a lot of wind yesterday.
That's right, and there will be a lot of wind tomorrow!

Aux élèves d'ajouter des mots de liaison et des commentaires rendant le dialogue intelligible et vivant. Utiliser des cartes pour les variations de temps de conjugaison plutôt que des indications verbales permet de ne pas interrompre l'échange des élèves, et lui confère plus de naturel.

AVANTAGES DES CARTES

COMPARAISON DE DEUX DÉMARCHES : AVEC OU SANS CARTES

On va étudier la spécificité du recours à ces cartes en comparant deux approches d'un même thème lexical, le corps humain.

Travail avec des cartes

Les cartes où sont écrites les différentes parties du visage sont distribuées aux élèves qui doivent venir les placer au bon endroit sur un grand dessin au tableau. On teste alors leur compréhension de l'écrit. Autre possibilité : ils les lisent à voix haute tandis que d'autres, au tableau, transforment au fur et à mesure un grand cercle en visage ; on vérifie alors qu'ils savent lire ces mots et les camarades sont engagés dans de la compréhension orale.

Travail sans cartes

Ceci peut aisément se faire sans cartes : dans le premier cas les élèves écrivent directement au tableau les mots au bon endroit, ce qui permet de vérifier qu'ils en connaissent l'orthographe ; dans le deuxième cas ils les cite de mémoire, ce qui prouve qu'ils les ont retenus.

Selon qu'on utilise ou non des cartes, on va donc tester des choses différentes. Les cartes semblent bien adaptées à des classes faibles à qui elles fournissent des éléments de révision : les élèves peuvent ne pas se souvenir de tous les mots, ou du moins certains élèves ne se souviennent d'aucun ou ne réussissent pas à bien les prononcer et pour cette raison sont toujours écartés de toutes ces activités ou s'en abstiennent pour ne pas être la risée des autres. En fait ils sont rarement incapables de repérage. On peut ainsi remettre toute la série à l'élève le plus faible qui choisit un mot dont il se rappelle et passe le paquet à un autre élève en difficulté avant d'aller fixer sa carte au tableau. Quand toutes les cartes sont installées, les mots sont lus puis, cartes enlevées, on leur demande d'écrire de mémoire. Les cartes représentent alors une étape d'aide supplémentaire dont peuvent fort bien se passer d'autres classes.

Quel avantage apporte éventuellement les cartes ? Autres exemples.

Dans l'exemple relatif aux adjectifs de nationalité la netteté des mots écrits, l'aisance avec laquelle on les fixe et les ôte est un atout appréciable. Leur réversibilité aussi va être exploitée. Au dos de chaque carte on inscrit la lettre permettant d'identifier l'origine des voitures (F, GB, IRL ...) et on peut réviser ces mots en montrant cette majuscule et en demandant, selon le paquet, soit *adjective* soit *country* que les élèves doivent citer. On retourne les cartes pour la vérification et faire revoir l'orthographe.

Mais aussi, comme nous avons déjà eu l'occasion de le voir, le fait que ces cartes se distribuent est d'un précieux secours. Dans une phase d'exploitation, on distribuera les deux paquets de cartes aux élèves pour leur attribuer une nationalité imaginaire ou un pays d'origine autre que le leur, ce qui leur fera dire, selon le genre de carte reçue : *I'm Spanish* ou *I'm from Spain.*

Les exercices de reprise en chaîne des énoncés précédents sont facilités :

É1 : I'm Spanish.
É2 : He's Spanish and I'm English.
É3 : He's Spanish, she's English and I'm American.

On peut ne reprendre que les adjectifs, brasser adjectifs et noms de pays, utiliser des pronoms ou des noms propres. Si un élève a un trou de mémoire, ou que plus personne n'est sûr de la justesse d'une réponse les cartes sont toujours là pour permettre la vérification.

Quand ce même jeu est pratiqué sans support autre que verbal, l'élève a la liberté de choix mais cette liberté est parfois stressante : il y en a qui hésitent longtemps avant de se décider sur tel ou tel pays, or ce jeu doit être mené à un bon rythme. Il arrive aussi souvent qu'un élève ne se souvienne plus de ce qu'il avait lui-même choisi de dire et qu'il ne peut donner le renseignement quand on le lui demande, s'il y a contestation par exemple. Par ailleurs avoir en main un objet, fut-il une carte, va permettre à certains de mieux maintenir leur attention.

Les cartes vont permettre des jeux où l'on pioche une réponse : on aura ainsi deux paquets : le paquet des nationalités et celui des pays. Les élèves se présentent et selon les cartes tirées vont dire *I'm Spanish but I live in France at the moment* ou *I'm Spanish and I live in Spain*. On peut aussi leur poser des questions, et selon la question posée ils doivent tirer une carte de tel ou tel paquet, et non une autre, et répondre.

Pour toutes ces raisons, même des classes d'un bon niveau peuvent tirer un avantage de ce nouveau support.

COMMENT AIDER À LA MÉMORISATION DU VOCABULAIRE

Nous avons vu au cours de ces pages des activités d'élucidation et de fixation de vocabulaire qui contiennent des éléments d'aide à la mémorisation. On peut en dresser un récapitulatif rapide. La réactivation du vocabulaire est évidemment essentielle. Le fait de découvrir soi-même est un facteur propice à une meilleure assimilation, nous en avons étudié plusieurs exemples. Nous avons évoqué aussi les pauses de mémorisation, que nous pouvons étudier plus en détail ici.

LES PAUSES DE MÉMORISATION

On intitulera ainsi tout moment dans le cours où l'on invite l'élève à faire travailler sa mémoire. La consigne sera souvent *Take a good photo of these words/sentences/structures*. Les élèves lisent alors en silence ce qui est noté au tableau en ayant le projet de restituer ensuite par écrit ce qu'ils ont lu.

On assortit ce travail d'un temps limité : *You have one minute/two minutes* ... , temps que l'on respecte scrupuleusement, et au bout duquel on ferme le tableau, si on a la chance d'avoir un tableau qui se rabat, ou on cache ce qui est écrit à l'aide du tableau de feutre ou de tout autre cache. Si on a fixé des cartons ou affiches, il suffit aussi de les décrocher. Effacer le tableau est une possibilité, mais qui entraînera une perte de temps quand il faudra restituer le modèle.

Les élèves se mettent alors à écrire, à nouveau dans un temps donné. Le professeur peut les guider en leur dictant l'énoncé : c'est alors la mémoire graphique uniquement qui est sollicitée. Ou bien une traduction est proposée, ou encore ils procèdent de mémoire et notent tout ce dont ils se souviennent : la classe teste alors son acquisition du vocabulaire anglais. A l'issue de cette pause d'écrit, le modèle leur est à nouveau proposé et ils corrigent ce qu'ils ont noté. Nous allons voir maintenant une variante par rapport à ce schéma général.

APPRENDRE UNE LEÇON DE VOCABULAIRE EN 4e

Ce travail peut se faire à partir de mots ou expressions au tableau, ou à partir de tout document écrit distribué aux élèves ou figurant dans leur manuel. La consigne d'un temps de lecture est donnée, puis les élèves ferment leur livre ou retournent leur document. Le travail qui suit a été proposé à une classe de 4e et vise à un enrichissement des expressions du goût. On propose un document contenant 16 expressions, dont certaines sont déjà connues, d'autres sont nouvelles :

I am crazy about painting.	**I enjoy painting.**
I love painting.	**I don't mind painting.**
I like painting very much.	**I like painting a little.**
I really like painting.	**I don't really like painting.**
I am interested in painting.	**I don't like painting at all.**
I am fond of painting.	**I can't stand painting.**
I'm keen on painting.	**I can't bear painting.**
I like painting.	**I hate painting.**

On indique le degré d'intensité en notant « +++ » au début de la série et « --- » à la fin, avec le signe « = » pour I don't mind.

Le document est étudié de la façon suivante : les élèves tout d'abord soulignent ce qu'ils connaissent déjà. Ils vont ensuite à la recherche des expressions identifiables. Il s'agit là de comprendre des expressions jamais vues telles quelles, mais qui comportent des éléments connus comme par exemple *I really like* et son contraire.

Le chronomètre va être l'élément moteur de l'activité. On leur donne une première minute de mémorisation, sans guidage, et on leur demande ensuite de retourner le document et de noter en une minute sur un autre papier tout ce dont ils se souviennent. Une minute, c'est insuffisant, pour mémoriser et pour noter : premier constat. La mémorisation, en effet demande du temps. A l'issue de cette première remarque, on leur demande de noter par écrit le nombre d'expressions qui étaient à retenir : quelques rares élèves seuls peuvent répondre. On aboutit donc à une seconde remarque relative à la nécessité de prendre des repères.

On reprend alors le document pour dresser un bilan de la tâche demandée : cela passe par le repérage de ce que l'on sait déjà et de ce que l'on a à retenir, bilan forcément personnel, car les acquis sont variables d'un élève à l'autre. Le score de non-acquis relève d'une évaluation diagnostic et établit un objectif d'apprentissage : « Moi, j'en connais tant ; il m'en reste à apprendre tant ».

On demande ensuite aux élèves s'ils ont des propositions d'ordre méthodologique qui pourraient nous aider dans cette tâche : un élève suggère de compter combien d'expressions relèvent d'une appréciation positive, combien sont négatives et combien expriment l'indifférence et de faire trois colonnes. Cette suggestion est accueillie favorablement et chacun s'exécute.

On leur demande ensuite si on ne pourrait pas trouver quelques moyens mnémotechniques pour nous aider à retenir certaines expressions inconnues : ils repèrent les deux occurrences de *can't* et proposent une traduction qu'on rapproche du français « je ne peux pas supporter » ; en les guidant ils trouvent ***fond of***, ***inter-ested in***, *kee**n** o**n***. Le travail de mémorisation n'est pas fait, mais cette recherche de points de repère en est un préambule important.

On peut à nouveau se servir du chronomètre, toujours à raison d'une minute de concentration, d'une minute d'exécution et d'une minute de correction pendant laquelle chacun doit aussi établir son score de réussite et le noter.

Pourquoi ce découpage et ce temps forcément inadapté ?

Il introduit un élément ludique de défi vis à vis de soi-même, rassure ceux qui ont du mal à mémoriser – ne pas y arriver, en une minute, rien d'étonnant – et, de ce fait, aide ces mêmes élèves à mémoriser, car le stress de l'échec disparaît. On leur donne l'habitude qu'une minute de concentration active vaut bien des quart d'heure passés à rêvasser et à se décourager, que l'intensité du travail vaut plus que le temps passé. Mais, du temps, nous en passons cependant, car de minute en minute, la pendule tourne, et les élèves ne sont pas encore lassés. Preuve aussi qu'on peut maintenir sa concentration, à condition de la soulager par des pauses et à condition d'être engagé dans un projet motivant.

Dès qu'un élève est arrivé à un sans fautes, il note le temps qu'il lui a fallu pour apprendre sa leçon et il est libre de faire autre chose, mais de l'anglais bien sûr : aller prendre un livre anglais dans l'armoire, feuilleter son manuel, pendant que le professeur continue, lui, à faire office d'horloge parlante.

« Apprendre à apprendre » : les *Instructions Officielles* consacrent plusieurs pages à ce thème qui est récent dans l'apprentissage de l'anglais. Ce genre de séance va dans ce sens : en réfléchissant ensemble à des méthodes de travail, en les mettant en application, en classe, on espère qu'ils sauront les réutiliser, chez eux, pour des tâches similaires, et qu'apprendre une leçon ne sera plus un ordre dont les modes d'application sont pour l'élève un grand mystère.

TECHNIQUES LUDIQUES D'AIDE À L'ACQUISITION DU VOCABULAIRE

On objectera que dans l'exemple précédent on impose à tous un mode de travail unique. Nous allons voir maintenant comment leur donner aussi l'occasion de pratiquer des méthodes de mémorisation variées afin qu'ils puissent déterminer celle qu'ils préfèrent, celle qui est la plus efficace pour eux.

Écriture ludique

Quand on leur demande de vérifier par écrit leur leçon et qu'ils ne le font pas, c'est que cela représente pour eux une perte de temps, un effort, et qu'écrire est un pensum, pour certains un moment douloureux. Comment pousser les élèves à recourir à l'écrit en apprenant leur leçon ? En rendant plus motivant le fait d'écrire.

Les techniques qui suivent, expérimentées dans le cadre des études dirigées de 6ᵉ et que l'on peut pratiquer en cours, ont pour objectif de réconcilier les élèves avec l'écriture, avec la graphie pour certains, en un mot visent à faire écrire ceux qui en ont horreur. Il va s'agir de recopier les mots nouveaux de la leçon et de faire de ce moment de copie un épisode joyeux. Écrire au tableau, certains le font avec enthousiasme : profitons donc du fait qu'il y ait un tableau.

Certains élèves ont honte de leur graphie, et c'est une des raisons pour lesquelles ils ne veulent pas écrire : faisons-les donc écrire d'une façon volontairement déformée, de la main gauche – droite s'ils sont gauchers. Proposons-leur d'écrire yeux fermés. Les lettres produites sont forcément maladroites et c'est ce qui est amusant. En plus on est curieux de voir, de lire, ce que l'on vient d'écrire : l'activité génère son propre suspense.

On va envoyer au tableau plusieurs élèves en leur demandant d'écrire selon un des modes définis plus haut. Le reste de la classe fait la même chose sur son cahier de brouillon. Le professeur donne – épèle, dicte ou écrit – un mot qu'il faut recopier. Personne n'a honte d'écrire car tous vont mal écrire et on s'amusera à comparer les résultats. Une autre fois il faudra écrire le plus petit possible, puis le plus gros possible. Ce faisant, l'élève est amené à récrire plusieurs fois dans la bonne humeur un mot qu'il aurait tout seul rechigné à écrire une seule fois.

On leur demandera quel mode d'écriture ils ont préféré et on les encouragera à utiliser ce procédé à la maison quand ils apprennent leur leçon.

Fabrication d'un jeu de mots

On peut aussi leur proposer la fabrication d'un jeu de mots qui permet souvent de toucher les plus réfractaires à la mémorisation. Sur des papiers de petite dimension, l'élève écrit les mots du jour, à raison d'un mot ou expression par papier et note d'un côté le mot anglais, en bleu ou noir, et de l'autre sa traduction en vert, ou un dessin. Il classe ces mots par thème et chaque série va dans une enveloppe où il inscrit de quoi il s'agit : la famille, le corps humain, les prépositions, les verbes... Une boîte à chaussures permet de ranger le tout.

L'élève s'auto-interroge : il sort de l'enveloppe la série de mots et doit donner la traduction française s'il tire un mot du côté bleu ou épeler ou écrire le mot anglais s'il lit le côté vert. Les mots inconnus ou écorchés sont rangés dans une enveloppe à part et sont revus périodiquement. Quand un mot de l'enveloppe du non-acquis est su, il regagne son enveloppe d'origine.

En classe on peut consacrer une séance à la démonstration du jeu : on leur apporte un document où l'on a dessiné des cases, avec dans chaque case un des mots ou expressions anglais vus lors des leçons précédentes. Les élèves découpent leurs petites cartes et, en s'aidant de leurs cahiers, cherchent le mot français qui correspond ; ils l'écrivent au crayon de bois. Après un temps donné, on corrige classe entière : tous n'auront pas fini, mais le processus est lancé. On leur demande ensuite de recopier en vert les mots écrits au crayon de bois : ils sont en possession maintenant de leurs premières cartes-mots.

On pourrait procéder en sens inverse, en leur proposant des mots français dont ils devraient chercher la traduction, les engageant ainsi dans une activité d'appropriation de l'anglais plus grande – ils auront à recopier le mot anglais. Le seul défaut est que nos photocopieuses ne sont pas en couleur, et que les élèves n'auraient pas alors des cartes telles que nous souhaitons qu'ils en fabriquent. Ceci ne peut se concevoir qu'à partir de reprographieuses à alcool en utilisant un carbone couleur : en avons-nous encore dans nos établissements ?

Les parents nous demandent souvent des conseils, des méthodes pour aider leurs enfants qui ont du mal à mémoriser les mots anglais, ou font fréquemment des erreurs d'orthographe : on peut leur proposer de tester cette technique, et pourquoi pas, de jouer avec eux.

UTILISATION DU CARNET DE VOCABULAIRE EN CLASSE

Dans le chapitre consacré au matériel, nous avons estimé que le carnet de vocabulaire – carnet ou répertoire – pouvait être un outil efficace pour l'élève. Comme pour tout outil, il n'est efficace que s'il sert. Nous allons donc voir maintenant comment utiliser ce carnet en classe : donner à l'élève l'habitude de s'en servir en classe, c'est lui donner l'habitude de s'en servir. Les activités présentées ici entrent dans l'aide à l'acquisition du vocabulaire et nous verrons plus loin comment on peut s'aider du carnet pour des contrôles de vocabulaire.

Interrogation en *pairwork*

Si on demande aux élèves d'avoir en permanence leur carnet dans le cartable, on peut prévoir des moments d'interrogation à deux. Plusieurs moments s'y prêtent :

- le professeur a du matériel à préparer et suggère aux élèves de sortir leur carnet, chacun interrogeant son voisin.
- un temps mort survient, dû à la différence de rythme des élèves dans la classe : les premiers qui ont fini s'installent dans un coin de la salle (assis ou debout selon les salles) et, à voix basse, s'interrogent.
- en début de cours on invite la classe à une révision du vocabulaire des dernières séances.

Interrogation en équipes

A tour de rôle un élève de chaque équipe interroge l'équipe adverse. On peut choisir d'imposer le recours à des formules comme *How do you say «stylo»?/What's the French for biro?* ou se contenter du mot «Stylo bille!/ *biro*!» si l'on veut revoir plus de mots dans le même temps. Il est toujours amusant de compter le nombre de mots produits – en une minute, en deux...

ÉVALUATION DE L'ACQUISITION DU VOCABULAIRE

Il ne faut pas oublier qu'en matière de vocabulaire il importe de faire des évaluations régulières, orales et écrites.

ÉVALUATION ORALE : REPRISE DU COURS PRÉCÉDENT

Le contrôle oral de l'acquisition du vocabulaire doit être fait à chaque séance. La reprise du cours précédent fait naturellement resurgir le lexique étudié au cours précédent. Les élèves l'utilisent dans des énoncés.

On peut aussi vérifier de façon isolée si les mots et expressions qui étaient à apprendre sont acquis :

- le professeur donne une par une les expressions nouvelles en français ou/et en anglais et les élèves les traduisent.
- il distribue des petits papiers contenant des expressions que les élèves intègrent dans la question H*ow do you say ... ?* ou *What does ... mean?* selon que l'expression est en français ou en anglais. L'élève qui a su répondre à la première question reçoit le deuxième petit papier.
- le professeur signale *vocabulary revision* et les élèves s'interrogent sans que le professeur ne les guide.

ÉVALUATION ORALE : LE DRAGON CHINOIS

Nous empruntons à une collègue angliciste du collège cette idée amusante et efficace de révision du vocabulaire classe entière. Le professeur emprunte à un élève son carnet de vocabulaire et demande à la classe de se lever. Il propose un premier mot à un élève, un autre à son voisin, etc. Dès qu'un élève ne sait pas ou se trompe, il s'assied. On propose le même mot à l'élève suivant. Le gagnant est celui qui reste debout le dernier ou sont déclarés gagnants ceux qui sont encore debout au terme du temps imparti à l'interrogation. En raisons des mouvements ondulatoires que ce jeu implique, nous l'avons dénommé *Chinese dragon*.

Nous allons aborder plus loin les contrôles sommatifs de vocabulaire. Le jeu de *Chinese dragon* est tout indiqué dans les séances qui précèdent le devoir écrit. On les y fera jouer aussi avant de leur remettre le contrôle écrit de vocabulaire que l'on a corrige et noté. Ce n'est plus le carnet, mais le devoir, que le professeur lit alors.

On peut procéder à ce jeu dès que les élèves ont fini un test de vocabulaire. Ils ont alors en mémoire ce qu'ils ont écrit et sont plus à même d'évaluer leurs erreurs.

ÉVALUATION DU VOCABULAIRE À L'ÉCRIT

En matière de vocabulaire, il est indispensable de soumettre chaque classe à des évaluations très régulières, dont la périodicité est annoncée en début d'année.

Pourquoi l'annoncer en début d'année ?

L'annoncer dès les premiers cours signale aux élèves qu'on attend d'eux un effort dans ce domaine et contraint en même temps le professeur à s'engager à faire l'effort de donner ces tests avec régularité. La velléité en matière d'enseignement ne porte guère de fruits : il est parfois difficile et contraignant de tenir un engagement dans la durée, mais on sait bien pourtant que c'est à ce prix qu'on obtient des progrès.

Nature des tests

Ces tests de vocabulaire ne sont pas des tests d'expression mais visent simplement à vérifier si un lexique est acquis. On soumet aux élèves des mots ou expressions à traduire, du français à l'anglais ou de l'anglais au français.

Quelle périodicité choisir et quelle charge lexicale évaluer ?

Personnellement, à partir de la 5e, évaluer 40 mots ou expressions tous les quinze jours me semble un rythme que l'on peut tenir. Chaque contrôle ne prendra que 10 à 15 minutes du cours. Sur ces 40 mots, 30 seulement sont nouveaux, les autres sont des reprises des contrôles antérieurs. La note sera ramenée à vingt. Les mots repris sont ceux sur lesquels le plus grand nombre a buté lors du contrôle précédent, ou des mots que nous estimons importants de rebrasser périodiquement. En 6e, des tests plus courts, plus fréquents paraissent plus appropriés : contrôle hebdomadaire de 10 puis 20 mots, avec de temps en temps un test plus soutenu où l'on rebrasse les acquis.

Nous pouvons nous amuser à un calcul arithmétique sur la classe de 5e. A raison de 30 mots nouveaux testés tous les quinze jours, sur une année scolaire de 32 semaines, cela représente environ 16 contrôles par an, soit un total de 480 mots. Les *Instructions*

Officielles fixent la charge lexicale à 550 mots en 6e et 5e, moins en 4e et 3e mais avec l'ajout de mots de reconnaissance, pour un total de 1 900 mots au collège. En testant de 450 à 480 mots par an par niveau, nous parvenons à ce total.

Pourquoi tout tester ?

Dans un souci de justice. Si, sur les 40 mots qu'il fallait retenir, je n'en teste que 10, un élève malchanceux qui connaîtrait les 30 autres aurait zéro, tandis que son voisin qui ne connaîtrait que ces dix mots-là aurait vingt. En matière de vocabulaire, il est beaucoup plus juste de soumettre à évaluation l'essentiel sinon la totalité de l'apprentissage. Ce que nous ne testerons pas, ce seront des mots ou expressions que nous avons donnés en cours en les présentant comme d'un niveau plus avancé. Mais pour ceux-là, nous pouvons prévoir dans chaque contrôle un bonus : l'élève qui en aurait retenu certains serait gratifié de points supplémentaires. On peut prévoir pour chaque contrôle 4 mots de bonus, soit pour l'élève la possibilité d'augmenter sa note finale de deux points.

Et l'effort pour l'élève ?

En l'interrogeant sur 30 mots nouveaux en quinze jours, sachant qu'à partir de la 5e les élèves ont trois heures de cours, cela représente pour lui en moyenne une charge de mémorisation de cinq mots par cours. L'effort demandé à l'élève reste dans les limites du raisonnable. Mais l'effort demandé est régulier : c'est cet effort-là qui lui coûte le plus, mais c'est ce qui assure les meilleures performances.

Le graphique des scores

A chaque résultat, l'élève reporte sa note sur un graphique et mesure ses progrès. C'est pour cette raison qu'il est important de conserver du début à la fin de l'année le même barème, de tester toujours le même nombre d'items, de donner le même nombre de points de bonus. Si ces conditions sont respectées, l'élève sait exactement si il a progressé ou non. A chaque devoir le professeur indique la moyenne de la classe, qui devient un record à battre. Cette moyenne peut être reportée sur le graphique de l'élève, qui voit comment il évolue au sein de la classe, par rapport à elle.

On donnera aux élèves les fourchettes de résultats : combien d'entre eux ont eu entre 20 et 16 inclus, 16 et 14, 14 et 12, 12 et 10, 10 et 8, 8 et 6, moins de 6. Si le professeur propose un document écrit, il lui suffit de prendre l'habitude de reporter ces fourchettes de résultats, suivies d'un espace vide, en haut du devoir. Dicter les résultats et les faire copier prend un instant. Si le professeur dicte les mots ou expressions lors du test, les élèves recopient les fourchettes et les résultats quand on leur rend leurs copies. Chaque élève entoure ensuite la catégorie à laquelle il appartient. Les parents sont invités à signer ces devoirs, ils peuvent donc suivre l'évolution et le travail de leur enfant.

Ce que nous venons de mentionner concernant les fourchettes de résultats des tests de vocabulaire est bien sûr valable pour tout test : il s'agit là de transparence. Ne donner que la moyenne, ou les notes extrêmes ne renseigne pas l'élève et sa famille aussi précisément.

Et après le devoir ?

Comme tout devoir, celui de vocabulaire est un moment de l'apprentissage et il ne s'agit pas de le ranger et de l'oublier. On demande à l'élève de revenir dessus et d'apporter les corrections nécessaires. Pour le faire il lui faudra revenir à son cahier, à son livre, à son carnet. Le corrigé se fait au dos du devoir : pour chaque erreur l'élève récrit les mot ou expressions du devoir avec leurs équivalents corrects. Le corrigé est remis au professeur : sa correction est extrêmement rapide, mais permet de rectifier les quelques erreurs qui subsistent, correction qu'il demande à l'élève de recopier.

LA PRONONCIATION DES MOTS

L'anglais est une langue difficile sur un plan phonologique. Or, le souci d'une langue bien parlée par leurs élèves est parfois secondaire chez des professeurs d'anglais qui sont plus sensibles aux erreurs grammaticales. L'exigence en matière de phonologie devrait pourtant être au cœur de nos pratiques.

A LA DÉCOUVERTE DES SONS

La prononciation de mots, elle aussi, peut être l'objet de découverte. Nous avons vu au cours des pages relatives au vocabulaire certaines activités ayant cet objectif. Les pousser à prononcer un mot inconnu va conduire à des erreurs, mais va aussi les forcer à réfléchir, à faire des choix justifiés par des analogies. Se tromper permet de mieux mesurer en quoi la prononciation que l'on imaginait s'écarte de la prononciation correcte : rapprocher l'erreur du modèle met mieux en valeur la spécificité du modèle.

Pensons à la prononciation du «-er» final que les francophones écorchent facilement. Avoir dans sa classe de 6e un *Peter* va nous aider : quand on rencontre un mot se terminant de la même façon, on demande à la classe de procéder par analogie. Si nous n'avons pas de *Peter* cette année-là, on leur fera prononcer le premier mot en «-er» de l'année sans les guider. On écrira et prononcera ensuite le prénom *Peter* que l'on fera répéter avant de leur demander de prononcer ensuite une série de mots ayant la même terminaison.

FAIRE PRENDRE CONSCIENCE DE L'IMPORTANCE DE L'ACCENTUATION

La première fois qu'on présente les bulles d'accentuation, on explicite en donnant un modèle : *baNAna* oOo et puis en remplaçant chaque syllabe de ce mot par un son pour bien mettre en valeur le schéma d'accentuation : *er-ER-er*. On peut s'amuser à faire changer la prononciation du mot *banana* en l'affectant de schémas d'accentuation différents : *BAnana, banaNA*. C'est les pousser à prendre conscience du rôle de l'accentuation dans la prononciation d'un mot.

LES POUSSER À S'AUTO-CORRIGER

Nous avons vu une activité de recherche sur la prononciation des mots transparents. On les mettra en garde contre le fait que ces mots transparents ont toujours une prononciation différente du français, mais on peut les laisser chercher. Pensons aux mots *invite, decide* qu'ils prononcent à la française. Le jour où ils en écorchent un, au lieu de donner immédiatement la correction, on leur dira *Pronunciation!* Ils savent que leur mot est bien choisi mais qu'il faut en rectifier la prononciation. A eux tous ils parviennent souvent à le faire.

On utilisera abondamment aussi du vocable *Intonation!* pour les pousser à rectifier des intonations incorrectes. Nous avons vu que le rituel *Ready?* donne chaque jour l'occasion de pratiquer intonation montante/descendante. Ils ont là des références leur permettant de s'auto-corriger. Encore faut-il que le professeur leur demande de le faire.

CONFUSION *THEY'RE/THERE ARE*

Les erreurs habituelles sont l'absence de diphtongaison de *they*, l'absence de liaison entre *there* et *are*, ainsi que le non respect de la forme faible du verbe. Si l'on constate ces erreurs on va les aider en leur proposant des séries de son [eɪ]: *Hey! They play all day!* et des énoncés comportant des liaisons avec le son [r]: *Peter and* ... . L'énoncé *There's an error* peut les aider à mieux prononcer la liaison après le [r].

Deux cartes vont ensuite nous aider à les entraîner: *number* et *sex* correspondant respectivement aux énoncés *There are two people, They're girls*. On présente successivement *number, sex, number, sex, sex, number, number* et les élèves doivent donner l'énoncé qui convient. Le cahier devra porter la trace des cet entraînement phonologique.

AIDES PHONOLOGIQUES DANS LE CAHIER

Beaucoup de cahiers d'élèves ne comportent aucun repère phonologique. L'enfant est bien dépourvu quand il revoit sa leçon chez lui. Nous faisons en classe des exercices le familiarisant avec des sons, des rythmes. Le cahier doit poursuivre ce travail fait en classe. On l'aidera en concrétisant les liaisons, en notant des phonèmes, en rayant des voyelles non accentuées, en indiquant l'accent des mots sous forme de bulles d'accentuation ou tout autre forme jugée préférable. On a évoqué les pages du carnet de vocabulaire – ou du cahier – consacrées à une banque de mots regroupés par sons. Autant de facteurs susceptibles d'aider l'élève.

LE REDOUBLEMENT DE LA CONSONNE FINALE

La réflexion va aussi s'exercer en matière de prononciation dont on peut lui faire découvrir des règles. Pour leur faire découvrir l'origine du redoublement de la consonne finale, on va d'abord leur faire prendre conscience des modifications de prononciation qu'entraîne dans un mot l'ajout d'une voyelle. Le premier exemple est *Tim/time*, deux mots connus qu'on écrit au tableau et qu'on leur fait prononcer.

On va ensuite écrire une série de mots. Peu importe que certains mots soient inconnus, on peut donner la traduction si on le désire, mais cela n'est pas indispensable. Une série composée uniquement de *Tim/time, slim/slime, shin/shine* aurait abouti à la conclusion que le son [ɪ] devient [aɪ] avec l'ajout d'un «-e». On va commencer par là et ensuite élargir le choix d'exemples: *Nick/Mike, Sim/Simon, hat/hate, fin/final, pan/plane, din/dining, bus/abuse*.

Le choix des mots retenus doit leur permettre d'observer que le son change avec l'ajout d'une voyelle. La deuxième étape consiste en l'étude de trois paires de mots que l'on va écrire au tableau et prononcer pour eux: *grape/happy, Mary/marry, navy/navvy*. Les élèves doivent remarquer le redoublement de la consonne et entendre la différence de sons pour conclure que le son n'est pas le même selon que la consonne est doublée ou suivie immédiatement d'un «y». On va maintenant écrire des séries *rod/erode/rodeo, slim/slime/slimming, cut/cutter/cute, hat/hate/hatter* en leur demandant:

- de trouver dans chaque groupe le mot ayant un son différent;
- de trouver les mots ayant le même son.

On peut simplifier en leur lisant ces groupes de mots et en leur demandant des commentaires. Les observations doivent aboutir à la conclusion que le redoublement d'une consonne finale évite de changer le son d'un mot, et sa réciproque: l'ajout d'une voyelle après une consonne finale change le son voyelle précédant cette consonne.

On n'a pas précisé dans cet exercice qu'il s'agissait de voyelle accentuée. Il faudra le faire découvrir en 4e et 3e, ce qui impliquera une démarche de départ similaire à la précédente, pour aboutir à la conclusion juste citée, conclusion qui sera volontairement remise en question par la présentation de mots ne suivant pas la règle découverte: *remember/remembering, forget/forgetting*. Ces deux verbes dont l'accentuation est connue des élèves fonctionnent différemment, la différence vient justement de l'accentuation, conclusion qu'ils trouveront si on leur propose une autre paire de mots: *open/opening, shut/shutting* ou bien *open/opening, plan/planning* si l'on veut garder la même consonne finale pour ne pas qu'ils pensent que cela dépend des lettres données.

Il faut maintenant leur proposer d'autres mots en leur demandant si le redoublement est de rigueur ou non. On prendra de préférence pour commencer des mots qui sont source d'erreurs comme *writing* ou *waiting* qu'ils écrivent souvent avec deux «t», et *written* où par contre ils n'en mettent parfois qu'un. Cette erreur doit nous pousser à plus de vigilance encore, et permettra de faire préciser que la règle n'a pas lieu de s'appliquer quand le mot est formé de C + V + C + V, ou de C + VV + C.

Pour tester l'assimilation de ce travail de réflexion, on leur donnera une liste de mots, chaque liste dépendra donc de la classe à qui on propose cet exercice. Les comparatifs de supériorité en «-er» les formes verbales en «-ing» ou «-ed» offrent de nombreux exemples de doublement nécessaire ou inutile de la consonne finale. On peut ne donner que des mots connus, que des inconnus ou un mélange des deux. On a le choix entre plusieurs exercices de vérification :

- donner une liste de mots où il faut souligner les erreurs ;
- faire compléter des mots où on a laissé un espace pour le doublement éventuel de la consonne ;
- demander de récrire des mots en ajoutant un élément donné :
  – « -ing » à une liste de verbes : *cut, hit, meet, part, strut...*
  – «-er» à des adjectifs : *big, slim, thin, sweet, fat, long...*
  – «-y» à des noms : *star, cloud, fog, sun, rain, wind...*
- récrire le mot donné en enlevant la finale (inverse du précédent) ;
- dicter des mots.

Obliger nos élèves à un effort de mémorisation est incontournable en langue vivante. Grâce à des activités variées et motivantes, nos élèves peuvent acquérir et fixer plus facilement du vocabulaire. Des évaluations régulières lui donneront l'habitude d'un effort régulier. Sachant qu'un mot n'est su que si l'on en maîtrise la prononciation, nous devons être vigilant sur ce point et veiller à leur donner toutes les aides nécessaires.

15

REDONNER CONFIANCE A L'ÉLÈVE : VERS UNE ÉVALUATION POSITIVE

Nous entendons très souvent les élèves en échec dire « moi, je suis nul en anglais et je l'ai toujours été ; et d'ailleurs ça ne m'intéresse pas ». Les professeurs pensent alors : « il ne fait pas d'efforts, il n'a qu'à faire des efforts ».

Qu'entend-on par le terme « efforts » ? Qu'attend-on en fait de ces élèves ? Du travail, du travail soutenu, d'autant plus de travail que les lacunes sont grandes. Or, quand les résultats sont toujours mauvais, ne pas se passionner pour une matière semble bien naturel, ne pas la travailler quand on voit mal quoi travailler l'est aussi.

Comment réconcilier les mauvais élèves à l'anglais ? Comment les motiver pour le travail ? Comment faire pour que le bon élève maintienne toujours vive sa motivation pour l'anglais ? Nous espérons que le lecteur aura trouvé tout au long de ces pages des réponses à ces questions cruciales. En guise de conclusion, nous souhaiterions ici les aborder sous l'angle de l'évaluation en présentant quelques techniques qui peuvent concourir à faire de nos élèves des enfants plus confiants, plus concernés, plus responsabilisés.

TESTS DE DÉBUT D'ANNÉE

Le premier point consiste à évaluer le niveau de « nullité », pour parvenir à évacuer ce vocable : on n'est pas « nul », il y a un certain nombre de choses non acquises, mal maîtrisées ; il y en a aussi peut-être qui le sont, c'est ce qu'un premier bilan doit déterminer.

Les tests d'évaluation de début d'année servent ce but. Ayant comme fonction de renseigner élèves et professeurs sur les acquis ou lacunes, ils n'ont pas à faire l'objet d'une notation. On ne va pas pénaliser dès le début d'année les élèves en leur faisant payer leurs lacunes antérieures.

L'évaluation des acquis à l'entrée en seconde est maintenant harmonisée sur le plan national. Qu'en est-il au collège ? Aucune évaluation systématique n'est actuellement mise en place en anglais. Certains manuels comportent des tests de rentrée, on peut soit les adopter, soit les adapter. Il est souhaitable que ceci soit l'objet d'une concertation de l'équipe de professeurs d'une même discipline et que ces tests soient dispensés dans toutes les classes de l'établissement. Si le consensus ne devait pas se faire, il ne faut pas prendre prétexte de l'absence d'harmonisation ou de volonté commune pour ne pas faire passer ces tests à ses propres élèves.

Les tests préférables semblent ceux qui permettent d'apprécier quels mécanismes sont en place ou non : plutôt que des tests discriminants où dans le même exercice sont évalués des points sans rapport, des tests ciblés. On obtient une première configuration de la classe, qui va permettre de définir un projet d'enseignement où il faudra mettre l'accent sur les notions mal acquises.

GRILLE D'ÉVALUATION DE LA PRODUCTION ÉCRITE

Grâce aux tests, les élèves voient où sont leurs lacunes et quels points ils maîtrisent. Malheureusement les tests n'ont lieu, le plus souvent, qu'une fois par an. Il convient donc de mettre sur pied un système qui renseigne l'élève tout au long de l'année sur ce qui, pour lui, n'est pas acquis, l'est ou est en cours de l'être.

En début d'année on peut distribuer à ses élèves une grille quadrillée où figurent, à gauche, en colonne, des points relevant de la lisibilité de tout travail écrit (soin, majuscules, orthographe), de ce qui relève de la bonne exécution de la tâche (respect des consignes), une liste de notions grammaticales (temps du verbe, quantifieurs...), des points relevant de l'enrichissement de cette production (vocabulaire, mots de liaison) ainsi que d'autres mentions comme par exemple la prise de risque.

Le « programme » grammatical qui figure sur cette liste est fonction du niveau de classe : la grille sera donc différente selon les classes. Les aspects non grammaticaux seront en revanche conservés pour chaque année.

Dès que les élèves rendent un travail écrit, qu'il soit noté ou non, on signale sur chaque copie le degré personnel de maîtrise des notions que cette production testait. Cette signalisation prend la forme de points de couleur vert (acquis), rouge (non acquis) ou orange (en cours d'acquisition) notés à l'aide, par exemple, de feutres-pinceaux.

Imaginons une évaluation écrite portant entre autres sur l'utilisation du passif, on fait figurer le terme « passif » en haut du sujet du devoir dans la rubrique « objectifs ». Le professeur, après correction, l'affecte d'un point de couleur correspondant à la réussite de l'élève.

Rentré chez lui l'élève remplit sa grille : en face de la rubrique « passif », il colorie un carreau de la couleur appropriée. Quand, sur une autre de ses copies, sa maîtrise du passif sera à nouveau évaluée, il coloriera un autre carreau sur la ligne réservée à cette rubrique. Au fur et à mesure que l'année avance, il remplira cette grille.

Pour que l'élève sache où il en est il faut que les objectifs soient signalés de façon transparente. Avant tout devoir on indique sur quoi portera le contrôle, quels sont les points à réviser, et ces points figurent sur le sujet du contrôle. Une ligne est réservée à cet effet. Le professeur gagne du temps en ayant simplement à apposer ses taches de couleur, sans devoir récrire sur chaque copie les objectifs visés. S'il s'agit d'une production non notée, sur papier libre, le professeur devra signaler quelques points, affectés d'un degré de réussite. Les points indiqués seront alors différents pour chaque élève.

Cette grille a donc pour but de renvoyer à l'élève une image de ses capacités en anglais, et va lui être utile de plusieurs manières. Psychologiquement tout d'abord car l'image se présente sous forme détaillée donc nuancée, voire contrastée, au lieu d'une mention globale en haut de la copie qui parfois est bien lapidaire : « très bien », « bien », « moyen », « très mauvais ».

L'élève que l'on qualifie de moyen, ou celui qui obtient une note moyenne, peut ne rien maîtriser avec assurance, ce qui correspondrait à une série de points orange ; mais, souvent, il a fort bien réussi quelque chose et tout à fait raté autre chose. Il est réconfortant pour lui de voir ses « talents » reconnus, cela lui permet d'accepter des contre-performances et le rend disposé à mettre en place une stratégie de remédiation.

Ce n'est plus lui en tant qu'individu qui est jugé mais sa maîtrise des objectifs annoncés : on peut rater un devoir sans être un « raté », on peut mal maîtriser un point sans être « mauvais » ! Ce vocabulaire de l'évaluation traditionnelle – devenu banal à force d'être la pratique courante des enseignants – est porteur d'une charge négative extrêmement puissante. Comment cette image négative de lui qu'elle renvoie à l'élève peut-elle le pousser à progresser ? La grille, en revanche, dédramatise l'aspect sanction de l'évaluation, aide l'élève à prendre ses distances.

Le second intérêt de cette grille est sa forme de parcours. Elle va pouvoir mettre en évidence des progrès, renseigner l'élève sur ses points forts et ses points faibles, signaler les erreurs qui lui sont propres pour l'amener à plus de vigilance. Faire attention dans l'absolu est une tâche impossible : dès que l'on sait, en revanche, à quoi il faut faire attention, on n'évite pas toutes les erreurs, mais on est davantage en mesure de le faire.

GRAPHIQUES DE PARCOURS

Ce qui est important à nos yeux pour chaque élève c'est qu'il parvienne à progresser ou, s'il est déjà parvenu à un bon niveau, qu'il s'y maintienne. Reporter sur un graphique ses performances permet à chacun de mesurer son parcours personnel. Ce sera le cas pour la compréhension orale, pour les résultats de vocabulaire, pour la maîtrise des verbes irréguliers, points que la grille précédente ne prend pas en compte.

L'élève reporte chaque résultat sur un graphique approprié et peut voir si il progresse ou non. Le niveau de départ importe peu, la tendance que la courbe traduit nous intéresse davantage.

ÉVALUATION POSITIVE : ANNOTATION DES COPIES

Pour redonner confiance à l'élève il faut lui montrer qu'on a confiance en sa capacité de progrès et donc veiller à mettre en valeur toute amélioration si minime soit-elle. Quant aux annotations en tête de copies, il est conseillé d'équilibrer le nombre de remarques négatives et positives : accabler un élève en difficulté d'un flot de critiques ne va lui être d'aucun secours. Noter en revanche un point mieux réussi qu'avant et lui donner un objectif de progrès pour le devoir prochain va davantage l'aider à se réconcilier avec cette matière.

En corrigeant les copies les professeurs sont souvent avares de compliments. Ce qui est réussi étant souvent conçu comme allant de soi, les annotations sont davantage du domaine des réserves, des rectifications : les erreurs sont mises en valeur. Une façon plus positive d'annoter les productions d'élèves consiste à mettre un *tick* sur tout ce qui est correct et un « + » au-dessus de ce qui est particulièrement réussi.

Un accord bien fait, un adjectif bien placé, une structure verbale respectée, un déterminant correct, se voient ainsi affectés d'un *tick*, ainsi que tout énoncé même minimal porteur de sens. On mettra un « + » au-dessus d'expressions plus élaborées, de structures complexes, de reprises d'idiomes, pour des idées intéressantes, des pointes d'humour, quand le style est vivant, etc.

Il nous arrivera d'affecter une expression d'un « + », même si il y a une erreur qu'on soulignera alors, à chaque fois qu'un élève prend des risques sur le plan linguistique ou pense à réutiliser des expressions qui sortent des sentiers battus : s'il dit *I can't bear wait**, la première partie de l'expression portera un « + », tandis que l'on soulignera l'absence du « -ing » de *wait*. L'élève y verra un encouragement à penser à enrichir sa production : voyant ce qui mérite des « + », il s'efforcera d'en obtenir.

CORRECTION DES DEVOIRS EN CLASSE

Corriger un devoir de façon magistral, classe entière, nous semble une perte de temps. Ceux qui ont bien réussi s'ennuient, ceux qui ont raté ne feront guère de progrès grâce à ce type de correction qu'ils subissent sans beaucoup participer.

Nous avons vu à propos des travaux de groupe qu'on pouvait réunir des élèves ayant des difficultés communes et leur proposer une remédiation individualisée. Envisager la correction sous cet angle la transforme en une réelle activité.

On peut aussi proposer aux groupes de réfléchir à ce que des camarades ont produit. On leur donne des copies annotées en leur faisant trouver ce qui justifie les *ticks* ou les « + » du professeur. On peut aussi recopier des extraits de copies en leur demandant de faire office de correcteur. Ils ont alors une tâche bien précise : où, par exemple, sur cet extrait réussi, mettraient-ils des « + » ? En leur donnant un extrait de copie dont l'auteur semble fâché avec les majuscules, on leur demande quelle est l'erreur récurrente à signaler à cet autre élève.

En réfléchissant sur ce qui fait qu'une production est réussie ou ratée, l'élève parvient à dégager des critères de réussite concernant la forme de présentation, la cohérence, la syntaxe. Il peut ensuite dire à quelles conditions telle autre copie pourrait s'améliorer, ce qui est toujours plus facile à déterminer quand la production n'est pas la sienne. La tâche qui lui restera à entreprendre sera de regarder d'un œil neuf ce que lui a produit, et c'est ce qu'on lui demandera de faire à la maison. Il ne corrigera pas toute sa copie, mais certains passages qu'on lui aura signalés de retravailler.

Le devoir s'inscrit alors lui aussi dans le parcours d'apprentissage de l'élève, et n'est plus considéré comme un produit sur lequel, raté ou réussi, on ne revient plus. On encouragera au contraire l'élève, avant chaque devoir, à jeter un coup d'œil sur le devoir précédent, à revoir sa grille d'évaluation des acquis et on l'invitera à signaler sur quels points il va être plus particulièrement vigilant cette fois. En haut de sa copie il annonce donc son objectif : « Aujourd'hui je vais faire attention à ... ». S'il parvient à respecter son engagement il se verra récompensé d'un bonus, récompense méritée pour un effort que nous savons apprécier.

Apprendre une langue étrangère ne se fait pas sans efforts : effort d'attention, effort de mémorisation. C'est un lieu idéal de sociabilisation mais cette sociabilisation va se construire là aussi à travers des efforts : apprendre à se contrôler, à respecter l'autre, accepter l'existence d'un système de pensée différent, accepter l'Autre. Des efforts, nos élèves peuvent en faire, à condition que nous sachions les engager dans cette voie, et les soutenir tout au long de leur apprentissage. Et en sachant néanmoins rester lucide : certains élèves, malgré tous nos efforts, ne progressent guère. Ils ont beau être attentifs, appliqués, leurs résultats pour l'instant stagnent. Certains sauront se révéler plus tard, d'autres n'y parviendront peut-être pas.

Faire réussir également tous les élèves de toutes nos classes n'a pas été la prétention de ce livre. En faire progresser le plus grand nombre, donner au plus grand nombre le goût de l'anglais semble un objectif réalisable que nous pouvons atteindre en évitant pour eux l'ennui, en sachant apprécier leurs progrès, en ayant autant d'enthousiasme à enseigner l'anglais qu'on leur souhaite d'enthousiasme à l'apprendre.

BIBLIOGRAPHIE DES OUVRAGES CITÉS

Bushnell G., Morel F., Thomas R. *Sketchtime 1*, Belin 1982.

Dodge C., Martina C., *Guide de l'eseignement de l'anglais au collège*, Belin 1991.

Girard D. *Enseigner les langues : méthodes et pratiques*, Bordas 1995.

Gattegno C. *Teaching foreign languages in schools: the Silent Way*, Educational Solutions 1963.

Graham C. *Jazz chants for children*, OUP 1979.

Hadfield J. *Classroom dynamics*, OUP 1992.

Larsen-Freeman D. *Techniques and Principles in Language Teaching*, OUP 1986.

Veslin O. J. *Corriger des copies, évaluer pour former*, Hachette Éducation 1992.

Wright A. *1000 pictures for teachers to copy*, Collins 1984.

BIBLIOGRAPHIE PAR THÈMES

Théories et pratiques d'apprentissage des langues

Finocchari M., Brumfit C. *The Functional Notional approach*, OUP 1983.

Galisson R. *D'autres voies pour la didactique des langues étrangères,* Hatier Crédif 1982.

Gattegno C. *The common sense of teaching foreign languages*, Educational Solutions 1976.

Harper J. *The practise of English language teaching*, Longman1991.

Julie K. *Enseigner l'anglais*, Hachette Éducation 1994.

Lynch T. *Communication in the English classroom,* OUP 1996.

Littlewood W. *Communicative language teaching: an introduction*, CUP 1981.

Puren C. *Histoire des méthodologies de l'enseignement des langues*, Nathan Clé International 1988.

Puren C. *La didactique des langues à la croisée des méthodes : essai sur l'éclectisme*, Crédif Didier 1994.

Richards J. C., Rodgers T. S. *Approach and Methods in Language Teaching*, CUP 1986.

Widdowson H. G. *Teaching language as communication*, OUP 1978.

Widdowson H. G. *Aspects of language teaching*, OUP 1990.

Théories et pratiques grammaticales

Bouscaren J. *Initiation à une grammaire de l'énonciation*, Ophrys 1991.

Bouscaren J. *Pratique raisonnée de la langue*, Ophrys 1996.

Frank C., Rinvolucri M. *Grammar in action*, Prentice Hll International 1987.

Girard D. *Grammaire raisonnée de l'anglais*, Hachette 1978.

Hess N., Pollard L. *Creative questions : lively uses of the interrogative*, Longman 1995.

Lapaire, Rotge *Linguistique et grammaire de l'anglais*, Presses Universitaires du Mirail 1991.

Le Prieult H. *Grammaire progressive de l'anglais,* Belin 1996.

Murphy R. *English grammar in use*, CUP 1985.

Murphy R. *Essential grammar in use*, CUP 1990.

Rinvolucri M. *Grammar Games*, CUP 1984.

Rinvolucri M., Morgan *The Q book: practising interrogatives in reading, speaking and wirting*, Longman 1988.

Rinvolucri M., Davis P. *More grammar games*, CUP 1995.

Rivière C. *Exercices commentés de grammaire anglaise*, Ophrys 1988.

Enseignement du vocabulaire

Horner D. *Guide de l'enseignement du vocabulaire de l'anglais*, Belin 1995.

Hughes G. S. *A handbook of classroom English*, OUP 1981.

Rinvolucri M. *Vocabulary*, OUP 1986.

Apprendre à apprendre

Delannoy C. *Une mémoire pour apprendre*, Hachette Éducation 1994.

De Vecchi G. *Aider les élèves à apprendre,* Hachette Éducation 1992.

Meirieu P. *Apprendre, oui mais comment ?*, ESF 1987.

Meirieu P. *Les devoirs à la maison*, Syros Alternatine 1992.

Développer la compréhension

Bergougnoux N., Renucci C. *Pour bien lire en anglais*, Nathan 1991.

Davies E., Whitney N. *Task reading skills*, CUP 1981.

Grellet F. *Developing reading skills*, CUP 1981.

Hadfield J. & C. *Reading games*, Nelson 1995.

Ur P. *Teaching listening comprehension*, CUP 1984.

Enseigner culture et civilisation

Byram M., Morgan C. & colleagues *Teaching-and-Learning Language-and-Culture*, Multilingual Matters 1994.

Cain A., Briane C. et alii *Culture et civilisation au collège*, Ophrys INRP 1996.

Room A. *Dictionary of Britain: an A-Z of the British way of life,* OUP 1986.

Zarate G. *Représentation de l'étranger et didactiques des langues*, Crédif Didier 1995.

Développer l'interactivité et l'autonomie

Byrne D. *Techniques for classroom interaction*, Longman 1987.

Deller S. *Lessons from the learner*, Longman 1990

Hadfield J. *Elementary communication games*, Nelson 1991.

Porter Ladousse G. *Speaking personally: quizzes and questionnaires for fluency practice*, CUP 1983.

Porter Ladousse G. *Role play*, OUP 1987.

Sheerin S. *Self Access*, 1989.

Ur P., Wright A. *Five-minute activities*, CUP 1992.

Wright A. *Pictures for language learning,* CUP 1989.

INDEX

A

Q

R

Crédits

P. 144 : *You're something else, Charlie Brown*. M. Schulz Coronet Books ; p. 200 : *The Ladybird Nursery Rhyme Teaching Frieze*, Ladybird Books Ltd ; p. 230 et p. 302 : Christophe L ; p. 341 : carte postale par Angela Martin pour Cath Tate Cards.